Foreign investment and Socio-economic changes in Russia

外资与俄国社会经济变迁

邓沛勇 张恩祥 著

·桂林·

外资与俄国社会经济变迁（1861—1914）

WAIZI YU EGUO SHEHUI JINGJI BIANQIAN (1861—1914)

图书在版编目（CIP）数据

外资与俄国社会经济变迁 ： 1861—1914 / 邓沛勇, 张恩祥著. -- 桂林 ： 广西师范大学出版社, 2024. 12.（俄国现代化研究系列）. -- ISBN 978-7-5598-7655-3

Ⅰ. F835.126

中国国家版本馆 CIP 数据核字第 2024AD7277 号

广西师范大学出版社出版发行

（广西桂林市五里店路 9 号　邮政编码：541004
网址：http://www.bbtpress.com）

出版人：黄轩庄

全国新华书店经销

广西广大印务有限责任公司印刷

（桂林市临桂区秧塘工业园西城大道北侧广西师范大学出版社集团有限公司创意产业园内　邮政编码：541199）

开本：880 mm ×1 240 mm　1/32

印张：12.875　　　　字数：303 千

2024 年 12 月第 1 版　　　2024 年 12 月第 1 次印刷

定价：88.00 元

本书为国家社会科学基金后期资助项目“俄国现代化研究（1861—1917）”（项目批准号 23FSSB004）的阶段性成果

目　录

导　言

外资进入俄国由来已久，虽然1861年农奴制改革之前，外资在俄国纺织、金融和交通等部门的影响力日渐提升，但其规模和作用远逊色于农奴制改革之后。19世纪下半叶，在资本主义生产关系逐渐普及、政府政策扶持和关税大幅提高等因素的共同作用下，外资大量涌入俄国，成为左右其社会经济发展的重要矢量。按用途分，涌入俄国的外资可分为生产性和非生产性投资，生产性投资中用于工业和运输业的规模最大，非生产性投资主要用于购买有价债券，二者共同推动了俄国经济的发展。

在进入俄国的所有外国资本中，英国、法国、德国、美国、比利时和瑞典等国资本的影响最为显著，但各国企业主关注的重点不同，比如英国企业主主要投资俄国石油、冶金业和机器制造业，德国企业主主要投资电力和化学工业，法国和比利时企业主青睐采矿和冶金工业。19世纪下半叶，外资大量涌入南俄地区，主要投资采矿业和冶金业，其中以法国、比利时和英国资本所占比例最高。

19 世纪末,俄国经济快速发展与国外资本大量涌入密不可分,俄国也逐步融入世界资本主义经济体系,成为全球资本主义体系的有机组成部分。虽然外资在俄国工业发展中作用巨大,但外资并未垄断俄国工业。“一战”前,俄国工业发展主要依靠本国资本,如果说 19 世纪 90 年代股份资本中本国资本只比外国资本高出 33%,那么到了“一战”前夕,国内资本已是国外资本的 1.4 倍。[①] 由此可见,虽然俄国工业对外资的依赖性程度较高,但外资并未完全掌控俄国工业。

外资对俄国社会经济产生深刻的影响,直接推动了俄国现代化进程,表现在工业化、城市化和交通运输现代化等方面。另外,俄国日后的工业布局和经济结构调整也与这一轮外资的进入有一定关联,其主要表现如下。一是外资直接推动了俄国工业革命的开展,加速了经济重心南移的进程。在外资带动下,巴库地区石油工业、顿涅茨克冶金和煤炭工业迅速崛起,乌拉尔工业区因技术落后,其冶金中心的地位被南俄代替,中部工业区的地位也日渐下降,俄国经济重心南移趋势凸显。此外,俄国农业生产中心和贸易中心都出现南移趋势。二是大型垄断组织形成。19 世纪下半叶,因股份制公司广泛建立、外国资本渗入、银行资本与工业资本融合等因素的影响,俄国诸多工业部门都诞生了垄断集团。卡特尔和辛迪加等类型的石油垄断组织先后建立,凭借资金和技术等优势攫取高额利润。煤炭工业的垄断程度不及石油工业,虽未出现高级垄断组织,只形成辛迪加垄断集团,但垄断集团仍掌控大部分煤

① *Иностранное предпринимательство и заграничные инвестиции в России.* Очерки. М., РОССПЭН, 1997. С.318.

炭开采和销售业务。三是外资推动了俄国城市化进程,城市和城市人口数量大增是其直接表现。19 世纪末,圣彼得堡、莫斯科、基辅、哈尔科夫和喀山等城市的人口数量分别为 216.5 万、180.5 万、61.5 万、25.8 万和 19.5 万。1811—1914 年,大城市居民总人口数量增加了 8.8 倍。[①] 与此同时,城市基础设施不断完善,城市给排水设施、通行设施不断改进,除传统的邮局外,电报和电话都已广泛使用。此外,城市的医疗和文化水平不断提高,市民的生活方式开始发生转变。四是交通运输革命成就显著,除水路等传统运输方式外,铁路、管道和城市运输中均体现出外资的影响。五是外资推动了俄国金融市场的最终形成。19 世纪下半叶,随着俄国资本市场的逐步完善,二元制银行体系最终形成。国外资本大多借助本国银行和外国商业银行流入俄国,所以,外资直接推动了俄国银行业的发展和金融市场的形成。在外资的推动下,俄国大工业快速发展,俄国工业品在世界工业品总产量中的占比,从 1881 年的 3.4%增长到 1900 年的 5%,以及 1913 年的 5.3%,仅次于美国。具体而言,1883—1913 年间俄国国内生产总值年均增长 3.4%,已超过西欧国家(2.7%),俄国与西方国家差距明显缩小。[②] 值得一提的是,外资的进入也带来了一系列消极影响,如为获取高额利润,损害消费者利益,致使工人生活水平下降,等等。

---

① Рашин А. Г. *Население России за 100 лет (1811–1913 гг.)*. М., Статистические очерки. Государственное статистическое издательство, 1956. С. 94; Рубакин Н.А.Россия в цифрах .М., Вестник Знания, 1912. С. 99.

② ПетровЮ. А. *Российская экономика в начале XX в.//Россия в начале XX в*. М. РОССПЭН.1997. С. 168–223; *Предпринимателство и предприниатели России от истоков до начала XX века*. М., РОССПЭН. 1997. С. 140, 142.

第一章

1914 年前俄国引入外资的规模概述

19 世纪之前，外资就已涌入俄国，但其规模较小，在社会经济中的作用十分有限。1861 年农奴制改革之后，俄国政府大力发展工业和运输业，但因资金匮乏、技术落后，只能借助外资发展工业和兴修铁路。此后，外资大量涌入俄国。早期，国外企业主通过购买俄国债券和股票等方式染指俄国经济，其利润远低于直接投资。19 世纪末，俄国大工业发展迅速，外资大量涌入俄国工业、交通运输业和金融业等领域，对俄国社会经济发展产生十分深远的影响。

第一节　1861 年前俄国引入外资的开端

欧洲资本从 17 世纪起就开始流入俄国，但最初大多投资商业领域，从事进出口贸易和零售业务。从 19 世纪上半叶起，外国企业主开始关注俄国工业,最先进入纺织工业,英国人凭借丰富的经验和先进的技术推动了俄国纺织工业的发展。除此之外,该工业部门中法国和德国资本的作用也不容忽视。从 19 世纪 50 年代开始,外国企业开始关注俄国金属制造和黑色冶金工业,但因俄国农奴制的掣肘,自由劳动力的数量有限,此时投资俄国重工业的外资规模也十分有限。

一、18 世纪俄国引进外资的原因和规模

18 世纪就已有大量外资涌入俄国,其进入俄国的原因值得深究,如下因素最为重要。

首先,国际贸易发展迅速。

18 世纪,俄国最大的国际贸易港口是圣彼得堡。彼得一世获得波罗的海出海口后,圣彼得堡的贸易额激增。1703 年,只有 1 艘外国商船停靠于圣彼得堡港口,1722 年达 116 艘;1725 年,外国商船的数量已达 914 艘,圣彼得堡迅速成为俄国最大的对外贸易中心。除圣彼得堡外,里加、纳尔瓦、雷瓦尔和维堡也成为俄国重要的国际贸易港口。1726 年,经圣彼得堡、里加和阿尔汉格尔斯克出口至国际市场的商品价值为 420 万卢布,进口商品的价值为 210 万卢布。①

18 世纪下半叶,俄国各港口主要的进口商品为鲱鱼、香料、锡、铅、锌、化工产品、铁板、日用小百货、书写纸、棉花和有机肥料等。

① Хромов П. А. *Экономическая историия СССР. Первобытно-общинный и феодальный способы производства в России*. М., Высшая школа, 1998. С. 177.

1793—1795 年,俄国年均进口货物的价值已达 2788.6 万卢布。①

18 世纪末,俄国最大的贸易伙伴是英国,出口至英国的原材料数量大增,其中,木材、亚麻和焦油等产品的数量最多;英国出口至俄国的主要商品是纺织品和纱线等工业品。除英国外,俄国商人还与波斯(1935 年始称伊朗)、瑞典、中国、奥斯曼土耳其帝国和法国等国分别签订了贸易协定,进出口贸易往来十分频繁。

其次,财政赤字日益严重,军费负担最为沉重。

18 世纪,俄国获得了波罗的海和黑海出海口,兼并了大量土地,长期的对外扩展和维系政局稳定需要大量军费,财政负担十分沉重。17 世纪末,俄国招募了大量新兵。1699 年,俄国共建成 27 个步兵团、2 个龙骑兵团、2 个近卫军团,共计 3.2 万人,军费支出为 47.8 万卢布。② 1702 年,俄国又招募新兵 9000 人。次年,俄国军团总数达到 40 个。③ 1704 年和 1705 年,俄国仅军费支出就超过国家财政预算总和。1720 年,俄国的财政预算支出为 386.1 万卢布,主要支出仍是军费。④

① Хромов П. А. *Экономическая история СССР. Первобытно-общинный и феодальный способы производства в России.* М., Высшая школа, 1998. С. 179.

② Дворниченко А. Ю. *Российская история с древнейших времен до падения самодержавия.* М., Изд-во «Весь мир», 2010. С. 488; 吴贺:《彼得一世改革》,北京师范大学出版社 2018 年版,第 99 页。

③ Милюков П. Н. *Государственное хозяйство России в первой четверти XVIII столетия и реформа Петра Великого.* СПб., Тип. М. М. Стасюлевича, 1905. С. 133.

④ Милюков П. Н. *Государственное хозяйство России в первой четверти XVIII столетия и реформа Петра Великого.* СПб., Тип. М. М. Стасюлевича, 1905. С. 486.

叶卡捷琳娜二世在位期间曾三次瓜分波兰，致波兰彻底亡国；两次发动俄土战争，使俄国最终获得黑海出海口，长期作战致使国家财政长期入不敷出。1763 年，俄国的军费支出为 811.7 万卢布。[①] 1764 年和 1794 年，国家财政预算支出总额为 1940 万和 4910 万卢布，其中军费支出为 872 万和 2648 万卢布，军费支出的占比分别为 44.95%和 53.93%。[②] 1769 年，为缓解财政赤字，叶卡捷琳娜二世首次在俄国发行纸币，同时在国际金融市场上发行债券，外资开始进入俄国。

最后，经济发展的需要。

18 世纪，俄国工商业快速发展，很多业务势必会与国外相关机构发生联系，资金的需求量增大。此时俄国工商业发展的表现有二：一是大工业发展迅速，二是国内外贸易蓬勃发展。

18 世纪，在俄国所有大工业部门中，乌拉尔冶金工业和呢绒工业发展最为迅速。18 世纪下半叶，乌拉尔地区铸铁产量由 1750 年的 142.4 万普特[③]增加至 1800 年的 793.9 万普特，生铁产量从 98.7 万普特增加至 543.4 万普特。[④] 乌拉尔地区金属产品大量出口国外，主要出口国家为英国、荷兰、西班牙、法国和美国。1799 年俄国

---

① Беляев. С. Г. *Упраление финансами в России XVII в. – 1917 г.)*. М., Институт публично-провововых исследований. 2016. С. 16.

② Троицкий С. М. *Финансовая политика русского абсолютизма в XVIII веке*. М., Наука, 1966. С. 243.

③ 沙皇时期计量单位，1 普特约 16.38 千克。

④ Струмилин С. Г. *История черной металлургии в СССР*. М., Изд-во АН СССР, 1954. С. 201, 203.

铁制品出口量为250.9万普特。[①] 18世纪下半叶,俄国呢绒工业也快速发展。1773年,俄国手工工场产值为354.8万卢布,其中呢绒手工工场产值达117.8万卢布。[②]

18世纪,俄国国内贸易可分为三个类别,即定期贸易、固定贸易和流动贸易。展销会是国内定期贸易的主力,其中下诺夫哥罗德展销会的贸易额最大。展销会分为五种类型,即一般零售、征购、周转、大型零售和批发展销会。18世纪末,俄国展销会的数量为3159个,上述5种类型展销会的占比分别为83%、3%、4%、8%和2%。[③] 工商业发展需要雄厚的资金,而本国资本积累有限,加上政府财政赤字严重,所以需要寻求新的资金来源,为此,俄国政府在国际金融市场上大量举债。

二、俄国与国际金融市场之间的关系伊始

1609年,阿姆斯特丹产生了世界上第一家取消金属币兑换业务而发行纸币的银行,开始从事国际贷款业务,对国际贸易和金融市场的发展产生重要的推动作用。17世纪,英国、德国、意大利和法国都建立了商业银行,当时的先进信贷业务都是由这些银行主

---

① Струмилин С. Г. *История черной металлургии в СССР.* М., Изд-во АН СССР, 1954. С. 230.

② [俄]M. 图甘-巴拉诺夫斯基:《19世纪俄国工厂发展史》,张广翔、邓沛勇译,社科文献出版社2017年版,第21页; Туган-Барановский М. И. *Русская фабрика в прошлом и настоящем: Историко- экономическое исследование.* Т. 1. *Историческое развитие русской фабрики в XIX веке.* М., Кооперативное издательство《Московский рабочий》, 1922. С. 30-31, 41.

③ 张广翔:《全俄统一市场究竟形成于何时》,《世界历史》2001年第3期,第95页。

导的。此时俄国商人和外国商人间的业务结算均由欧洲商业银行操作完成,一般用期票来进行现金业务结算。

18 世纪初,俄国商人在从事对外贸易业务时主要以贷款方式支付,他们一般将自己的不动产抵押给在俄国的外国商人,由外国商人根据其产业规模进行评估并提供相关证明,后用货币最后进行结算。俄国商人根据本国法律登记相关业务,交易完成后根据签署的委托证明和抵押证明进行核算,相关业务记录在借贷和商业证明之中。提供给俄罗斯商人资金的外国借款人,根据俄方商人提供的抵押资产数额开具期票,商人手持期票与出口商进行业务核算。

1720 年,彼得一世按照欧洲的模式改革国家现金体系,不再采用抵押方式进行核算,而是采用借款抵押文件进行核算,此后商人从事相关业务时不再抵押不动产。为支付国外商品的货款,俄国商人可在欧洲商业银行进行短期借款,但贷款年限较短,一般低于一年。史料记载的 1027 份贷款中,344 份为一年期贷款,638 份的贷款期限低于一年。① 由此可知,一方面俄罗斯商人因资金不足,只能借助外国商人和欧洲公司与国外信贷系统发生联系;另一方面俄国货币市场与国外信贷市场的联系日趋紧密。

由于外国商人对俄国商人并不是很信任,他们要求对期票业务进行投保,一般业务的投保保险金为贷款金额的 10%,部分业务的保险金比例为 12%,而此时欧洲一般业务的投保金不超过贷款

① Ионичев Н. П. *Иностранный капитал в экономике России (XVIII – начало XX в.)*. М., МГУП, 2002. С. 46.

额的6%—8%。[①] 基于以上原因,俄国与国外货币的业务结算一般不经过欧洲商业银行,而是有一部分欧洲商人专门为俄国商人提供贷款业务。

为俄国商人提供贷款业务的外国商人主要为荷兰商人,18世纪初,他们曾提供累计23.6万卢布的贷款,占俄方获得外国商人贷款总量的50%;英国和德国商人紧随其后,其提供的贷款金额分别为8.3万和5.4万卢布。[②] 彼得一世时期约有20名外国商人获得俄国商人的青睐,如И. 留比斯、P. 迈尔、K. 古费里和A. 斯杰伊斯等。

除此之外,外国商人还参与俄国政府的外汇业务,他们为俄国政府提供银币,其中买自德国和荷兰的银币数量最多。据不完全统计,1698—1724年,运进俄国的银币数量约为1500普特。由于白银价格上涨,卢布汇率降低,在俄国从事银币业务利润较低。1711年,彼得一世以12卢布/磅的价格购买国外银币,此时银币在国外市场价格为12.6卢布/磅,因利润较低,外国商人并不愿意从事该业务。欧洲商人还向俄国出口铜,用于制造铜币。1722年之前,为铸造铜币,俄国政府从国外进口铜10万普特,其中4万普特由外国商人提供。[③]

① Захаров В. Н. *Западно-европейские купцы в России. Эпоха Петра I*. М., РОССПЭН, 1996. С. 194 - 198; Ионичев Н. П. *Иностранный капитал в зкономике России (XVIII-начало XX в.)*. М., МГУП, 2002. С. 47.

② Ионичев Н. П. *Иностранный капитал в зкономике России (XVIII - начало XX в.)*. М., МГУП, 2002. С. 47.

③ Ионичев Н. П. *Иностранный капитал в зкономике России (XVIII - начало XX в.)*. М., МГУП, 2002. С. 48.

除白银和铜外,欧洲商人还向俄国政府提供金币,沙皇用这些金币支付政府在国外的相关欠款。这些货币主要以期票的方式通过欧洲商业银行进行支付。俄国商人和手工工场主的期票业务期限多为一年期,俄国政府期票业务的期限为 1—2.5 年。与私人业务不同的是,伦敦、汉堡、阿姆斯特丹和柏林的银行为俄国政府提供担保,俄国政府期票的安全性相对较高。

因在国际金融市场上的业务不断增加,1729 年,俄国出台了第一部票据法。根据该法令,只有参与交易者方能兑换期票。基于此,彼得一世时期欧洲商业信贷系统就已开始关注俄国业务。因彼得一世时期政府长期对外作战,财政赤字较高,政府只能从国外进口贵金属或货币来锻造货币。

为缓解财政赤字,俄国政府开始向国外借款,第一笔外债出现于 1769 年。该笔借款主要用于筹集 1768—1774 年俄土战争的军费,由荷兰银行代为发行,其金额为 430 万银卢布,期限为 10 年,年利率为 5%。① 俄国政府先和丹麦政府谈判借款事宜,后因谈判无果,开始与荷兰银行进行谈判。在荷兰银行的帮助下,1769—1774 年俄国政府发行了 1000 万荷兰盾的外债。

因当时俄国与欧洲金融市场的联系较少,不能直接和欧洲的买家发生业务往来,故只能借助荷兰银行。外债发行前夕,叶卡捷琳娜二世专门召开会议讨论借款条件。经过多次谈判,最终确定外债年利率为 5%,偿还期限 10 年。后因俄国政府无力直接偿还,数次延期还款,直至 1891 年,叶卡捷琳娜二世时期所欠的外债方彻

---

① Витте С. Ю. *Собрание сочинений докумендальных материалов*. Т. 2. *Налоги бюджет и государственный долг России. Кн 2*. М., Наука, 2003. С. 30.

底偿还完毕。

叶卡捷琳娜二世执政期间,俄国政府国家财政支出增长 4.3 倍,政府官员和军队支出分别增长 4.8 倍和 1.6 倍。① 为解决资金问题,政府一方面大肆征税,另一方面在国际金融市场上大量借款,导致俄国对国际金融市场的依存度不断提高,与国际金融市场的联系愈发紧密。

三、18 世纪外资与企业的活动

从 17 世纪开始,外国企业主就已关注俄国工业,为获取高额利润,在俄国建立手工工场,其中纺织手工工场的数量最多。

17 世纪,随着俄国工商业发展,手工工场开始出现,其主要形式如下:一是商人手工工场,商人通过各种方式染指生产;二是世袭贵族手工工场,大封建主在自己领地上建立手工工场,主要从事冶铁、纺织和酿酒等业务;三是官办手工工场,为应对频繁的战争,政府扶持相关行业的发展,以金属冶炼和武器制造手工工场最具代表性;四是外商创办的手工工场,因俄国资金有限,但具有广阔的市场,外商开始到俄国建立手工工场。

荷兰人安德烈·维尼乌斯在图拉省建立 8 家冶铁手工工场,随后又在其他地区建立手工工场。② 维尼乌斯所掌控的手工工场的规模也不断扩大,主要生产冷兵器、子弹和枪支等。值得一提的

① Брежесткий Н. *Государственные долги России: Историко-статистическое исследование.* СПб., Типо-лит. А. М. Вольфа, 1884. С. 12.

② Конотопов М. В., Сметанин С. И. *История экономики Росссии.* М., Логос, 2004. С. 35.

是，外国人创办手工工场多为政府服务，其产品并不在市场上出售，只供应给国家。

俄国借助外资发展本国工业的思想始于彼得一世，1702 年彼得一世颁布法令，鼓励外国人赴俄投资，欲借助外资在俄创建大型手工工场。18 世纪，俄国很多大型手工工场均属外国人所有，其中呢绒和亚麻纺织手工工场的数量最多。塔梅斯是彼得一世时期的著名外国手工工场主，塔梅斯名下的亚麻手工工场建立时共花费资金 4.7 万卢布，其中 4500 卢布为塔梅斯自有资金，其余资金从其他商人处获得，其中最大的股东米克利亚耶夫投入资金为 1.2 万卢布。[①] 为扶持该亚麻手工工场，彼得一世为其提供 500 台车床。至 1728 年，塔梅斯已在莫斯科和雅罗斯拉夫拥有呢绒手工工场，其车床数量分别为 376 台和 104 台。[②] 塔梅斯与俄罗斯商人米克利亚耶夫、舍别列夫、巴斯杜霍夫、卡拉梅舍夫、波波夫、涅夫列夫、扎特拉佩兹尼等人关系密切。外国人菲比赫、普拉尼格和里特赫尼等人也在俄国创建了呢绒手工工场，但规模不大，前两人名下的工场内机器的数量分别为 50 台和 10 台，第三人名下的工场内车床的数量更少。18 世纪外国资本虽已进入俄国，但其数量和规模远不及 19 世纪。

---

① Туган-Барановский М. И. *Русская фабрика в прошлом и настоящем: Историко-экономическое исследование.* Т. 1. *Историческое развитие русской фабрики в XIX веке.* М., Кооперативное издательство «Московский рабочий», 1922. С. 240.

② Любомиров П. Г. *Очерки по истории русской промышленности. XVII, XVIII и начало XIX века.* М., Государственное издательство политической литературы, 1947. С. 71.

四、19 世纪至 1861 年农奴制改革前俄国引进外资的原因和规模

1861 年农奴制改革之前,俄国经济虽然较为落后,但政府多次提高产品进口关税以保护本国工商业发展,诸多产品出口至俄国市场已无利可图,因此很多外国企业主直接赴俄建厂,其中纺织企业的数量最多。外商在进入俄国的同时也带来了大量的资金和先进的技术,直接推动了俄国大工业的发展。关于 1861 年农奴制改革前俄国引进外资的原因,可分为以下五个方面。

首先,经济落后是俄国政府引进外资的根本原因。

19 世纪初,俄国的铸铁产量大跌,远落后于英国。从 1817 年开始,俄国铸铁产量有所提升,20 年代中期,其产量为 900 万—1000 万普特。而此时英国的铸铁产量已是俄国的 2.5 倍。①

19 世纪上半叶,俄国的铸铁产量整体处于停滞不前状态,19 世纪初至 30 年代,因生产方式十分落后,俄国冶金业发展缓慢。19 世纪 40 年代前,俄国铸铁产量低于 1100 万普特,50 年代末该工业部门仍停滞不前,仅 1600 万普特。② 1861 年农奴制改革前,俄国黑色冶金业的发展规模及与英国的对比,详见表 1-1③。

---

① С. Г. *Струмилин. История черной металлургии в СССР.* М., Изд-во АН СССР, 1954. С. 367.

② Туган-Барановский М. И. *Русская фабрика в прошлом и настоящем: Историко-экономическое исследование.* Т. 1. *Историческое развитие русской фабрики в XIX веке.* М., Кооперативное издательство «Московский рабочий», 1922. С. 65.

③ Струмилин С. Г. *История черной металлургии в СССР.* М., Изд-во АН СССР, 1954. С. 16.

表 1-1　1800 年和 1860 年俄英黑色冶金业发展规模对比

年份	俄国		英国	
	高炉数	生铁产量（千普特）	高炉数	生铁产量（千普特）
1800	142	9971	150	9836
1860	145	18 198	565	241 900
增长(%)	2.1	82.5	276.7	2359.3

19 世纪上半叶,俄国所有工业部门中只有纺织等行业迅速崛起。因资料有限,此处仅以棉纺织工业的发展规模进行分析。1861 年农奴制改革前俄国棉纺织工业发展规模详见表 1-2①。

表 1-2　1861 年农奴制改革前俄国棉纺织工业发展规模

年份	工厂(家)	工人(人)	单位工厂工人(人)	年份	工厂(家)	工人(人)	单位工厂工人(人)
1815	4189	172 882	41	1840	6863	435 788	64
1816	4484	187 061	42	1841	6831	429 638	63
1817	4385	187 337	43	1842	6939	455 827	66
1818	4457	178 419	40	1843	6813	466 579	68
1819	4531	176 635	39	1844	7399	469 211	63

① Туган-Барановский М. И. *Русская фабрика в прошлом и настоящем: Историко-экономическое исследование.* Т. 1. *Историческое развитие русской фабрики в XIX веке.* М., Кооперативное издательство «Московский рабочий», 1922. С. 64.

续表

年份	工厂(家)	工人(人)	单位工厂工人(人)	年份	工厂(家)	工人(人)	单位工厂工人(人)
1820	4578	179 610	39	1845	8302	507 577	61
1825	5261	210 568	40	1846	8333	508 607	61
1826	5128	206 480	40	1847	9029	532 056	59
1827	5122	209 547	41	1848	8928	483 542	54
1828	5244	225 414	43	1849	9172	495 364	54
1829	5260	231 624	44	1850	9848	501 639	51
1830	5450	253 893	47	1851	10 126	465 016	46
1831	5599	264 358	47	1852	10 388	470 914	45
1832	5636	272 490	48	1853	10 087	481 018	48
1833	5664	273 969	48	1854	9944	459 637	46
1836	5332	324 203	61	1856	11 556	518 661	45
1837	6450	376 838	58	1857	10 856	513 324	47
1838	6855	412 931	60	1858	12 589	548 921	45
1839	6894	454 980	66	1861	14 148	522 500	37

19 世纪上半叶,棉纱工业中机械纱锭的数量迅速增加。1849—1860 年,机械纱锭的数量增加 1.5 倍,达 160 万个,同期纺纱

厂的数量由 45 家增加至 57 家,工人数量增长 85%,产值增长1.5 倍。① 印花布是俄国主要棉纺织品之一,19 世纪初,俄国生产的印花布只能满足国内市场 1/3 的需求,其余所需产品主要从英国进口;因 1822 年颁布的关税法令限制了国外棉纺织品的进口,本国印花布工业发展十分迅速,20 年代,俄国进口商品中已见不到印花布的身影。

因笔者之前出版的书中对棉纺织工业有过详细分析,此处仅简单分析麻纺织工业的发展规模。② 虽然麻纺织工业内自由雇佣劳动力的数量高于冶金和呢绒工业,但 19 世纪初至 20 年代该行业也遭受了危机。之前俄国麻纺织品多用于外销,此时开始在国内市场上销售。在英国工业革命的影响下,俄国麻纺织产品的出口量大幅降低,主要源于工业革命后英国人对廉价棉纺织品的需求量增加,对俄国麻纺织品的需求量明显降低。俄国麻纺织品因此开始转向内销,但因麻纺织工业以强制劳动力为主,与冶金工业一样开始衰落。

为改变经济落后的局面,俄国需引进资金来发展本国工业,借此推动资本主义工商业的发展。

其次,俄国经济结构不完善。

---

① Пажитнов К. А. *Очерки истории текстильной промышленности дореволюционной России: Хлопчатобумажная, льно-пеньковая и шелковая промышленность.* М., Изд-во академии наук СССР, 1958. С. 16-19;刘祖熙:《改革和革命——俄国现代化研究(1861—1917)》,北京大学出版社 2001 年版,第 96 页。

② 邓沛勇:《俄国经济史(1700—1917)》,社会科学文献出版社 2020 年版;邓沛勇:《俄国工业化研究(1861—1917)》,社会科学文献出版社 2020 年版;邓沛勇、刘向阳:《俄国工业史(1700—1917)》,社会科学文献出版社 2021 年版;等等。

19世纪上半叶,俄国经济结构十分不完善,经济基础十分薄弱,传统的乌拉尔冶金工业开始衰落,轻工业中只有棉纺织工业开始崛起,其他工业部门大多处于起步阶段。

以石油工业为例,19世纪初,俄国石油开采方式十分落后,坑井的深度为0.5—1俄丈①,墙体使用木板加固,工人用木桶从坑井中捞油,个别坑井的深度达15俄丈或更深。19世纪中叶,巴库油田的年均石油开采量仅为20万普特。②

19世纪上半叶,俄国煤炭工业已初具规模,以莫斯科近郊煤田和乌拉尔煤田的规模最大,顿涅茨克煤田也逐渐步入国人视野。1820年、1830年、1840年、1850年和1860年顿涅茨克煤田采煤量分别为25万、59万、85万、350万和600万普特。1861年已达1000万普特,约占全俄煤炭开采总量的50%。然而此时英国采煤量达8000万吨(约13亿普特),俄国的采煤量远落后于欧美国家。③

除此之外,因农业领域的资本主义生产关系较为薄弱,所以农业经济发展十分缓慢。加上此时农业以农奴劳动为主,所以农业生产效率很低,部分贵族也开始尝试雇佣自由劳动力。为巩固自身在农业中的主导地位,部分贵族赴南部地区购买土地,还将农民迁至这些地区。贵族为迁移至新土地上的农民提供土地、组建交

---

① 俄罗斯传统长度测量单位,1俄丈为2.134米。

② Пажитнов. К. А. *Очерки по истории бакинской нефедобывающей промышленности.* М.-Л., Гостоптехиздат, 1940. С. 17-28.

③ Баканов С. А. *Угольная Промышленность Урала: Жизненный Цикл Отрасли от Зарождения До Упадка. Челябинск.*, Издательство ООО « Энциклопедия », 2012. С. 42; Тихонов Б. В. *Каменноугольная промышленность и черная металлургия России во второй половине XIXв. (Историко-Географические Очерки)*. М., Наука, 1988. С. 32, 126.

易市场、供应各类农具和生产机构，借机稳固与农民间的关系。沃龙佐夫的庄园就是如此。他自己和农民签署了全新的、具有资产阶级性质的合同。这一时期即便农产品播种面积大幅提升，但因以农奴劳动为主，生产效率极低，农业发展依然十分缓慢。

再次，俄国政府大幅提高国外产品的进口关税。

1823 年，康克林继任财政大臣，开始推行禁止性关税政策，其在任期间屡次提高关税税率，1824 年、1825 年、1826 年、1831 年和 1841 年税率逐次上浮。如 1826 年俄国政府颁布新的关税税率规定，与 1822 年相比，所有商品的进口关税提高 12.5%；1831 年再次提高关税税率，但幅度不大。

另外，对外贸易蓬勃发展也是外资流入俄国的动因。

俄国主要出口货物是农产品，如油脂、大麻、亚麻、小麦、木材、毛皮和蜂蜜等；主要进口的货物为工业品、工业原材料、俄国工厂需要的半工业制品（棉纱、丝线和毛线等），以及奢侈品。因笔者在之前的书中已详细阐述过此时期俄国对外贸易规模，此处仅以表格简要呈现。1861 年农奴制改革前俄国对外贸易规模详见表1-3①。

① Хромов П. А. *Экономика России периода промышленного капитализма*. М., Издательство ВПШ и АОН при ЦК КПСС, 1963. С. 170.

表 1-3　1861 年农奴制改革前俄国对外贸易规模　（单位:千卢布）

年份	金额		盈余
	出口商品价值	进口商品价值	
1801—1805	75 108	52 765	22 343
1806—1810	43 169	31 819	11 350
1811—1815	61 986	39 106	22 880
1816—1820	91 712	70 049	21 663
1821—1825	81 372	72 250	9122
1826—1830	85 715	79 687	6028
1831—1835	94 319	80 999	13 320
1836—1840	118 435	101 096	17 339
1841—1845	132 323	119 864	12 459
1846—1850	151 757	131 522	20 235
1851—1855	133 173	129 962	3211
1856—1860	225 594	205 866	19 728

最后,西方工业革命的成就不容忽视。

19 世纪上半叶,部分西方国家已完成工业革命,工业革命浪潮已波及多数欧美国家,西方工业革命成就十分显著。如仅 1809 年,美国就新建 87 家纺织工厂,纱锭数由 1808 年的 8000 枚骤增至 3.1 万枚。①

① [英] M. M. 波斯坦、H. J. 哈巴库主编:《剑桥欧洲经济史(第 6 卷)——工业革命及其以后的经济发展:收入、人口及技术变迁》,王春法等译,经济科学出版社 2002 年版,第 636—637 页。

至 1815年,美国已有 50 多万台纺纱机,产值达 1900 万美元。[①] 1860 年,美国的纱锭数已跃居世界第二位,仅次于英国。19 世纪初,美国煤炭工业十分落后,煤炭产量很低,然而 19 世纪上半叶,随着各工业部门的发展,美国煤炭工业迅速崛起。1822—1850 年,美国采煤量增长了 118.7 倍。[②] 英国的工业革命成就更加显著,1817 年,英国纺织工人的数量已达 11 万人,纱锭数为 660 万枚。[③]

19 世纪上半叶,蒸汽机推广后,德国采煤量大增。1843 年,普鲁士的采煤量为 310 万吨;1848 年,德国采煤量增加至 440 万吨;1860 年,全德(包括卢森堡在内)的煤炭产量达到 1637 万吨。[④] 相较于其他国家而言,俄国工业十分落后,只能从国外进口工业品,引进国外的先进技术和资金来发展本国大工业。

五、19 世纪上半叶外资投入的背景、方式和规模

19 世纪上半叶,外资主要通过两种方式投资俄国:一是债券,二是直接投资工业。

19 世纪初,因国际局势的影响,投入俄国的外资规模锐减,为维持军费供应,政府只能在国际市场上发行债券。此时外资流入

① Katharine Coman. *The Industrial History of the U. S.*.London: Macmillan Publishers Ltd, 1907. p. 180, 182.

② Дьяконова И. А. *Нефть и уголь в энергетиге царской России в международных сопоставлениях.* М., РОССПЭН, 1999. С. 41.

③ [英]J. L. 哈孟德、L. B. 哈孟德:《近代工业的兴起》,韦国栋译,商务印书馆 1959 年版,第 45 页。

④ [日]加田哲二:《德国社会经济史》,徐汉臣译,商务印书馆 1937 年版,第 168—169 页。

减少的主要原因有以下两个。一是大陆封锁政策导致西欧诸国的外资流入减少。大陆封锁政策是18世纪末19世纪初拿破仑企图孤立英国、争夺欧洲大陆商业霸权和美洲大陆殖民地霸权,从而建立法国在欧洲的霸权的手段。《提尔西特和约》签订后,俄国也被迫参与“大陆封锁”。此时英国是俄国第一大对外贸易国,两国贸易停止致使俄方蒙受巨大损失,英国对俄直接投资迅速减少。

二是卫国战争爆发之后,俄国经济遭受重创,国内经济局势迅速恶化。拿破仑的入侵致使俄国损失惨重,经济凋敝,农田荒芜。莫斯科的工业企业、附近农田和工商业区都被夷为平地。俄国国民经济濒临破产,政府仅军费开支就近9亿卢布。①

保罗一世时期和卫国战争结束之前,因国际局势和国内经济形势恶化,投入俄国的外资锐减,此时进入俄国的资金以债券为主。其间,长期的对外战争致使俄国财政赤字严重,1802—1815年俄国财政收支状况详见表1-4②。

表1-4　1802—1815年俄国财政收支状况　(单位:百万卢布)

年份	预算收入	预算支出	预算赤字
1802	84.5	90.1	5.6
1805	107	125.4	18.4
1810	212.3	279	66.7

① Ионичев Н. П. *Иностранный капитал в зкономике России (XVIII－начало XX в.)*. М., МГУП, 2002. С. 54.

② Беляев С. Г. *Упраление финансами в России (XVII в.－1917 г.)*. М., Инт публично-правовых исслед., 2016. С. 47-48.

续表

年份	预算收入	预算支出	预算赤字
1815	375.9	391.3	15.4

就具体支出而言,1801 年俄国的财政支出由 3.9 亿卢布增加至 4.4 亿卢布。① 卫国战争期间,俄国财政赤字更加严重。1812—1815 年俄国财政预算主要收支情况详见表 1-5②。

表 1-5 1812—1815 年俄国财政预算主要收支情况 (单位:百万卢布)

项目	金额
发行纸币	191
国内债务	47
英国补助金	42
其他支出	89

保罗一世为维系庞大的军费支出,只能在国际金融市场上发行债券。1798 年,保罗一世在荷兰金融市场上发行了 8830 万荷兰盾的定期债务,年利率为 5%。加上叶卡捷琳娜二世时期发行的外债,保罗一世时期的外债额由 4370 万增加至 1.3 亿卢布。③

① Ионичев Н. П. *Иностранный капитал в зкономике России (XVIII – начало XX в.)*. М., МГУП, 2002. С. 56.

② Ионичев Н. П. *Иностранный капитал в зкономике России (XVIII – начало XX в.)*. М., МГУП, 2002. С. 56.

③ Ионичев Н. П. *Иностранный капитал в зкономике России (XVIII – начало XX в.)*. М., МГУП, 2002. С. 55.

值得一提的是,此时俄国政府发行的债务中,国内债务占据主导地位,其主要原因如下:一是国际局势并不稳定,加上各国资产阶级革命陆续开展,欧洲各国对待其他国家在国际金融市场上发行的债务十分小心;二是19世纪上半叶欧洲诸国都在开展工业革命,大多数自由资金都投资到民族工业上,无力投资国外;三是俄国政府的外债发行量较大,国内局势不稳,很多外国资本家担心政变后无法收回原有资金,一直徘徊不前。

亚历山大一世执政期间,俄国财政赤字居高不下,俄国外债数量大增,其执政末期,俄国对外债务达1亿银卢布。[①] 因俄国在国际市场上发行的债券数量较多,除荷兰银行外,法国罗斯柴尔德家族的下属公司、英国的很多银行也帮助俄国政府发行外债。外债的发行程序如下:一是俄国政府和欧洲银行首先签订债券发行合同;二是各国银行按照合同在金融市场上发行债券;三是银行将出售债券的金额提交给俄国政府,并收取发行补偿金。一般而言,俄国政府得到的债券金额为总金额的63%—95%,余下部分为佣金或补偿金。[②]

19世纪20年代,俄国有价证券首次在伦敦证券交易所发行,立刻引起了广泛关注。1830年,德国法律规定,允许俄国有价证券在本国金融市场上销售,俄国政府证券开始在柏林金融交易所交易,此后俄国的有价证券在柏林和汉堡交易所内大量出现。从19

① Ионичев Н. П. *Иностранный капитал в зкономике России* (*XVIII – начало XX в.*). М., МГУП, 2002. С. 58.

② Ионичев Н. П. *Иностранный капитал в зкономике России* (*XVIII – начало XX в.*). М., МГУП, 2002. С. 59.

世纪 30 年代开始,俄国有价证券,无论是国有证券还是私人证券,在国际金融市场上均十分畅销,它们出现在法国、英国、荷兰、德国、比利时和奥地利等国的 12 家大型证券交易所。

1840 年,什基格里茨私家银号新增了一项业务,专门为俄国纺织企业主获取国外的贷款。为此,俄国政府专门委托什基格里茨银号和伦敦白令银行签订了相关协议,从政府层面为本国工业保驾护航。此后,国外私人资本开始流入俄国,后因 1848 年欧洲资产阶级革命,欧洲市场上俄国的有价证券交易量稍有波动。

1843 年,什基格里茨去世,其银行业务由其子亚历山大负责。1846 年,亚历山大被选为圣彼得堡证券交易委员会主席。1848 年,按照尼古拉一世的指令,亚历山大获准通过伦敦白令银行在英国金融市场大量发行俄国证券,借此缓解俄国财政危机和饥荒。1849 年,亚历山大被选举为首都交易委员会主席,此后他担任该职务 13 年,在他的不断努力之下,俄国金融市场与世界金融市场的联系日趋加强。

克里米亚战争期间,俄国财政赤字严重。据俄国政府统计,战争期间的直接军费开支为 4.8 亿卢布。1856 年,《巴黎和约》签订之后,俄国的财政赤字达 11.5 亿卢布。为筹集军费,俄国政府只能大量发行纸币,然而适得其反,导致卢布严重贬值。战争结束后,俄国政府共发行了 7.3 亿卢布纸币,而此时俄国金属货币的价值仅有 1.2 亿卢布。① 为缓解财政赤字,俄国政府只能继续在国际金融市场上大量发行债券。1852 年克里米亚战争爆发之前俄国外债金

① Ионичев Н. П. *Иностранный капитал в зкономике России (XVIII – начало XX в.)*. М., МГУП, 2002. С. 61.

额达2.2亿卢布,此时内债金额为5.1亿卢布;尼古拉一世去世时,俄国的外债金额达3.3亿卢布。克里米亚战争期间俄国又发行1亿卢布国债,以偿还贷款和缓解国内财政危机。①

1858年,为稳定国内货币流通秩序、维持卢布牌价,俄国政府建立俄国财政系统改革委员会,其目的是保证俄国证券顺利进入欧洲金融市场。为打开法国金融市场,俄国政府派遣亚历山大·什基格里茨去法国,但他不希望利用自己的影响力为俄国其他金融家创造财富,所以他并不是很配合俄国政府相关人员的工作,还打算从中牟利。1859年9月,通过一系列的操作,亚历山大成功将票据的汇率降低了20%,致使俄国票据价值大幅降低,俄国政府对其十分不满,解除了他作为圣彼得堡交易委员会主席的职务,并责令其公司停止运营。

1859年,在俄国金融市场上具有绝对影响力的一个银号成立,即И.Е.金茨布尔格私人银号。金茨布尔格与西欧诸多金融市场上的银行联系紧密,与比利时、法国和德国的银行业务往来十分频繁,他还在巴黎创建了银号分支机构。俄国政府为消除部分银行家垄断国家金融业务的隐患,开始扶持私人商业银行。

1754年,俄国成立铸币局和国有银行。铸币局早就建立,但形同虚设,随着俄国工商业发展,金融业发展势在必行,为解决贷款问题,1733年沙皇授权铸币局发放贷款,但要以金银作为抵押,贷

① Витте С. Ю. *Собрание сочинений докумендальных материалов*. Т. 2. *Налоги бюджет и государственный долг России. Кн* 2. *М.*, Наука, 2003. С. 30-31.

款数额不得超过抵押品价值的 75%，期限为 1—3 年。[①]

随着工商业的快速发展，18 世纪中叶，俄国就诞生了第一批国有信贷机构，如 1754 年，在莫斯科和圣彼得堡成立的贵族贷款银行和商人贷款银行。上述银行的成立标志着俄国金融业发展迈出历史性的一步。叶卡捷琳娜二世统治时期俄国信贷业务不断增加，国有银行和地方银行的二重银行体系基本确立。19 世纪俄国工商业快速发展，莫斯科、圣彼得堡、阿尔汉格尔斯克和敖德萨等地纷纷建立贴现所，帮助急需资金的企业主，并为其提供贷款。1817 年，圣彼得堡成立国有商业银行，目的是振兴工商业，为企业主提供短期贷款。随着俄国工商业快速发展，国有商业银行的网点逐渐增多，在莫斯科、阿斯特拉罕、基辅、哈尔科夫、叶卡捷琳诺斯拉夫和下诺夫哥罗德等地设立多家分行和办事处。

1861 农奴制改革之前，很多外国银行在俄国也设立了办事处。1860 年，俄国已有 15 家隶属于外国人的银行机构，它们一般位于大型港口和大城市，如圣彼得堡、敖德萨、阿尔汉格尔斯克、里加、莫斯科和华沙等等。这些银行机构的成立对俄国社会经济产生了非常重要的影响：一是促进了俄国国际贸易的快速发展，二是加强了俄国与国际金融市场的联系，三是很多外资通过这些机构直接投资于俄国工业，推动了俄国工业发展。

除此之外，俄国外资直接推动了俄国的铁路建设。

1825 年 9 月 27 日，英国第一条铁路斯托克顿—达林顿铁路

---

① Витте С. Ю. *Собрание сочинений и документальных материалов*. Т. 3. М., Наука, 2006. С. 89.

(Stockton-Darlington Railway)通车,全长56公里,此后铁路建设规模不断扩大,铁路时代也从此开始。看到英国铁路建设带来的巨大收益后,其他国家纷纷效仿,19世纪三四十年代,全球范围内铁路建设状况详见表1-6①。

表1-6　19世纪三四十年代主要资本主义国家的铁路建设规模
(单位:公里)

国家	1836年	1842年	1848年	1836—1848年的增幅	1842—1848年的增幅
英国	251	2586	8203	7952	5617
美国	2302	6716	10217	7915	3501
德国	6	931	4989	4983	4058
法国	141	586	2207	2066	1621
奥地利	255	695	1674	1419	979
比利时	44	439	780	736	341
俄国	—	27	381	—	354

俄国第一条正规铁路,即皇村铁路于1836年开工、1837年正式运行,开启了俄国铁路建设的先河。皇村铁路成功修建,足以证明在俄国修建铁路的可行性和必要性,虽然社会各界反对的呼声较大,但俄国政府仍决定修建圣彼得堡—莫斯科铁路。1843年3月,圣彼得堡—莫斯科铁路从两个方向同时开工,历时8年,1851

① [苏]门德尔逊:《经济危机和周期的理论与历史》(第1卷),斯竹等译,生活·读书·新知三联书店1975年版,第499页。

年全线通车，全长 656 俄里。1861 年农奴制改革之后，虽然俄国的铁路长度仍未赶上西欧各国，但铁路已逐渐成为推动俄国社会经济发展的重要力量。

俄国铁路建设并非一帆风顺，因生产力水平低下、技术落后、资金和劳动力匮乏，所以农奴制改革前，除皇村铁路和圣彼得堡—莫斯科铁路外，铁路建设规模有限。俄国修建铁路的资金很难筹措，1832—1852 年，俄国财政收入总额为 36.1 亿卢布，一半以上的收入用于供养军队和支付国债利息。[①] 为修建铁路，俄国政府遂在国外金融市场上发行债券，1842—1851 年间共发行 5 次国债。1842 年通过国外银行在英国、德国和荷兰发行年利率为 4%的第一批国债，金额为 800 万卢布。[②] 1843 年、1844 年和 1847 年俄国以同样利率发行第二、三和四批国债，其金额分别为 800 万、1200 万和 1400 万卢布。1850 年发行年利率为 4.5%、金额为 3520 万银卢布的第五批国债，大多用于国内铁路建设。[③]

19 世纪上半叶，投入俄国工业的外资金额明显增加，直接推动了俄国工业的发展。此时外资可进入俄国，与英国工业革命密切相关，英国工业革命爆发之后，手工工场逐步被资本主义大工厂取代，手工劳动被机器劳动取代，工业和运输业都开始广泛使用蒸汽

---

① Уродков С. А. *Петербурго-Московская железная дорога. История строительства (1842–1851)*. Л., Изд-во Ленинградского университета, 1951. С. 91.

② Денисов А. Е. *Государственные займы российской империи 1798–1917 годов*. М., ИД «Финансы и кредит», 2005. С. 17.

③ Денисов А. Е. *Государственные займы российской империи 1798–1917 годов*. М., ИД «Финансы и кредит», 2005. С. 19; Уродков С. А. *Петербурго-Московская железная дорога. История строительства (1842 – 1851)*. Л., Изд-во Ленинградского университета, 1951. С. 93.

机。与此同时,俄英两国的贸易规模日渐扩大,且贸易结构也发生了变化,俄国工业品进口量和粮食出口量大增。

英国工业革命的影响巨大,19 世纪初之前,英国工业革命的成就主要集中于纺织工业,纺纱和织布等工业部门率先使用蒸汽机。对英国进出口的影响主要表现在:一是棉花进口量大增,1785 年英国棉花进口量达 800 万磅;二是棉纺织品出口量大增,1785 年英国棉纺织品的出口量达 110.1 万磅,形成了曼彻斯特和兰开夏等大型棉纺织工业中心。①

英国工业化的成就举世瞩目,很多国家纷纷效仿,俄国也打算从英国引进技术发展本国工业,但此时因农奴制和专制制度的存在,工业发展举步维艰。尽管随着俄国进口货物关税的提高,其他国家对俄商品出口的利润降低,但其国内市场十分广阔,于是国外企业主开始到俄国投资建厂。

1861 年农奴制改革之前,俄国政府为缓解国家财政赤字、修建铁路和筹集军费,向国外大规模举债 16 次。② 此时,外国资本流入俄国有三个途径:一是在俄国直接建立工业企业,二是购买俄国企业的股票和债券,三是购买俄国政府发行的国债。

1861 年农奴制改革前,外资主要投入纺织部门,外国公司在俄国主要采用两种经营模式,即独资公司和股份制公司。

1805 年,德国人在俄国创办亚历山大洛夫纺织厂,该工厂率先

① 齐洪、苏国荫等编著:《世界主要资本主义国家工业化过程简述》,统计出版社 1955 年版,第 16 页。

② Денисов А. Е. *Государственные займы Российской империи 1798–1917 годов.* М., ИД Финансы и кредит, 2005. С. 13–22.

使用蒸汽机和英国纺纱机纺纱。在其带动下,英国机器和纺织技术在俄国迅速传播,1812 年,莫斯科已拥有 11 家大型纺织工厂①,但多属法国人和德国人所有。外国企业主投资俄国纺织工业后,俄国纺织品产量增长近 50 倍,棉纺织品不但可以自给,且开始出口至亚洲国家,纺锤数量也由 19 世纪 40 年代的 35 万个增加至 50 年代的 160 万个,棉纺织工业生产技术日趋完善。② 与此同时,进口纱线数量大幅降低,棉纺织品产量迅速提高。

19 世纪,在俄国纺织工业发展过程中,克诺普公司的作用不容小觑。18 世纪末,移居至俄国的德国人克诺普成立贸易公司,最初的主要业务是为俄国企业主和部分外国企业主提供纺织材料和纺织机器。19 世纪上半叶,俄国中部工业区的众多纺纱和织布工厂使用的材料和机器都与克诺普公司相关。该公司还直接出资建立了部分纺织公司,或直接入股纺织企业。

关于克诺普公司开展业务的主要流程,该公司在相关广告中指出:“如果您想建立工厂,对设备、原材料等问题有困惑时,可以来找克诺普公司,说明自己所需的设备和需要办理的事务之后,我们会满足您。如果能满足您的需求,我们会立即给您答复,此外您还可以向我们咨询工厂的发展前景、设置方式和盈利状况。”可见,一是各公司负责人或企业主将所需要的机器、设备和原材料的要求提交给工厂相关负责人;二是克诺普公司会对客户提出的要求

① Ионичев Н. П. *Иностранный капитал в зкономике России (XVIII – начало XX в.)*. М., МГУП, 2002. С. 72.

② Чунтулов В. Т., Кривцова Н. С., Чунтулов А. В., Тюшев В. А. *Экономическая история СССР*. М., Высшая школа, 1987. С. 74; Ионичев Н. П. *Иностранный капитал в зкономике России (XVIII–начало XX в.)*.М., МГУП, 2002. С. 73.

进行审核,如果达到要求,就会着手进行订单处理;三是克诺普公司在俄国的办事处并不是立刻采购设备,而是先将客户所需机器设备的图纸和型号告知国外相关公司,国外分公司获取相关的信息之后,再负责采购和办理相关事宜;四是先将相关机器型号信息告知俄国客户,客户对提供的机器型号表示满意后,克诺普公司在英国采购相关设备运回俄国国内;五是克诺普公司相关技术人员或出口商的技术人员会提供售后维修服务,负责设备的安装、调试和维修等事宜。克诺普公司负责纺织机器的安装和维护,所以当时众多纺织工厂对该公司十分依赖。[①]

克诺普公司除从事进口业务外,还直接投资俄国的纺织工业,如建立了俄国第一家技术先进的工厂即克列尼戈里纺纱手工工场。该工场规模较大,拥有 40 万个纺锤,直接将外国技术和经验带入了俄国,促进了俄国纺织工业的快速发展。从 1840 年开始,克诺普公司的一项主要业务就是充当中间人,为俄国企业主提供贷款,帮助他们建立纺织工厂、雇佣德国和英国的专家及管理人员,还帮助工厂设计厂房,为工厂提供设备和原料,等等。

法国资本也不甘落后。1825 年,法国资本家率先在莫斯科建立了印花布工厂;1833 年,法国企业主在莫斯科建立丝织工厂。19 世纪中叶,在外国资金和企业主的帮助下,俄国纺织工业开始了机械化进程,纺织品产量增长了 49 倍。至 1860 年,俄国共有大型棉

① Туган-Барановский М. И. *Русская фабрика в прошлом и настоящем: Историко-экономическое исследование*. Т. 1. *Историческое развитие русской фабрики в XIX веке*. М., Кооперативное издательство «Московский рабочий», 1922. С. 285.

纱厂 54 家，机械纱绽总量为 153.5 万枚。[①] 值得一提的是，虽然此时外资在俄国纺织工业中的作用不容忽视，但纺织工业中本国资本依然占据主导地位。1828 年，俄国已有 9 家私人纺纱厂，亚历山大洛夫纺纱厂纱锭数量为 3.5 万枚，纱线产量达 2.1 万普特。[②] 至 19 世纪四五十年代，俄国纺织企业主的数量更多。

第二节　1861—1914 年外资进入俄国的原因和规模

1861 年农奴制改革之后，在政府政策扶持和国内经济快速发展的推动下，外国资本大量进入俄国，主要涉足工业和金融等部门。外资对俄国社会经济发展的作用毋庸置疑，使得其工业、贸易、金融和市场等领域发展逐步完善，同时也留下了其对外资依赖度过高的“后遗症”。在外资的作用下，俄国大型垄断组织如卡特尔、辛迪加和托拉斯等纷纷出现。

一、1861—1914 年外资进入俄国的原因

首先，俄国政府为发展本国工业而吸引外资是这一阶段外资涌入俄国的首要原因。

---

① Мендельсон А. А. *Теория и история экономических кризисов и циклов.* Т. 1. М., *Издательство социально- экономической литературы* , 1959. С. 522.

② Рожковой М. К. *Очерки экономической истории России. первой половины XIX века.* М., Издательство социально-экономической литературы, 1959. С. 129.

18 世纪末至 19 世纪上半叶,西欧诸国陆续开始或完成工业革命,即便俄国经济取得一定成就,如 18 世纪末,乌拉尔地区已有近 200 家冶金手工工场;18 世纪 60 年代至 19 世纪初,俄国的黑色金属产量一直稳居世界首位。① 但因采用传统的、前资本主义的雇佣方式,利用强制性劳动资源、封建特权和垄断权力保障必要的生产,俄国经济发展水平仍然严重落后于西欧,其人均国内生产总值远低于比利时、法国、瑞士和英国等国家,西欧各国的人均国内生产总值为 209 美元,而俄国仅为 170 美元。②

19 世纪上半叶,俄国与西方诸国的差距也愈发明显,英国纺织业真正步入机械化时代,而俄国仍以手工生产为主。英国纺织业技术革命最主要的标志是蒸汽机的发明和使用,蒸汽机突破人力、水力和畜力的局限,实现真正的机械化生产。工业发展对运输业的要求更高,19 世纪 30 年代,英国出现兴建铁路的热潮,至 50 年代英国铁路网雏形已初步建立。就俄国而言,虽然工场手工业迅速发展、社会分工日趋专业化、西方的先进技术不断传入,但只有部分工业部门引进先进机器设备,整体生产力发展水平仍十分滞后,且并未引起生产关系和社会阶层结构的变革,农奴制仍掣肘工业发展。克里米亚战争失败后,俄国工业的落后面貌更是一览无

① Адамов В. В. *Об оригинальном строе и некоторых особенностях развития горнозаводской промышленности Урала // Вопросы истории капиталистической России.* Проблема многоукладности. Свердловск., Изд-во Уральского гос. унив., 1972. С. 225 – 243; Алексеев В. В., Гаврилов Д. В. *Металлургия Урала с древнейших времен до наших дней.* М., Наука, 2008. С. 352.

② Sidney Pollard. *Peaceful Conquest: The Industrialization of Europe, 1760 – 1970.* London: Oxford University Press, 1995. p. 185.

遗,军资供应无法得到保障,俄国政府意识到必须发展工业才能改变本国落后的状态,缩小与西欧诸国的差距。但俄国并无发展本国工业所需的资金,只能借助外国资本发展本国工业。

其次,俄国引进外资的历史传统为这一时期外资进入创造了便利。

俄国政府引进外资历史悠久。叶卡捷琳娜二世率先在国际金融市场上发行俄国国债。亚历山大一世执政末期俄国负债累累,债务总额达 2.1 亿银卢布,加上利息其债务总额已达 12.3 亿纸卢布。[①] 外资进入一则可缓解本国的财政危机,二则可保障军资,三则可发展本国工业,因此,从 19 世纪上半叶开始,流入俄国的外资不断增加。

19 世纪上半叶,俄国政府意识到本国工业的落后,打算利用外资、国外先进技术和管理经验发展本国工业。外资主要投资俄国纺织工业,企业主和开明人士已逐步意识到外资的重要性,为 19 世纪下半叶外资的大量涌入奠定了基础。

再次,关税提高是这一阶段外资进入俄国的直接原因。

19 世纪上半叶,俄国的关税政策经历从自由关税政策向保护关税政策的转变。1812 年卫国战争之后,俄国为履行盟国义务,一度推行自由关税政策,却导致国外商品充斥本国市场,本国企业主大量破产,俄国政府被迫出台 1822 年关税政策。1822 年关税政策主要内容如下:一是虽名义上未禁止国外纺织品、食品和奢侈品,但征收商品价值 1—2.5 倍价值的关税,生铁关税额为产品价值的

---

① Ананьич Б. В., Беляев С. Г., *Лебедев С. К. Кредит и банки в России до начала XX в*. Изд-во С.-петербурского университета, 2005. С. 105, 135, 142, 143.

6倍,铁制品税额为其价值的2.5倍,使得上述商品很难进入俄国市场;[①]二是零关税进口的货物只有棉花、机器、马匹和书籍等等。1823年,康克林继任财政大臣,开始推行禁止性关税政策,其在任期间屡次提高关税税率,相继出台1824年、1825年、1826年、1831年和1841年税率。19世纪上半叶,俄国几乎都执行1822年关税税率,目的是保护民族工业,限制国外产品进口。

19世纪下半叶,俄国政府开始推行强制性保护关税政策。19世纪中叶,俄国关税政策开始由禁止性保护关税逐步向温和性保护关税转变,1857年关税税率就是例证。1868年关税税率自由主义色彩最浓,但仍具有关税保护特征,以纺织业为例,皮革和亚麻等货物的进口关税为其价值的22%,棉布、毛纺织品和纱布的进口关税分别为其价值的24%、26%—30%和34%—36%。[②] 19世纪70年代以后,俄国关税的保护力度逐步加强。

1873年,经济危机波及俄国,为保证本国经济的稳健发展,俄国政府于1877年推出新的关税政策。1877年关税政策规定,必须用黄金支付关税,关税额提高40%—50%,新一轮的关税保护开启。1881年,俄国政府将所有商品的进口关税提高10%;1882年又恢复之前降低税率的诸多商品的进口关税;1884年提高煤炭和焦炭的进口关税;1885年对168种进口商品增加20%的关税;1886年,俄国政府提高南部港口地区铜、铜制品、化学产品和煤炭等产品的

---

① Лященко П.И. *История народного хозяйства СССР*. Т. I. М., Государственное издательство политической литературы, 1956. С. 537.

② 张广翔、梁红刚:《19世纪俄国保护关税政策问题》,《史学集刊》2015年第3期,第47页。

进口关税；1887年又提高金属、铜矿和机器的进口关税；1889年提高车厢、水泥、纸浆、电缆和毛线的进口关税；1890年再追加20%的关税。①

1891年，俄国关税税率进一步提高，其中432种商品的关税有较大幅度提高，67种商品关税征收额为其价值的1—2倍，44种商品关税金额为产品价值的2—5倍，35种商品关税额度超过产品价值的5倍。② 与1868年关税税率相比，1891年生铁、煤油、钢轨、机器、蒸汽机车、棉布和硫酸的进口关税分别增长9倍、2倍、3.5倍、7倍、3倍、1倍和3.5倍。③ 总体而言，1877—1880年，商品进口关税为其价格的16.1%；1881—1884年、1885—1890年和1891—1900年商品进口关税分别为其价格的18.7%、28.3%和33%。可见，俄国关税的保护程度逐步增强。④ 随着俄国关税税率的不断提高，其他国家对俄商品出口利润大幅下降，国外企业主纷纷赴俄建厂，欲利用其资源和政策优势摄取高额利润。

最后，政府政策扶持亦不容忽视。

19世纪上半叶，对于引进外资，俄国社会出现不同呼声：政府部分官员支持引进外资，认为有助于推动工商业发展，缓解财政危

---

① Китанина Т. М. *Россия в первой мировой войне 1914 - 1917 гг: экономика и экономическая политика. Часть 1.* СПб., Из-во спб-университета, 2003. С. 51-52; Хромов П. А. *Экономическая история СССР. Период промышленного и монополистического капитализма в России.* М., Высшая школа, 1982. С. 97.

② Соболев М. Н. *Таможенная политика России во второй половине XIX века. Том. II.* М., РОССПЭН, 2012.С. 356.

③ Субботин Ю. Ф. *Россия и Германия: партнеры и промивники (торговые отношения в конце* ⅩⅨ *в.- 1914 г.).* М., Из-во РАН, 1996. С. 20-23.

④ 张福顺：《19世纪俄国保护关税政策述论》，《东北亚论坛》2001年第3期，第77页。

机;部分王公和大臣则强烈反对外资进入俄国,认为外资进入会导致俄国的财富落入外国人手中,进而导致外国人控制俄国的经济命脉。俄国历任财政大臣都支持外资进入俄国,本格、维什涅格拉德斯基上任后都把发展工商业放在政府工作的首位,为扶持民族工业,他们呼吁引进外资,但因财政部权力有限,他们有心无力,阻力重重,外资引入量有限。维特继任财政大臣后,财政部职权大增,大力推行工业化,主张无限制地引进外资。

维特呼吁无限制引进外资后,国内反对呼声更加强烈,主要群体如下。一是大贵族,如萨拉波夫指责维特欺骗群众,应将其逮捕问罪;亚历山大妻弟尼古拉耶维奇也抵制外资进入俄国,呼吁将国民财富掌控在国人手中。二是高级官员,大臣委员会成员杜尔诺沃和普列维也抵制外资。三是企业主阶层,他们坚决反对外资进入,认为外资将强占俄国企业主的市场份额,占用俄国居民的资源,损害本国居民的利益。维特利用舆论工具,在社会上大肆宣传引进外资的重要作用,还邀请著名学者门捷列夫说服沙皇。最终引进外资的方针占据上风,19 世纪末,外资大量涌入俄国。

总之,19 世纪下半叶,俄国亟须摆脱经济落后的窘境,亟待引进资金发展本国工业,亦是俄国引进外资的根本原因;俄国财政长期赤字,18 世纪以来引进外资的历史传统是引进外资的历史原因;保护性关税实施之后,国外商品进口关税大幅提升,外国企业主利润大减,为这一时期外资进入俄国的直接原因;最后,政府政策支持为外资进入俄国提供了政策保障。

二、1861—1914 年俄国引入外资的方式和规模

19 世纪末，外资大肆涌入俄国，在其带动下，俄国社会经济成就显著。除了外资在这一阶段产生的作用和意义，其投入方式和规模也值得深究。这一时期外资投入俄国的方式仍然有三种：一是在俄国直接建立工业企业，二是购买俄国企业股票和有价债券，三是购买俄国国债。在俄国的外国资本中，英国、法国、比利时、德国和瑞典等占比最大，但不同时期各国资本占比略有差异。

（一）直接投资

直接投资即国外企业主直接赴俄国建厂，因对俄商品出口利润大幅降低，国外企业主为获取高额利润，选择对俄直接投资，纷纷在俄国建立工厂。1861 年农奴制改革之后，俄国农民获得人身自由，纷纷奔赴城市务工，使得劳动力成本降低，工厂的利润更高，但此时外资仍主要投资轻工业部门。1861 年，佩特洛夫纺纱和织布工厂成立，工厂注册资本为 1200 万银卢布，英国人为该工厂最大股东。此后，比利时人、法国人也开始投资纺织部门，同时外国企业主开始关注其他工业部门，如食品和造纸等行业。[①]

19 世纪 70 年代末，为扶持本国工业，俄国政府提高国外商品进口关税。据统计，较 19 世纪 60 年代，1877 年俄国政府规定以黄

---

① Лаверычев В. Я. *Монополистический капитал в текстильной промышленности России*. М., Изд-во Моск. ун-та, 1963. С. 140.

金结算关税后,关税提高 40%—50%。① 关税税率的提高成为刺激工业增长的有力武器。此后,国外企业主开始重点关注俄国重工业,如采矿、冶金、金属加工、化学、机器制造和电力等部门。这些部门都需要雄厚的资金做后盾,但因本国企业主资金有限,很多由外资占主导地位。

因下文会详细分析外资主要投入的工业部门,此处仅对其总量进行简要分析。1861 年改革以后,国外企业主投资俄国实业的信心大增。1861—1881 年,外国人创办股份制公司的数量从 54 家增至 356 家,股份资本从 3500 万卢布增加至 3.3 亿卢布。② 1890 年外国人掌控俄国股份资本的 25%,1900 年达 50%。③ 19 世纪下半叶,各国在俄建立的企业数量具体数据详见表 1-7④。

---

① Чунтулов В. Т., Кривцова Н. С., Чунтулов А. В., Тюшев В. А. *Экономическая история СССР*. М., Высшая школа, 1987. С. 93; Гусейнов Р. *История эконоики России*. М., 1999. С. 217; Ионичев Н. П. *Иностранный капитал в зкономике России (XVIII–начало XX в.)*. М., МГУП, 2002. С. 99.

② Гусейнов Р. *История эконоики России.* М., ИВЦ " Маркетинг ", ООО " Издательство ЮКЭА", 1999. С. 217; Ионичев Н. П. *Иностранный капитал в зкономике России (XVIII–начало XX в.)*. М., МГУП, 2002. С. 99; Чунтулов В. Т., Кривцова Н. С., Чунтулов А. В., Тюшев В. А. *Экономическая история СССР*. М., Высшая школа, 1987. С. 92.

③ Чунтулов В. Т., Кривцова Н. С., Чунтулов А. В., Тюшев В. А. *Экономическая история СССР*. М., Высшая школа, 1987. С. 92.

④ Ионичев Н. П. *Иностранный капитал в зкономике России (XVIII – начало XX в.)*. М., МГУП, 2002. С. 102.

表 1-7　外国自然人在俄国创立企业的数量　（单位：家）

所有人国籍	创建年份				
	1860 年前	1860—1870	1870—1880	1880—1890	1890—1900
德国	18	23	36	64	66
奥匈帝国	5	—	6	8	21
英国	2	1	6	16	13
法国	5	2	4	8	7
瑞典	1	—	7	7	1
土耳其	1	—	4	3	4
其他国家	2	4	5	5	23

整体而言，19 世纪下半叶，俄国境内外国人创办企业数量共 345 家，其中德国人创办企业数量最多，其次为奥匈帝国、英国、法国、瑞典、土耳其和希腊人，其创办的企业数量分别为 189 家、35 家、36 家、21 家、15 家、12 家和 8 家。① "一战"前各国资本家和企业主投入俄国的外资金额详见表 1-8②。

① Ионичев Н. П. *Иностранный капитал в зкономике России (XVIII – начало XX в.)*. М., МГУП, 2002. С. 102.

② Доннгаров А. Г. *Иностранный капитал в России и СССР*. М., Международные отношения, 1990. С. 20.

表 1-8 “一战”前投入俄国的外资数额 (单位:千卢布)

投资国家	直接投资俄国相关行业的外资	进入俄国股份制公司中的外资	总计
英国	154 412.5	72 050	226 462.5
比利时	135 620	8812.5	144 432.5
法国	141 214.6	112 108.5	253 323.1
法国和比利时共同投资	—	224 275	224 275
德国	90 988.7	287 120	378 108.7
美国	13 500	—	13 500
瑞士	12 241.7	—	12 241.7
瑞典	7424.3	—	7424.3
荷兰	1408.9	—	1408.9
奥地利	1307.4	—	1307.4
意大利	805.9	—	805.9
其他国家	79 982	—	79 982.0
总计	638 906	704 366	1 343 272

(二)购买有价证券

除直接建厂外,外国企业主还大量购买俄国有价证券,主要方式有二:一是在国际金融市场上购买俄国国债,二是购买俄国股份公司发行的股票或债券。

俄国债务分为内债和外债,外债一直占据主导地位,亦是外资流入俄国的方式之一。外债出现于叶卡捷琳娜二世时期，俄国第一笔对外公债于 1769 年发行，由荷兰银行代为发行，其金额为 430 万卢布，期限为 10 年，年息为 5%。① 尼古拉一世时期，因战争频繁，政府共发行对外公债 6394 万卢布。维特继任财政大臣之后也大量发行国债，1892—1903 年间俄国发行国债由 49 亿卢布增加到 66.5 亿卢布。②

铁路国债亦是俄国主要举债方式之一。俄国财政长期赤字，为筹集资金修建铁路，遂在国外金融市场上发行债券，上文已提及，此处不再赘述。19 世纪下半叶，俄国政府在国际金融市场上发行的铁路债券更多，下文将具体分析。

（三）外资投入规模

1861 年农奴制改革之后，特别是 19 世纪 80 年代之后，外资大量进入俄国，因购买股票和有价证券的资金很难统计，只能总体分析，具体规模详见表 1-9③。

---

① Витте С. Ю. *Собрание сочинений докумендальных материалов*. Т. 2. *Налоги бюджет и государственный долг России*. *Кн* 2. М., Наука, 2003. С. 30.

② Витте С. Ю. *Собрание сочинений докумендальных материалов*. Т. 2. *Налоги бюджет и государственный долг России*. *Кн* 2. М., Наука, 2003. С. 30-31.

③ Ионичев Н. П. *Иностранный капитал в зкономике России* (*XVIII* - *начало XX в.*). М., МГУП, 2002. С. 162.

表 1-9　19 世纪末 20 世纪初俄国境内各国外资投入额和占比

国家	1890 年		1900 年		1915 年	
	金额(百万卢布)	占比(%)	金额(百万卢布)	占比(%)	金额(百万卢布)	占比(%)
法国	66.6	31	226.1	28	687.9	31
英国	35.3	16	136.8	17	535.4	24
德国	79.0	37	219.3	27	436.1	20
比利时	24.6	12	196.5	24	318.8	15
美国	2.3	1	8.0	1	114.0	5
其他国家	6.9	3	24.3	3	113.8	5
总计	214.7	100	811	100	2206	100

外资主要投资领域是运输、冶金和采矿工业,也包括化工、纺织、机械、电气和贸易领域。总体而言,1861—1917 年,俄国外资引入量由 5.5 亿卢布增至 156.7 亿卢布。① 因外资大量引入和俄国大肆举债,19 世纪俄国已成为世界上最大债务国,其借款额已占全球债务的 11%。② 19 世纪 90 年代初,俄国四分之三的外资投至金融业和重工业,投入铁路部门的外资比例为五分之一。③

1861 年至十月革命前,俄国外资中法国资本占据第一位,其次

① Бовыкин В. И. *О вопросу о роли иностранного капитала в России*// Вестник МГУ, 1964. №1. С. 69.

② Грегори П. *Экономический рост Российской империи (конец XIX – начало XX в.)*. М., РОССПЭН, 2003. С. 41.

③ Бовыкин В. И. *Финансовый капитал в России накануне первой мировой войны*. М., РОССПЭН, 2001. С. 34.

是英国、德国、比利时和美国。据统计，投入俄国银行、工业和贸易股份制企业的外资达 22.4 亿卢布，占俄国股份资本的比例为 38%，外资影响不言而喻。① 外资最主要的投资领域是工业和金融，1885—1915 年，工业投资中外资所占比例达 60%，投入金融领域的外资比例为 30%—40%。② 20 世纪，受世界经济危机影响，外资主要投资俄国实业。19 世纪下半叶开始，外资大量涌入俄国铁路建设，1900—1913 年，即使俄国铁路建设规模收缩，外资仍在资本投入量中占比 50%。③

就具体工业部门而言，1881 年前外资仅占采矿、冶金和金属加工工业总投入量的 32.2%，化学、纺织、木材加工、造纸和印刷工业多依靠本国资本发展。1900 年，外资在采矿、冶金和金属加工、矿物产品加工、化学、纺织、食品和畜产品加工工业股份资本中所占的比例分别为 61.8%、43.2%、42.2%、18.6%、10.1% 和 19.9%。④“一战”前，外资一般以生产性投资为主。1900 年和 1908 年，生产性投资和非生产性投资领域的外资金额分别增加 3.5 亿卢布和 13.4 亿卢布；1914 年，生产性投资中外资的比例增至 14 亿卢布，非

① Гиндин И. Ф. *Банки и экономическая политика в России XIX－начало XX в.* М., Наука, 1997. С. 226－227; Федоров В. А. История России 1861－1917. М., Высшая школа, 1998. С. 193.

② Хромов П. А. *Экономическое развитие России Очерки экономики России с древнейших времен до Великой Октябрьской революции.* М., Наука, 1976. С. 473－474.

③ Бовыкин В. И. *О вопросу о роли иностранного капитала в России*// Вестник МГУ, 1964. №1. С. 78.

④ Бовыкин В. И. *О вопросу о роли иностранного капитала в России*// Вестник МГУ, 1964. №1. С. 78.

生产性投资则减少2.1亿卢布。此外,1861—1914年,俄国铁路建设投资额为48.2亿卢布,外资和俄国资本所占比例分别为74.5%和25.5%;而在1861—1881年和1893—1900年,外资则分别占94.3%和82.9%。① 1856—1913年对俄直接投资规模详见表1-10②。

表1-10 1856—1913年对俄直接投资规模

年份	公司数量(家)	公司注册资本(百万卢布)	年均注册资本(百万卢布)
1856—1887	15	71.7	2.31
1888—1894	22	62.9	10.48
1895—1902	90	253.0	36.14
1903—1905	11	9.5	4.75
1906—1913	88	168.6	24.09

基于此,俄国高度依赖外国资本。据统计,至1914年,俄国52%的银行资本集中在7家最大的银行。③ 这些银行实际上都是外国银行的子公司。19世纪末20世纪初,国外银行通过贷款和直接投资等方式,积极向俄国输出资本。1900年,外国投资约占俄国

① Бовыкин В. И. *О вопросу о роли иностранного капитала в России//* Вестник МГУ, 1964.№1. С. 71-77.

② Доннгаров А. Г. *Иностранный капитал в России и СССР.* М., Международные отношения, 1990. С. 19.

③ От капитализма к социализму. *Основные проблемы истории переходного периода в СССР 1917-1937 гг. В 2-х томах.* Т. Ⅰ. М., Наука, 1981. С. 55.

股份制公司总资本的 29%，到第一次世界大战前夕这一比重提高到 33%。俄国工业也严重依赖外国资本，1917 年投入俄国工业的外资金额达 22.5 亿卢布，约占俄工业投资总额的三分之一。[①] 外国资本垄断了俄国南部 70%的生铁冶炼和制成品企业，约 60%的石油开采企业以及 90%的电力企业。[②]

---

① ［美］尼古拉 · 梁赞诺夫斯基、马克 · 斯坦伯格：《俄罗斯史》，杨烨、卿文辉主译，上海人民出版社 2007 年版，第 399 页。

② *История социалистической экономики СССР.* В 6-ти т. Т. Ⅰ. *Советская экономика в 1917–1920 гг.* М., Наука, 1976. С. 19.

第二章　英国资本与俄国社会经济的发展

英国资本流入俄国工业领域的时间较早，早期主要投资的工业部门是纺织业。1861年农奴制改革之后，英国企业主开始关注冶金和煤炭工业。1869年，英国人在南俄创办了新罗西斯克石煤、钢铁和轨道生产公司，该公司是南俄地区最早的大型冶金工厂之一。除此之外，英国企业主还投资俄国机器制造业、石油和化学等工业部门。在英国资本投入的诸多工业部门中，石油工业的成就最为突出，一方面英荷壳牌石油公司成为俄国石油巨头之一，另一方面迈科普石油工业中英国资本的作用最为突出。虽然其他工业部门中英国资本的作用也不容小觑，但仍稍逊色于石油工业。所以，英国资本直接推动了俄国大工业的发展，一定程度上带动了俄国现代化进程，其社会影响不容忽视。

第一节　英国资本流入俄国的原因和历程

19世纪,英国资本主要流入纺织等工业部门,相对于法国资本而言,英国企业主更关注实业。以机器制造业为例,1883年,英国人在俄国创建约翰·格里弗斯公司,专门生产农业机器,19世纪末该公司已成为欧洲最大的农机制造厂之一。虽然19世纪80年代英国人就已开始涉足俄国煤油进出口业务,但只是单纯从事进出口贸易,20世纪初才真正开始投资俄国石油工业,但成就十分显著。1909—1914年,在流入俄国石油工业的外资中,英国资本数量最多,总金额和所占比例分别为7110万卢布和53%。[①] 在阐述19世纪末俄国境内英国资本的规模和作用之前,其流入俄国的原因也值得探究。

一、19世纪末英国资本大量流入俄国的原因

第一,英俄两国外交关系缓和。

19世纪末20世纪初,俄英两国关系仍日趋紧张,两国分别在近东、中亚和远东地区具有利益纠葛。日俄战争爆发后,俄英关系更加紧张。随着国际关系格局变化,加上俄国的长期对外扩张,欧洲大陆国际格局重新“洗牌”,英俄关系日趋好转,各地区矛盾也开始缓和。就远东地区而言,日俄战争中俄国落败,俄国虽对支持日

---

① Оль П. В. *Иностранные капиталы в народном хозяйстве Довоенной России.* Л., Изд-во академии наук СССР, 1925. С. 34.

本的英国十分痛恨,但不得不将注意力逐步转回欧洲,英俄矛盾并未进一步升级。虽然英俄两国关系进一步疏远,但在欧洲事务上两国具有诸多利益契合点,二者关系有所改善。

就近东地区而言,俄英两国的矛盾主要集中于黑海地区,英国在中东地区的影响力加强后,黑海地区对于英国而言战略地位下降,为抑制德国,英国政府遂决定在近东地区做出让步,这使英俄两国在近东地区的矛盾得以缓解。

就中亚地区而言,19 世纪末英国势力开始渗入中亚地区,英俄两国在中亚地区矛盾十分突出,主要集中于波斯、阿富汗和我国西藏等问题上。1907 年两国就波斯问题达成协议,签订《英俄协定》,在中亚、阿富汗和我国西藏问题上的矛盾也逐步缓和。虽然"一战"前俄英两国就诸多问题仍未达成一致,但《英俄协定》的签署暂时缓解了两国间的矛盾,俄英开始共同对抗德国,外交关系以缓和与合作为主旋律。在此背景下,英国资本于 20 世纪初大规模投资俄国工业。

第二,英俄两国贸易联系日渐加强。

英俄两国经济联系增强主要表现为两国进出口贸易十分繁荣。19 世纪中叶,英国是俄国最大的贸易伙伴。因资料有限,仅能总体分析俄国对外贸易规模,从中窥见英国的作用。此时期俄国对外贸易规模详见表 2-1①。

① Хромов П. А. *Экономика России периода промышленного капитализма*. М., Издательство ВПШ и АОН при ЦК КПСС, 1963. С. 175.

表 2-1　19 世纪中叶俄国对外贸易规模一览表　(单位:百万卢布)

国家	1846—1848 年			1846—1848 年		
	出口	进口	总货流量	出口	进口	总货流量
	金额(百万卢布)			占比(%)		
英国	59.3	37.2	96.5	37.0	29.2	33.6
德国	12.8	20.0	32.8	8.0	15.7	11.4
法国	16.6	11.7	28.3	10.4	9.2	9.8
中国	9.7	9.7	19.4	6.1	7.6	6.7
荷兰	8.2	9.4	17.6	5.1	7.4	6.1
丹麦	17.0	0.4	17.4	10.6	0.3	6.0
土耳其	8.4	6.0	14.4	5.2	4.7	5.0
意大利	8.2	3.8	12.0	5.1	3.0	4.2
奥地利	6.5	4.2	10.7	4.1	3.3	3.7
美国	2.6	6.3	8.9	1.6	4.9	3.1
西班牙和葡萄牙	0.7	3.7	4.4	0.4	2.9	1.6
瑞典和挪威	2.2	2.1	4.3	1.4	1.6	1.5
其他国家	8.1	13.0	21.1	5.0	10.2	7.3
总计	160.3	127.5	287.8	100.0	100.0	100.0

19 世纪上半叶,随着俄国棉纺织工业的快速发展,棉纱和棉花的进口量大增,此时俄国的棉花主要从美国进口,棉纱主要从英国

进口。上述两种商品的具体进口规模详见表 2-2①。

表 2-2　19 世纪上半叶俄国棉花和棉纱年均进口量

年份	数量(千普特)	增加值(%)
1812—1815	17	—
1816—1820	24	41
1821—1825	30	25
1826—1830	53	77
1831—1835	71	34
1836—1840	91	28
1841—1845	112	23
1846—1850	147	31
1851—1855	179	22

俄国出口的货物主要是农产品,如油脂、亚麻、小麦、木材、毛皮和蜂蜜等等。除上述商品外,俄国也向国际市场出售工业品。19 世纪初,俄国仍向国际市场出口生铁和钢等货物,但后期出口量急剧降低,原因为英国工业革命开启之后,工业品的产量大增,冲击了俄国冶金工业。1861 年农奴制改革前俄国货物出口结构和占比详见表 2-3②。

① 邓沛勇、刘向阳:《俄国工业史(1700—1917)》,社会科学文献出版社 2021 年版,第 79 页。

② Хромов П. А. *Экономика России периода промышленного капитализма.* М., Издательство ВПШ и АОН при ЦК КПСС, 1963. С. 172.

表 2-3　1802—1860 年俄国的货物出口结构和占比　（单位:%）

年份	粮食	种子	植物油	亚麻	大麻	木材（珍贵木材除外）	动物油	短髭	活牲畜	毛皮	精制革和软革	非精制革	毛线	制品		除金银外的金属	钾碱
														麻纺织	棉纺织		
1802—1805	20.2	3.6	1.7	10.8	17.5	2.3	14.7	1.0	1.9	3.2	2.9	0.2	0.05	5.7	—	5.5	1.2
1806—1811	15.3	3.4	1.0	12.1	20.5	1.8	13.1	1.4	1.8	3.1	2.8	0.2	0.04	6.5	—	6.1	2.6
1812—1815	10.5	3.0	1.3	9.0	16.4	1.4	16.7	1.6	1.8	2.9	2.5	0.7	0.2	4.9	0.4	4.1	1.4
1816—1820	31.2	4.7	1.8	8.1	10.0	1.9	16.0	1.4	1.9	2.0	1.7	0.3	0.4	3.4	0.4	4.0	1.8
1821—1825	8.4	3.8	1.4	13.7	12.1	3.8	18.9	2.5	1.2	3.5	2.1	1.0	1.1	5.2	1.0	7.8	2.1
1826—1830	15.7	5.1	1.4	10.7	9.6	3.7	16.4	1.9	1.2	2.7	2.5	1.8	0.7	4.5	2.8	6.0	1.6
1831—1835	14.1	6.4	0.9	9.5	7.8	3.3	19.1	1.6	3.0	2.4	2.4	2.9	2.7	4.3	2.1	5.3	1.3
1836—1840	17.7	8.4	0.5	9.7	9.3	3.3	17.9	1.6	2.1	2.2	1.8	1.7	3.9	3.6	1.6	3.5	0.9
1841—1845	16.4	10.4	0.4	10.3	7.4	3.0	13.7	1.8	2.2	2.9	1.7	1.7	7.2	2.6	2.3	2.3	0.8
1846—1850	31.2	7.4	0.1	7.8	6.5	3.0	12.4	2.2	1.6	2.4	1.3	0.9	4.7	1.6	2.2	1.9	0.7
1851—1855	29.7	8.5	0.4	7.8	6.0	3.8	7.9	1.9	1.3	2.6	1.3	0.6	8.3	0.9	2.9	3.2	0.8
1856—1860	35.1	8.7	0.3	8.4	4.9	3.2	9.2	1.4	1.1	1.7	0.8	1.1	7.5	0.8	2.1	1.5	0.8

第三,英国率先完成工业革命,其技术的广泛传播带动了世界各国工业发展,也为外资进入俄国创造了条件。

14 世纪,英国人就开始采用水力驱动风箱炼铁;16 世纪,英格兰南部的苏塞克斯使用鼓风炉炼铁;到 16 世纪末,英国年均生铁产量提高到 1000 吨。① 虽然生铁产量大增,但 17 世纪之前,英国冶金业十分落后,所需的大部分铁制品是从俄国进口。18 世纪下半叶,在技术革新的带动下,英国冶金工业也进行了技术革新。1776 年,约翰·惠更生用瓦特蒸汽机成功为熔铁炉鼓风;1784 年,蒸汽机被用来带动碾压机和切铁机;1783 年,亨利·科特发明了用搅炼炉生产锻铁的新方法,提高了锻铁的产量和质量。英国的生铁产量从 1796 年的 12.5 万吨增长至 1870 年的 606 万吨,钢产量从 1865 年的 22.5 万吨增长至 1875 年的 72.3 万吨,采煤量从 1790 年的 760 万吨增长至 1800 年的 1000 万吨。② 随着采煤量的增加,煤炭出口量大增:1869 年,英国的煤炭出口量达到 1300 万吨;1887 年,上升到 3170 万吨;1913 年达 9830 万吨,占英国煤炭年产量的三分之一。③

19 世纪,英国煤炭产量呈跨越式增长,1850—1880 年其采煤量甚至超过世界其他国家采煤量之和,具体数据详见表 2-4④。

---

① [意]卡洛·M. 奇波拉主编:《欧洲经济史(第二卷):十六和十七世纪》,贝昱、张菁译,商务印书馆 1988 年版,第 188 页。

② 齐洪、苏国荫等编著:《世界主要资本主义国家工业化过程简述》,统计出版社 1955 年版,第 18 页。

③ Derek H. Aldcroft (ed.). *The Development of British Industry and Foreign Competition 1875-1914.* Toronto: University of Toronto Press, 1968. p.39.

④ Дьяконова И. А. *Нефть и уголь в энергетиге царской России в международных сопоставлениях*. М., РОССПЭН, 1999. С. 40.

表 2-4　19 世纪 50—80 年代英国等国的采煤量规模　（单位：万普特）

国家	1850 年代	1860 年代	1870 年代	1880 年代
英国	4980 （64.6%）	8330 （60.4%）	11 220 （51.0%）	14 930 （41.3%）
美国	81.3 （10.5%）	1540 （11.2%）	3680 （16.7%）	7170 （19.8%）
德国	680 （8.8%）	1700 （12.3%）	3400 （15.5%）	5910 （16.4%）
法国	450 （5.8%）	847 （6.2%）	1320 （6.0%）	1940 （5.4%）
奥匈帝国 （奥地利-匈牙利）	203 （2.6%）	360 （2.6%）	920 （4.2%）	1930 （5.3%）
比利时	590 （7.7%）	980 （7.1%）	1370 （6.3%）	1690 （4.7%）
俄国	—	30 （0.2%）	70 （0.3%）	2570 （7.1%）
	7710 （100%）	13 780 （100%）	21 980 （100%）	36 140 （100%）

英国率先开启技术革命的工业部门是纺织工业。中世纪时，工人就已用专门的手梳梳理羊毛，后来改用带有梳理棒的专用机器，效率大幅提高。18 世纪，英国纺织工业发展迅速，生产技术大幅提高。1733 年，约翰·凯伊发明了整理羊毛的机器——飞梭；1760 年，约翰·凯伊的儿子罗伯特·凯伊将其进一步改进，制成自动飞梭；1748 年，丹尼·伯恩发明了一种以旋转方式工作的梳毛机；1772 年，大卫·唐纳德发明了以水力推动的亚麻压缩机；1764

年,珍妮纺纱机被发明后,被运用于纺纱,提高了纺纱的效率;1769年,水力纺纱机的发明克服了珍妮纺纱机纺织出来的纱容易断的缺陷;1779年,"骡机"被发明后,棉纱产量进一步提升,生产力大幅提高。1751—1764年,英国的棉花进口量从290万镑增长至390万镑,棉织物的出口量从4.6万镑增长至20万镑。1780—1790年,英国的毛线和毛织物出口量从258.9万镑增至519万镑。[①] 1750—1849年英国棉纺织工业发展规模详见表2-5[②]。

表2-5 1750—1849年英国棉纺织工业的发展规模

	棉花消耗量(千磅)	棉纺织品的计件出口量(百万码)
1750—1759	2820	—
1760—1769	3531	—
1770—1779	4797	—
1780—1789	14 824	—
1790—1799	28 645	—
1800—1809	59 554	—
1810—1819	96 339	227
1820—1829	173 000	320
1830—1839	302 000	553
1840—1849	550 000	978

① 齐洪、苏国荫等编著:《世界主要资本主义国家工业化过程简述》,统计出版社1955年版,第16页。

② Richard Brown. *Society and Economy in Modern Britain, 1700 - 1850*. London: Routledge, 1991. p. 51.

蒸汽机出现后,开始被运用到其他工业部门之中。到 1800 年,蒸汽机不仅在采矿业中得到了广泛应用,而且在冶金业、纺织业、造纸业、机械制造等行业中得到广泛应用,生产力大幅提高。

在工业革命的带动下,英国工业发展迅速。1840 年,英国工业产值占世界总产值的 45%。[①] 1870 年,英国的工业产值占世界总产值的 31.8%,生铁产量占全世界总产量的 46.8%,钢产量所占比例为 38.4%,采煤量占比为 47.9%,商船总吨位占比 33.9%,英国工业品出口额占世界工业品总出口额的 37.9%。[②] 英国工业化的成就不言而喻。

英国工业革命开启之后,交通运输业发展迅速。1825 年,斯托克顿—达林顿铁路通车。1858—1870 年,英国铁路长度从 8354 英里[③]增加到 1.4 万英里;1886 年,达 1.7 万英里。[④] 至 1900 年,英国铁路长度已达 3.5 万公里。在英国铁路的带动下,世界其他国家的铁路建设热潮纷纷涌现,直接推动了采煤和冶金工业发展。19 世纪 90 年代,世界采煤量增加 64%,生铁产量增加 70%,钢产量增加 173%。[⑤]

第四,俄国社会各界对英国资本的认同感逐步加强。

---

① 陈紫华:《英国工业革命的特点和历史意义》,《西南师范大学学报(人文社会科学版)》1980 年第 3 期,第 94 页。

② 李若谷主编:《世界经济发展模式比较》,社会科学文献出版社 2009 年版,第 268 页。

③ 1 英里约 1.6 千米。

④ [英]克拉潘:《现代英国经济史(中卷):自由贸易和钢(1850—1886 年)》,商务印书馆 1997 年版,第 237 页。

⑤ Соловьева А. М. *Железнодорожный транспорт России во второй половине XIX в.* М., Наука, 1975. С. 233.

在英国资本快速涌入的同时,俄国各界就引进外资问题展开了激烈辩论。财政大臣维特对英国资本进入俄国石油工业的问题十分关注。维特以美国为例,历陈外资对国内经济发展的益处,认为俄国工业想要取得巨大成就必须借助外资。他认为,不可能完全去除俄国石油工业中的外资;如果外资撤出,俄国石油工业将会变得萧条,外资涌入实业领域会增加俄国财政收入;俄国石油开采和钻探业务需要大量资金,而外资足以解决燃眉之急,外资可以用来修建铁路,购买油罐船和修建石油管道、储油池和仓库,保障市场上石油产品的供应量;外资进入俄国石油工业对其他工业部门的发展也十分有利。但也有反对声音。

总体而言,就英国公司能否参与俄国石油工业,俄国国内存在两种意见。一种观点认为,英国资本持续增加可以扩大高加索油田开采面积,英国公司参与俄国石油业务可增加原油和石油产品产量,不但能提高俄国石油产量,还可增加俄国石油产品的出口量;相反,限制外资进入将导致石油产量降低,国内石油产品价格居高不下;且外资进入石油工业可推动俄国石油开采技术,提高居民生活水平,促进国家经济发展,因此应该支持外资流入。但很多学者和社会活动家持另一种观点,他们反对英国资本持续进入高加索地区,认为英国资本持续注入将垄断巴库的石油产品贸易,使得俄国黄金大量外流,英国人借机获取高额利润,导致俄国货币市场和总体经济状况恶化。但是俄国财政部全力支持英国企业投资俄国石油工业,维特认为,英国财阀进军高加索石油工业,可为俄国开辟更广阔的国际金融市场,增强俄国有价证券的影响力。

二、英国资本进入俄国的历程

19 世纪末,按照投至俄国的外资总金额而言,英国资本仅次于法国资本,位居第二位。但在俄国很多工业部门中,英国资本位居首位,如石油和有色金属开采等工业部门。此外,英国资本在俄国纺织和军事船舶制造等工业部门中也具有十分显著的影响。

(一)英国资本流入俄国工业的开端

英国对俄国经济产生影响最早可追溯至 16 世纪。1554 年,英国莫斯科公司获得英国政府特许,垄断了与俄国的贸易。伊凡四世时期,莫斯科公司获得了无关税同俄国进行贸易的权利,同时还获得沿伏尔加河与东方各国进行贸易的特权。18 世纪上半叶,英国人张伯伦和科杰尼斯获得了在圣彼得堡创办印花手工工场的特权。1755 年,他们的合伙人波特列尔获得了在俄国创办滑膛枪手工工场的权利。19 世纪中叶,英国成为俄国最主要的贸易伙伴之一,俄国出口至英国的货物占俄国出口货物总额的 37%,俄国进口货物总额中英国商品的占比为 29.2%。俄国出口至英国的主要货物为原材料,即粮食、亚麻、大麻、毛线和皮革等货物;俄国从英国进口的主要货物为石煤、棉纺织品、各种机器和香料等。此时俄国对外贸易额中英国的占比为 33.6%,在英国之后的是德国和法国,其占比分别为 11.4%和 9.8%。[①] 虽然 20 世纪初俄国最主要的贸易

① Хромов П. А. *Экономическое развитие России в XIX–XX веках*. М., Госполитиздат, 1950. С. 98–99; *Иностранное предпринимательство и заграничные инвестиции в России*. Очерки. М., РОССПЭН, 1997. С. 54.

伙伴是德国,但在俄国对外贸易中英国的作用仍不可替代。

从19世纪开始,英国开始关注俄国的实业,投入俄国的英国资本逐渐增加。虽然英国资本大规模涌入俄国是在20世纪初,但在1861年农奴制改革前英国资本就已开始大量流入俄国。1861年农奴制改革之前,英国企业主的投资都与贸易活动相关。不管是农奴制改革前,还是改革之后,英国企业主都十分关注俄国实业。投资俄国纺织工业的英国企业都与托尔尼通家族关系密切。1832年,该家族创始人就成为卡马洛夫斯基伯爵毛纺织工厂的管理者,此时起托尔尼通就一直担任工厂管理者。1866年,托尔尼通毛纺织工厂集团成立,该公司是典型的家族企业,但也有其他外国企业主投资该公司。19世纪末,该公司的注册资金达800万卢布。①

纺织领域的另一位知名企业主是B. 加瓦尔达,他还获得了俄国国籍。1839年,加瓦尔达在卡卢加建立了一家造纸厂,工厂初创资本为企业主数年积攒下的资金。1849年,加瓦尔达租赁了科丘别伊大公的特罗伊茨基工厂;1853年又购买了康德罗夫斯基工厂;1858年,科丘别伊、马尔科姆和加瓦尔达共同创建了加瓦尔达—特罗伊茨基—康德罗夫斯基造纸厂。该公司不仅是俄国造纸业的第一家股份制公司,还是当时俄国知名大公司之一。1879年,该公司的产值超百万卢布。

在1861年农奴制改革前,俄国英属工业企业中必须提及的是苏格兰工程师洛基诺姆·斯米特创建的蒸汽锅炉厂。斯米特最初

① *Иностранное предпринимательство и заграничные инвестиции в России.* Очерки. М., РОССПЭН, 1997. С. 57.

是英国铁路零件出口商人，在莫斯科至圣彼得堡的铁路修建时，他向俄国出口铁路机车和零件。最初，他在蒸汽机车制造厂内工作，主要负责蒸汽机车的维护和修理工作。1856 年，31 岁的斯米特在莫斯科创建了自己的公司。洛基诺姆·斯米特贸易集团下属蒸汽锅炉厂拥有五个车间，分别为焊接、锻造、锅炉、电力和机械制造车间，其产品十分畅销。

英国老牌贸易公司——米尔和梅里利兹公司也投资俄国实业。1843 年，该公司在圣彼得堡创建了英国纺织品和其他商品的批发贸易公司，同年该公司在莫斯科设立办事处。在从事贸易业务的同时，该公司也开始涉足其他领域，随后该公司业务逐渐多样化，19 世纪八九十年代公司业务发生了转型。

1889 年，公司主营业务发生了重要变化，米尔和梅里利兹公司决定在圣彼得堡成立分公司，作为独立的贸易公司，即奥博罗特公司。1907 年，米尔和梅里利兹公司仍是单独的家族企业，但已转变为股份制商业集团，新集团中米尔和梅里利兹仍持股四分之三。①

彼特切尔曾指出，米尔和梅里利兹公司业绩十分突出，该状况一直持续至“一战”之前。企业的利润很高，下属百货商店的数量大幅增加，1915 年已达 80 家。除此之外，公司建立了家具厂和印刷厂，还创办了《俄罗斯公报》。米尔和梅里利兹公司的技术部还从事城市供水、排水、天然气管道建设等工作。该公司在俄国历时

---

① Питчер Х. Мюр и Мерилиз. *Шотландцы в России*. М., Моск. рабочий, 1993. С. 155.

70 年,已从单纯的贸易公司转变为涉足多领域的大型企业。①

1861 年农奴制改革前,很多英国人都通过商业领域将资金渗入俄国,贸易公司为后期英国人投资实业的前提。最初很多英国企业都是家族企业,20 世纪初,随着业务范围逐步扩大,这些企业开始热衷投资实业和金融业,当时知名的英国商人有哈布巴尔达赫、科乌特萨赫、格里沃杰和列德达乌耶伊等。

19 世纪 70 年代下半期,乔治·格里夫兹开始在俄国从事商业活动,他在别尔江斯克成立了农机仓库。1883 年,格里夫兹在积累了大量资金之后成立了农机工厂和铸铁厂。1899 年,乔治·格里夫兹公司改组为乔治·格里夫兹集团。改组之后,乔治·格里夫兹出售公司大量股票,占比高达 82.5%。格里夫兹是公司股东和管理人。19 世纪末,乔治·格里夫兹集团成为欧洲大型农机制造厂之一。20 世纪初,该集团除成立数家农机生产公司之外,还在南俄和西伯利亚建立了数家仓库。1914 年,集团年生产额达 175 万卢布,工人数量为 1500 名。②

19 世纪 70 年代初,英国企业主弗兰克·列德达乌埃伊发明了生产高质量驼绒毛的传动装置,且十分畅销。90 年代中期,该企业主所拥有的公司先后在斯德哥尔摩和汉堡成立了分公司。1883 年,为开拓市场,列德达乌埃伊在俄国走访了很多城市,并对产品的市场进行了调研。1884 年,列德达乌埃伊在莫斯科成立了公司办事处。1887 年,他购买土地建立了生产传动装置、消防软管和货

① Питчер Х. Мюр и Мерилиз. *Шотландцы в России*. М., Моск. рабочий, 1993. С. 71–71, 97–98, 155–158.

② *Акционерно-паевые предприятия России на 1912 г*. М., М. Лавров, 1912. С. 60.

运车厢专用帆布的工厂。1895 年，工厂改组为弗兰克·列德达乌埃伊生产集团，股票市值为 60 万卢布。但公司总资本明显高于该价值，部分学者认为该集团资本超过 150 万卢布。① 美国研究者认为，1890 年初列德达乌埃伊集团的支出就达 400 万卢布，集团资产可能更高。②

列德达乌埃伊集团共有 8 个生产车间，并在莫斯科、圣彼得堡、基辅、萨拉托夫、叶卡捷琳诺斯拉夫、下诺夫哥罗德和伊尔比特等地的展销会设立仓库和商店。20 世纪初，该集团的利润率为 6%—10%；1912 年，该集团的年生产额达 300 万卢布，此时注册资本已达 200 万卢布。1909 年之前，列德达乌埃伊集团的股东均为英国公司，虽然后期股票也卖给其他外国企业主，但 75%的股份都由英国人掌控。③

英国人历来关注俄国纺织工业，纷纷在俄国中部工业区建立纺织厂，集中在圣彼得堡等地。"一战"前，俄国的纺织工业受银行资本影响并不大，当时圣彼得堡银行的资金并未渗入纺织工业，所以，投入该工业部门的资金远低于其他工业部门。因纺织企业的生产成本不高，所以不需要过多的资金支持。即便如此，因英国人对纺织工业的投资起步较早，所以他们一直关注俄国纺织工业。

---

① *Указатель одействующих в Империи акционерных предприятий*. СПб., Типография Исидора Гольдберга, 1903. С. 1309.

② Carstensen F. *Foreign Participation in Russian Economic Life*. Notes on *British Enterprise, 1865 - 1914. In: Entrepreneurshipin Imperial Russia and the Soviet Union*. Ed. by G. Guroff, F. Carstensen. Princeton: Princeton University Press, 1983. p. 151.

③ *Иностранное предпринимательство и заграничные инвестиции в России. Очерки*. М., РОССПЭН, 1997. С. 60.

19 世纪初,英国商业集团乔治·哈布巴尔德公司主导了波罗的海地区的纺织品贸易。1816 年,乔治·哈布巴尔德在圣彼得堡成立了贸易公司,其子乌伊里亚姆·哈布巴尔德专门负责俄国贸易业务。最初,哈布巴尔德公司在俄国的主要业务是纺织品贸易。19 世纪下半叶,英国人开始关注俄国实业后,该公司也开始投资俄国实业。1842 年,哈布巴尔德在俄国建立彼得罗夫纺纱手工工场,1851 年该手工工场改组为彼得罗夫棉纱和织布公司,注册资本为 120 万银卢布。下属纺织厂成立的时间虽稍晚,但有 1200 台车床,生产规模不容小觑。1864 年,出售纺织公司后哈布巴尔德公司又用 11 万卢布购买了新的纺织厂。[①] 1865 年 1 月,新建公司更名为施吕瑟尔堡印花布生产集团,仍由哈布巴尔德家族掌控。1869 年,英国人还监管了斯帕斯棉纱和纺织手工工场。

19 世纪 90 年代中期之前,三家俄罗斯纺织工厂和哈布巴尔德公司签订了并购协议,哈布巴尔德公司负责整合和销售三家俄国公司的股票。此举十分有效,各方均获得了高额回报。19 世纪末,整合后的企业改变了俄国纺织工业发展进程,也让哈布巴尔德公司获取了高额利润。

19 世纪 90 年代,俄国重工业发展迅猛,但纺织工业的行情并不是很好,为占领更大市场,扩大产量,纺织工业的垄断趋势凸显。为此,1896 年哈布巴尔德公司开始改组生产模式,在伦敦成立新公司,即英俄手工工场。根据公司的创立合同,三家俄罗斯纺织公司继续持有哈布巴尔德公司股票。1897 年初,这三家俄国公司持有

---

① *Иностранное предпринимательство и заграничные инвестиции в России.* Очерки. М., РОССПЭН, 1997.С. 61.

的原公司有价证券可以兑换英俄手工工场股票。之前俄罗斯工厂的所有业务均转交给英俄手工工场，哈布巴尔德公司仍拥有新公司管理权，可直接监管俄国企业的相关活动。因哈布巴尔德公司资金雄厚，英俄手工工场的流动资金十分充足，加上公司管理者长期积累的广泛人脉，20 世纪初银行资本开始关注该公司并入股该公司。

20 世纪初，俄国纺织工业发展势头良好。为了满足市场需求，特别是对高质量纺织品的需求，英俄手工工场的管理机构决定扩大彼得罗夫和斯帕斯工场的生产规模，专门购买新机器生产时髦的商品。即便如此，部分俄国公司的财务状况不佳，施吕瑟尔堡手工工场的财务状况最为堪忧。为了改变公司财务赤字状况，英俄手工工场千方百计地寻求资金支持，很多资本也借机注入该公司。

为了筹集资金，英俄手工工场发行了 15 万英镑的债券，承诺年利率为 6%。大部分公司的债券和股票都出售给伦敦的银行，售卖债券所得的资金扣除佣金后返回给公司，用来改善财务状况。据统计，1914—1916 年该公司发行债券的数量达 18.2 万英镑。①

1896 年之前，彼得罗夫、斯帕斯和施吕瑟尔堡手工工场财政状况每况愈下，只能借助英国企业主的资金才勉强维持。1896 年公司改组之后，英国资本大量流入，公司财务状况明显改善，原料供应也十分充足。

综上所述，英俄手工工场成为连接俄国实业和英国银行资本的媒介，英国金融市场资金通过英国商业银行汇入圣彼得堡，后注

---

① *Иностранное предпринимательство и заграничные инвестиции в России.* Очерки. М., РОССПЭН, 1997. С. 63.

入该公司。1897—1917年英俄手工工场为彼得罗夫、斯帕斯和施吕瑟尔堡手工工场提供的资金详见表2-6①。

表2-6 1897—1917年英俄手工工场为彼得罗夫、斯帕斯和施吕瑟尔堡手工工场提供的资金 (单位:英镑)

年份	彼得罗夫棉纱和纺织手工工场	斯帕斯棉纱和纺织手工工场	施吕瑟尔堡手工工场	总计
1897	45 000	45 000	380 000	470 000
1898	45 000	45 000	380 000	470 000
1899	45 000	45 000	380 000	470 000
1900	45 000	90 000	380 000	515 000
1901	45 000	90 000	380 000	515 000
1902	45 000	90 000	380 000	515 000
1903	45 000	90 000	380 000	515 000
1904	45 000	90 000	380 000	515 000
1905	45 000	90 000	380 000	515 000
1906	56 277	93 000	385 692	534 969
1907	66 523	93 000	385 692	545 215
1908	66 523	93 000	385 692	545 215
1909	134 859	141 349	422 431	698 639
1910	148 597	146 634	417 144	712 375

① *Иностранное предпринимательство и заграничные инвестиции в России.* Очерки. М., РОССПЭН, 1997. С. 65.

续表

年份	彼得罗夫棉纱和纺织手工工场	斯帕斯棉纱和纺织手工工场	施吕瑟尔堡手工工场	总计
1911	148 597	146 634	417 144	712 375
1912	148 597	146 634	417 144	712 375
1913	148 597	146 634	417 144	712 375
1914	119 589	136 046	467 259	722 894
1915	119 589	136 046	467 259	722 894
1916	119 589	136 046	467 259	722 894
1917	119 589	136 046	229 934	485 569

据统计,1897—1917 年英俄手工工场投入彼得罗夫、斯帕斯和施吕瑟尔堡手工工场的资金数额明显超过英国公司资金投入。值得一提的是,1909—1916 年,英俄手工工场的贷款数额超过注册资金数额,为筹集企业所需资金,只能继续发行债券。

耐人寻味的是,英俄手工工场和其监管下俄国手工工场间的信贷协议可归置为哈布巴尔德家族之间的内部交易。哈布巴尔德公司并不是唯一大规模投资俄国的英国企业,该公司入驻俄国是从与俄国客户间的贸易开始的,了解俄国市场情况以后,其开始投资俄国实业,利用雄厚的资金和人脉获取更多的利润。

1880 年末,美国基尼格尔缝纫机公司开始在俄国开展贸易。因俄国市场上缝纫机需求量大增,该公司的供货量不能满足整个市场的需求,于是也开始从英国进口缝纫机。英国人在积累了相关经验并了解俄国市场之后,打算在当地投资建厂。

19 世纪末,俄国关税大幅提高。1887 年,普通缝纫机的进口关税为 3 金卢布 60 戈比/普特,优质缝纫机的进口关税为 6 金卢布/普特。随着俄国缝纫机需求量大增,在俄国从事贸易业务的科乌特索夫积累了大量收入,在关税提高之后他决定在俄国建立缝纫机厂 。

关税大幅提高之后,其所拥有的公司利润明显降低。1887 年,格拉斯哥公司中央办事处的高士公司和其他公司打算联合在俄国建立缝纫机厂。两年之后高士公司获得了在圣彼得堡建厂的许可,并购买土地建立了缝纫机手工工场。因俄国缝纫机进口关税持续提高,1900 年缝纫机进口关税达 18 卢布/普特,高士公司为垄断市场,在俄国购买了多家缝纫机厂,如涅瓦缝纫机手工工场、克尼格工厂、罗兹缝纫机厂和里加棉布手工工场等。

英国企业主投资俄国工业最显著的例证之一是 1869 年建立的新罗西斯克石煤、钢铁和轨道生产公司。该公司的建立开启了英国投资俄国实业的新阶段,其表现如下:一是英国资本不再只关注贸易联系,开始直接投资俄国工业;二是该公司是当时为数不多的股份制公司之一,对俄国股份制企业发展意义重大;三是企业的资金来源发生变化,除注册资金外,出售股票等也是该公司筹集资金的主要方式。

(二)19 世纪末 20 世纪初俄国境内英国资本数量大增

19 世纪末 20 世纪初是英国资本流入俄国的第二阶段,这一时期的主要特征有二:一是资本的地域特征十分显著,个别工业部门迅速扩张;二是股份制公司取代了家族企业。尽管上述两个阶段英国投资的领域发生显著变化,但投入不同领域的资金之间具有明显的联系。19 世纪末 20 世纪初,英国投资者最为关注的是石油工业。

1880 年初,英国列伊和马克尼德留贸易公司开始关注俄国业务,打算将俄国石油产品由巴统出口至欧洲各港口。该公司与很多外国公司关系密切,在各国设立了俄国煤油的销售代理处。列伊和马克尼德留贸易公司最初与诺贝尔公司签订了合同,为此在英国购买了一艘轮船用于运输俄国煤油,但诺贝尔公司对出口业务兴趣不大。1885 年,列伊和马克尼德留贸易公司和罗斯柴尔德家族的里海—黑海石油公司在伦敦签订了合作协议,并且成立了煤油公司。次年,该煤油公司向孟买出口了第一批煤油。

1891 年,列伊和马克尼德留贸易公司与英国萨姆埃里公司签订了合作协议,向远东地区出口俄国煤油。1897 年,列伊和马克尼德留贸易公司重新和里海—黑海石油公司签订了合同,双方在伦敦创建了英国高加索公司,还专门建立了石油存储仓库。英国高加索公司因煤油贸易获得了丰厚的利润,据统计,19 世纪末其贸易额保守估计为 2000 万卢布。为更好地开展贸易业务,该公司还建立了存储仓库、石油仓库和运输系统。

1893 年,巴库石油工厂主联盟建立,联盟成员和外资集团间的竞争颇为激烈。在联盟成立之前,萨姆埃里公司和里海—黑海石油公司签订了供货协议。根据协议条款,萨姆埃里公司每年须从里海—黑海石油公司购买 1000 万普特煤油;①如果罗斯柴尔德家

① *Монополистический капитал в нефтяной промышленности России. 1883 - 1914*. М., -Л., Академии наук СССР, Наука, 1961. С. 188.

族下属公司肆意抬高油价,萨姆埃里公司有权采购其他公司的煤油。里海—黑海石油公司成为巴库石油工厂主联盟成员之后,该联盟试图抬高油价,萨姆埃里公司很难接受其报价,其他外国公司也是如此,在俄国的业务颇受打击。

1897 年,俄国政府颁布法令,俄国海港之间的煤油运输业务均需由俄国公司完成,此后英国企业主很难在对俄煤油进出口业务中获取高额利润,纷纷改变经营策略。1897 年末至 1898 年初,巴库石油企业主资金匮乏,英国资本家仍看准时机大肆购买油田和石油加工厂。1898 年,他们成立希巴耶夫石油工业集团,其核心为英国巴库集团购买的希巴耶夫公司。次年,比比-埃伊巴特斯克石油公司成立,该公司购买了俄国石油公司的股份。1897—1898 年,英国人购买俄国油田和企业的价值为 1780 万卢布。他们不但并购了诸多小企业,也收购了塔吉耶夫、阿布金、希巴耶夫等大型石油公司。1897 年 11 月至 1898 年 3 月短短四个月内,塔吉耶夫公司的采油量就达 4000 万普特,纯利润达 30 万英镑。1896—1903 年,英国企业主在巴库、格罗兹尼和高加索其他地区拥有的石油公司数量分别为 11 家、7 家和 6 家。①

1897—1899 年,为更好地开展相关业务,英国企业主在伦敦建

① Бовыкин В. И. *Иностранное предпринимательство и заграничные инвестиции в России.* М., РОССПЭН, 1997. С. 72; Ахундов Б. Ю. *Монополистический капитал в дореволюционной бакинской нефтяной промышленности.* М., Изд-во социально-экономической литературы, 1959. С. 63; Наниташвили Н. Л. *Экспансия иностранного капитала в закавказье (конец XIX – начало XX вв.).* Тбилисск., Издательство Тбилисского университета, 1988. С. 272, 274; Бовыкин В.И. *Формирование финансового капитала в России: конец XIX в. – 1908 г.* М., Наука, 1984. С. 182.

立了诸多股份有限公司，专门从事在俄国的石油业务，其中最著名的为俄英石油公司、拉马尼辛迪加、巴拉哈尼辛迪加和巴库煤油公司，注册资本分别为 114 万、104 万、95 万和 47 万卢布。1898—1903 年，投入俄国石油工业的外国资本总额为 7500 万卢布，其中英国资本为 6360 万卢布，比例为 85%。1910—1913 年，俄国境内英国石油企业数量为 50 家，注册资本达 2.9 亿卢布。①

在俄国经济危机期间，英国资本完全停止了对俄国石油工业的投入。1909—1910 年，俄国经济步入新一轮提升，英国资本也重新涌入俄国。对于俄国石油工业而言，最重要的英国石油公司是英荷壳牌石油公司，它逐渐成为俄国石油工业的龙头企业之一，对此下文将详细分析。

三、英国银行与英国资本输出

英国银行和银行家一方面在国际金融市场上购买俄国政府债券和企业股票，另一方面直接通过银行注资俄国工业，主要方式有二：一是在国外成立公司，以银行为媒介将资金注入在俄成立的子公司；二是国外公司为俄国公司提供长期和短期贷款。因此，英国银行资本对俄国经济发展的影响不容忽视，下文以具体公司为例探究英国银行在英国资本输出中的具体作用。

---

① Ахундов Б. Ю. *Монополистический капитал в дореволюционной бакинской нефтяной промышленности.* М., Изд-во социально-экономической литературы, 1959. С. 45 – 46; Наниташвили Н. Л. *Экспансия иностранного капитала в закавказье (конец XIX – начало XX вв.)*. Тбилисск., Издательство Тбилисского университета, 1988. С. 272.

以高加索炼铜公司为例,英国银行是该公司在英国的创立者之一,也是俄国境内英国公司业务的管理方和参与方。高加索炼铜公司是股份制公司,其股东包括苏格兰马杰索尼商行,公司业务涵盖采矿工业、贸易和铁路建设等。19 世纪末 20 世纪初,马杰索尼成为伦敦最大的铜产品进口商之一。

据俄国档案文献记载,1900 年 10 月,高加索炼铜公司于伦敦成立辛迪加集团,很多银行都投资该集团。公司建立的目的是开采俄国德赞苏里斯克县城的铜矿,炼出的铜可出口至英国,保障英国铜产品的供应量。在英国所有银行中,有三家银行对该公司的意义最为重大,分别是摩根银行、汉布罗斯银行和巴林兄弟银行。这些银行都是该公司的大股东,但根据现有文献很难确认上述三个银行在该公司的具体股份占比。这些银行凭借手中持有的公债券来获取利润。

就当时而言,高加索炼铜公司是俄国规模最大的公司之一,1904 年,公司注册资本已达 50 万英镑。该公司凭借雄厚的资金和先进的设备,铜产量非常高,大股东银行方面也借此获取了一定利润。但该公司债务很多,获取高额利润的主要来源之一是三家英国银行的拨款。1904—1914 年高加索炼铜公司的负债情况详见表 2-7[①]。

---

① *Иностранное предпринимательство и заграничные инвестиции в России.* Очерки. М., РОССПЭН, 1997. С. 99.

表 2-7　1904—1914 年高加索炼铜公司的负债情况　(单位:英镑)

年份	金额	年份	金额
1904	135 470	1910	—
1905	188 421	1911	534 900
1906	367 000	1912	539 900
1907	500 000	1913	99 900
1908	700 000	1914	129 989
1909	152 900		

虽然不能确认摩根银行、汉布罗斯银行和巴林兄弟银行的具体股份,但部分材料也曾提及上述三家银行投入高加索炼铜公司的资金。1905 年 9 月,公司管理机构的文献中曾提及从股东处获取了 8 万英镑的资金,这些资金均来自上述三家银行。

1907 年,当公司债务达 50 万英镑时,高加索炼铜公司进行了改组,建立了新的股份制公司,公司股票价值 210 万英镑。1908 年,公司的债务增加至 70 万英镑,为改善财务状况,公司决定发行利润率为 6%的债券,这些债券主要由摩根银行、汉布罗斯银行和巴林兄弟银行持有。除为高加索炼铜公司拨款之外,英国银行还购买该公司的股票、证券和利润公债券等。此外,诸多银行还为该公司提供短期贷款,主要由摩根银行完成。1907 年,该公司财务赤字的总金额为 5 万英镑;1909 年和 1910 年亏空了 2 万英镑;1915 年,亏空金额达 8 万英镑。值得一提的是,高加索炼铜公司一半的债务持有者为摩根银行。[1]

在英国公司成立和运营过程中,俄国银行的作用也不容忽视。虽然俄国公司的股票持有者是英国银行和企业主,但为公司提供贷款的并不只有英国银行,俄国银行也发挥了不可替代的作用。俄国很多银行都有外资注入,各大商业银行都有外资的影响。就纺织企业而言,俄国银行不参与俄英合资纺织企业的经营,也不给它们提供贷款。此时大部分俄英合资纺织企业均位于圣彼得堡及其附近区域,而俄国银行提供的贷款多与重工业相关。

值得一提的是,随着俄国金融信贷制度逐步健全,特别是"一战"前俄国工业发展时期很多"冒牌"外资公司成立(即公司实际所有人为俄国银行和企业主,只是在国外成立,借机筹措资金),这些公司打着在国外成立的幌子,在俄国大肆行骗,获取俄国银行家和企业主的支持。这其中最为知名的是俄国烟草公司和俄国石油总集团。

俄国石油总集团于 1912 年在伦敦成立,由俄国和外国财团组建,注册资本为 125 万英镑,在财团中具有主要作用的是两家圣彼得堡银行,即俄亚银行和圣彼得堡国际商业银行。1913 年,该集团的资本增加 2 倍。集团的大股东是 O. A. 罗森贝格和俄国银行集团,后者中最知名的商业银行是俄亚银行、圣彼得堡国际商业银行、圣彼得堡信贷银行和西伯利亚银行。除 O. A. 罗森贝格银号外,该集团下属的其他金融集团作用也不容忽视,包括法国和其他国家的金融集团。借助这些金融集团,俄国石油总集团的股票在

---

① *Иностранное предпринимательство и заграничные инвестиции в России.* Очерки. М., РОССПЭН, 1997. С. 100.

伦敦、巴黎、布鲁塞尔和阿姆斯特丹等地金融市场上销售。

该集团成立初期,监管的公司数量不多。1912 年,该集团仅包括两家公司,即里阿诺佐夫集团和俄国石油集团。随后A. И.马塔舍夫公司、莫斯科—高加索公司和里海集团也加入该集团。1916 年,俄国石油总集团下辖公司数量已达 20 家,总股份资本达 1.4 亿卢布。①

1913 年俄国烟草公司于伦敦创立,参与该公司创建的财团包括俄亚银行、俄国私人商业银行、俄国工商业银行、西伯利亚商业银行、罗斯托夫商人银行和俄国对外贸易银行。该公司成立的倡导人为俄亚银行的经理维尔斯特拉特。基于此,该公司股票均由俄国金融机构和私人掌控,其股票持有份额超过 60%,外国公司和个人持有的股票份额仅为 6.5%。俄国烟草公司的股东信息详见表 2-8②。

表 2-8　俄国烟草公司的股东和所持有股份

股东	持有股票份额占比(%)
俄亚银行	60.70
其他圣彼得堡银行	5.70

① *Монополистический капитал в нефтяной промышленности России. 1883–1914.* М-Л., Академии наук СССР, Наука, 1961. С. 656–657; *Эвентов Л. Иностранный капитал в нефтяной промышленности России(1874–1917)*.М.-Л., Изд. Плановое хозяйство, 1925. С. 89.

② *Иностранное предпринимательство и заграничные инвестиции в России.* Очерки. М., РОССПЭН, 1997. С. 102.

续表

股东	持有股票份额占比(%)
俄罗斯商业集团经理	15.07
罗斯托夫银行	8.50
其他俄国投资者	8.19
法国投资者	1.80
X. 赫格基尼斯	0.03
英国商业集团经理	0.01
总计	100

也有俄国学者对该公司的持股份额有不同发现,比如克鲁杰曾指出,英国人持有俄国烟草公司的股票份额达三成,但该观点源于公司创建时的合同,合同中的股票份额只是英国人打算购买俄国烟草公司的股东的份额,并未真正实施。

俄亚银行是俄国烟草公司第一大股东,所以公司流动资金均由该银行掌控。1913 年 10 月,银行管理机构同意为该公司提供 148 万卢布贷款;次年 1 月份,俄亚银行采取决议继续为俄国烟草公司注资 1000 万卢布。① 俄亚银行还负责发行俄国烟草公司的股票。1916 年 11 月,俄国烟草公司的注册资本达 350 万英镑,仍受俄亚银行监管。②

① Калмыков С. В. *Русско-Азиатский банк и образование монополий на основе холдинг-компаний накануне и в годы первой мировой войны.* М., Диссертация. 1922. С. 174.

② *Иностранное предпринимательство и заграничные инвестиции в России.* Очерки. М., РОССПЭН, 1997. С. 103.

1913 年，俄国烟草公司建立时主营业务只有一个，即烟草生产，1915 年之后开始推广其他业务，包括：一是糖类产品贸易，当年用于从事该贸易的流动资金就达 500 万卢布。二是造纸和印刷业务，"一战"爆发后，卷烟厂所需的纸张供应困难，为保障烟草生产的顺利进行，俄国烟草公司投入资金从事造纸和印刷业务。1916 年初，俄国烟草公司通过俄亚银行购买了俄国造纸手工工场集团的 1.4 万股股票。当年 11 月，俄国烟草公司又购买了俄国造纸手工工场公司的优惠股票，还购买了彼得格勒印刷和出版公司的股票。1914 年和 1916 年俄国烟草公司资金投入情况详见表2-9①。

表 2-9　1914 年和 1916 年俄国烟草公司资金投入情况

投入领域	1914 年 10 月 31 日		1916 年 10 月 4 日	
	金额(卢布)	占比(%)	金额(卢布)	占比(%)
烟草生产	30 818 067	99.7	33 465 948	87.0
其他业务	102 736	0.3	4 991 041	13.0
总计	30 920 803	100.0	38 456 989	100.0

俄国烟草公司虽在国外成立，但却是纯粹的俄国企业。首先，投入俄国烟草公司的英国资本数量十分稀少；其次，为公司提供长期和短期贷款的均是俄亚银行。

察普曼认为，英国企业主能在俄国顺利从事商业业务得利于

① *Иностранное предпринимательство и заграничные инвестиции в России.* Очерки. М.，РОССПЭН，1997. С. 104.

如下几点:一是金融集团凭借家族或者手中的权力,为从事商业提供便利;二是金融集团拥有雄厚资金,有资金做后盾,可以为商业提供便利;三是1865年英国法律的相关条款为股份制公司的创办提供了便利。并指出当时在俄国有五家从事商业业务的大型英国商号,即布拉尼德特、哈布巴尔德、沃加乌、科诺普和罗多康阿科。笔者认为沃加乌、科诺普和罗多康阿科在严格意义上并不是英国人的企业。①

1827年,M. 沃加乌开始了商人之路,他之前只是一名邮递员。1830年末,沃加乌和他的兄弟Ф. 沃加乌建立商号从事化学制品和茶叶贸易。19世纪四五十年代,沃加乌商号主要从事茶叶、糖和棉花贸易,这些货物主要从英国进口,且规模较大。随后沃加乌对银行事务、纺织工业、制糖业、化学和金属加工等行业颇感兴趣。为了管理俄国的商号,沃加乌号召自己的亲人在英国和德国创立公司。1865年,在伦敦成立了子公司,管理该公司的是沃加乌的合作伙伴书马赫尔。伦敦子公司的主要业务是为商号的对外业务提供资金。60年代沃加乌商号开始投资金融和工商业公司。

Л. 科诺普出生于德国不来梅,他的商人之路开始于曼彻斯特的杰·德热尔西公司。科诺普最初从事棉花的国际贸易,随后开始入驻纺织工业。1839年,科诺普首次到达俄国,其职务是杰·德热尔西公司的经理助理。科诺普所需的流动资金均来源于英国人,1847年,杰·德热尔西公司已是俄国知名的纺织机器出口公司。后因经营不善,公司破产,但科诺普此时已十分了解俄国的贸

① Chapman, S. D. "British-Based Investment Groups before 1914." *The Economic History Review*, no. 2 (1985): p239, 243-245.

易行情,并积累了丰富经验。

在俄国,科诺普商号为众多纺织公司提供贷款,当时知名的沃兹涅先斯克、维索科夫斯克、叶卡捷琳尼科夫斯克和克列尼戈里姆斯克手工工场都与该公司往来密切。

罗多康阿科家族的活动领域为进出口贸易和银行业务。1819年,Ф. 罗多康阿科在敖德萨创建了粮食出口公司,主要将俄国的粮食出口至西欧市场。19世纪中叶,公司的年流动资金为350万卢布,公司10%的对外贸易业务均在敖德萨完成,敖德萨已是当时著名的贸易城市之一。① 公司的大股东是俄国诸多商业银行,包括敖德萨银行、亚速—顿河银行、基什涅夫斯克银行、罗斯托夫银行、赫尔松银行、圣彼得堡国际商业银行和俄国对外贸易银行等等。19世纪末,罗多康阿科公司的业务开始涉及采金工业,并还在伦敦、里窝那和曼彻斯特建立了分支机构。

以上只是对19世纪末20世纪初英国资本投入俄国的总体规模的阐述,下文在论述它们的作用时会对其投入的具体领域及其作用进行分析。

第二节　俄国社会经济发展过程中英国资本的作用和意义

在俄国社会经济发展历程中,英国资本的作用不容忽视。首

---

① Ананьич Б. В. *Банкирские дома в России 1860–1914 гг. Очерки истории частного предпринимательства*. Л., Наука, 1991. С. 56, 70.

先,20 世纪初,俄国石油工业中英国资本的作用最为突出,冶金和有色金属等工业部门中英国资本的作用也不容小觑。其次,随着英国资本的大规模涌入,俄国石油等工业部门中垄断组织的地位逐步强化,虽推动了生产力的发展,但其抬高油价和损害消费者利益等弊端也日渐突出。最后,英国资本的社会影响毋庸置疑,主要表现为推动了纺织等工业部门的技术革新、工厂立法逐步完善等。

一、推动了俄国大工业的发展

19 世纪上半叶,英国资本直接推动了俄国轻工业发展,其中棉纺织工业的发展最为迅速。除此之外,俄国烟草和制糖业发展过程中也有英国资本的身影。19 世纪下半叶至 20 世纪初,英国资本主要流入重工业各部门,直接推动了俄国工业化进程,对石油、冶金和有色金属开采等工业部门的影响最为深远。

(一)棉纺织工业

1805 年,圣彼得堡附近的国有亚历山大洛夫手工工场第一次在俄国使用蒸汽机,该蒸汽机由英国制造。随着英国机器和设备的大规模引进,俄国棉纺织工业发展迅速,19 世纪上半叶,棉纱工业中机械纱锭的数量迅速增加。1849—1860 年,俄国机械纱锭的数量增加 1.5 倍。[①] 至 1860 年，俄国纺织工业共有机械纱锭 153.5 万枚。[②]

19 世纪上半叶，俄国最大的纺织中心为圣彼得堡，其次为莫斯科和弗拉基米尔市，其中圣彼得堡和莫斯科为俄国最大的棉纺织工业中心。圣彼得堡位于俄国西北部工业区，也是该工业区经济最发达之地，因地理位置优越，便于从国外引进机器设备和原材料，所以该地棉纺织工业发展最为迅速。1833 年，圣彼得堡建立了俄国最大的纺纱厂——什金格里茨工厂。该厂纱锭数量达 3 万个，年均纱线产量约 2 万普特。1835 年，俄国纺纱厂成立，注册资本为 350 万卢布。[③] 19 世纪中叶，俄国半数以上的机器织布机都集中于圣彼得堡。[④] 当地棉纱产值为全俄棉纱总产值的 39%，棉纺织工人的数量为全俄棉纺织工人总量的 22%。[⑤] 19 世纪 50 年代，俄国半数以上的织布机集中于圣彼得堡。[⑥] 俄国工业化开启后，圣彼得堡的大工业发展迅速，新建工厂的数量不断增加，1860 年初圣彼

---

① Пажитнов К. А. *Очерки истории текстильной промышленности дореволюционной России: Хлопчатобумажная, льно-пеньковая и шелковая промышленность*. М., Изд-во академии наук СССР, 1958. С. 16-19；刘祖熙：《改革和革命——俄国现代化研究（1861—1917）》，北京大学出版社 2001 年版，第 96 页。

② Мендельсон А. А. *Теория и история экономических кризисов и циклов*. Т. 1. М., *Издательство социально- экономической литературы*，1959. С. 522.

③ Рожковой М. К. *Очерки экономической истории России первой половины XIX века*. М.，Издательство социально-экономической литературы，1959. С. 175.

④ Соловьева А. М. *Промышленная революция в России в XIX в*. М.，Наука，1991. С. 72.

⑤ Обзор различных отраслей мануфактурной промышленности России.，Т. 2. *Типография Иосафата Огризко*，1863. С. 522.

⑥ Соловьева А. М. *Промышленная революция в России в XIX в*. М.，Наука，1991. С. 72.

得堡已有140家工厂,1870年新建工厂数量超过100家,1880年新建工厂120家。①

莫斯科是中部工业区的核心,当地纺织工业历史悠久。19世纪之前以手工生产为主,虽然已开始建有大型手工工场,但生产技术十分落后,且纺织手工工场多以呢绒和丝织手工工场为主。1799年,莫斯科大型纺织手工工场的数量最多。18世纪末,莫斯科已有29家呢绒手工工场、113家丝织手工工场。② 1808年,商人巴尼杰列夫于莫斯科创办第一家私人纺纱厂;1812年,该工厂纺纱机的数量已达100台。1812年,莫斯科已有11家纺纱厂,纺纱机数量达780台。③ 1812年"莫斯科大火"事件之后,伊万诺沃村的纺织工业迅速崛起;1825年,伊万诺沃村共有125家大型印花和棉纺织厂,成为俄国印花工业的中心。④ 19世纪30—50年代莫斯科省书伊县纺纱业迅速发展,逐渐成为俄国棉纺织工业中心。1843年,莫斯科纺纱厂数量为22家,纱锭数量为13.8万个;1850—1860

① Даринский А. В., *Старцев В. И. История Санкт-Петербурга. XVIII – XIX вв.* Изд.2-е. Филма «Глагол», 1999. С. 141.

② Клокман Ю. Р. *Социально-экономическая история русского города. вторая половина XVIII века.* Наука, 1967. С. 210.

③ Пажитнов К. А. *Очерки истории текстильной промышленности дореволюционной России: Хлопчатобумажная, льно-пеньковая и шелковая промышленность.* М., Изд-во академии наук СССР, 1958. С.15; Рожкова М. *Промышленность Москвы в первой четверти XIX в.//* Вопросы истории. 1946, № 11–12. С. 96.

④ Туган-Барановский М. И. *Русская фабрика в прошлом и настоящем: Историко-экономическое исследование.* Т. 1. *Историческое развитие русской фабрики в XIX веке.* М., Кооперативное издательство «Московский рабочий», 1922. С. 78.

年，莫斯科棉纱厂数量减少 30%，产量却提高 30%。[①] 1860 年，莫斯科棉纱厂的工人和产值分别占全俄的 37%和 24%。[②] 纱锭数量增长也是俄国纺纱工业发展的例证，1843 年、1849 年、1853 年和 1860 年的纱锭数量分别为 35 万、60 万、100 万和 150 万个。[③]随着俄国棉纺织工业发展，棉花进口量逐年增加。1861 年农奴制改革前俄国棉花原料和棉布年均进口量详见表 2-10[④]。

表 2-10　1861 年农奴制改革前俄国棉花原料和棉布年均进口量

（单位：千普特）

年份	棉花原料	棉布	年份	棉花原料	棉布
1812—1815	5	12	1836—1840	32	59
1816—1820	5	19	1841—1845	53	59
1821—1825	7	23	1846—1850	112	35
1826—1830	10	43	1851—1855	167	12
1831—1835	15	56	1856—1860	262	21

19 世纪下半叶，俄国轻工业发展速度虽然落后于重工业，但棉

① Соловьева А. М. *Промышленная революция в России в XIX в.* М., Наука, 1991. С. 73.

② *Обзор различных отраслей мануфактурной промышленности России.* Т. 2. СПб., Тип. Департамента внешней торговли, 1863. С. 460–475 .

③ Рожковой М. К. *Очерки экономической истории России первой половины XIX века.* М., Издательство социально-экономической литературы, 1959. С. 178.

④ Туган-Барановский М. И. *Русская фабрика в прошлом и настоящем: Историко-экономическое исследование.* Т. 1. Историческое развитие русской фабрики в *XIX веке.* М., Кооперативное издательство «Московский рабочий», 1922. С. 52.

纺织工业仍向前发展,因笔者在诸多著作中曾分析过此时期俄国棉纺织工业规模,①加上此时英国资本在棉纺织工业中的作用降低,此处不再赘述。

(二)石油工业

如果说19世纪末俄国石油工业中瑞典和法国资本发挥了重要作用,那么到了20世纪初,英国资本在俄国石油工业中的作用已最为突出。其主要表现有二:一是英荷壳牌石油公司兼并了里海—黑海石油公司,其石油生产、加工和销售业务均被英国人掌控;二是除兼并巴库的石油公司之外,英国资本还投资迈科普石油工业,该地石油工业最终由英国资本控制。

虽然19世纪80年代英国人就已开始涉猎俄国煤油进出口业务,但那时只是单纯从事石油进出口贸易,20世纪初才正式投资俄国石油工业,而且进展迅速。

在英荷壳牌石油公司之前,巴库石油工业中也有部分英国公司,只是存续时间不长。奥列乌姆公司是从事俄国石油开采和加工业务的大型股份制公司,公司股票价值120万英镑,于1898年在伦敦成立。1902年8月,奥列乌姆公司向俄国财政大臣维特请求扩大公司业务范围,并且增加60万英镑股票、50万英镑债券,允许

① 邓沛勇:《俄国经济史(1700—1917)》,社会科学文献出版社2020年版;邓沛勇:《俄国工业化研究(1861—1917)》,社会科学文献出版社2020年版;邓沛勇、刘向阳:《俄国工业史(1700—1917)》,社会科学文献出版社2021年版;等等。

公司与塔卡姆普公司合并。1902 年 11 月份该申请获得许可。[①] 奥列乌姆公司不但从事石油开采和钻探业务，还从事石油加工和销售业务。公司成立之初就呼吁巴库的石油公司签署高加索石油贸易协定，并和马塔舍夫公司、里海—黑海石油公司签署协议，出口高加索石油，只是奥列乌姆公司试图主导巴库地区石油贸易的尝试并未成功。1901 年，奥列乌姆公司更名为俄国石油开采公司，其董事会成员包括阿列尼、巴尔涅特。1909 年，奥列乌姆公司和俄国石油银行公司合并。

瑟谬埃尔公司也是英国知名的石油贸易公司，它不但与俄国政府高层关系密切，还拥有雄厚的资金，公司主营业务是向欧洲运输煤油。瑟谬埃尔公司向印度、中国和日本大量输出煤油，并且垄断了东方市场上的俄国煤油进出口业务。瑟谬埃尔公司在向亚洲出口石油产品之时意识到矿区的重要性，1896 年该公司并购波尔涅奥岛私人油田，开始从事石油开采和原油加工业务。1898 年 2 月，该公司于苏门答腊岛和荷兰石油公司签署协议，不但可在远东地区从事石油产品销售业务，还可在欧洲地区开展相关业务。除此之外，瑟谬埃尔公司也开始从事俄国煤油运输和贸易业务。1891 年该公司与里海—黑海石油公司签署协议，协议中规定后者每年最少需向瑟谬埃尔公司提供 10 万普特的煤油，价格不得高于

---

① Наниташвили Н. Л. *Экспансия иностранного капитала в закавказье(конец XIX－начало XX вв.)*. Тбилисск., Издательство Тбилисского университета, 1988. С. 286; Фурсенко А. А. *Династия Рокфеллеров. Нефтяные войны(конец XIX－начало XX века)*. С. 515.

市场上同类产品价格。[①] 1898 年,瑟谬埃尔公司创建壳牌石油贸易和运输公司。1902 年,壳牌石油公司、英荷石油公司和罗斯柴尔德财团签署协议,共同建立阿西吉克石油公司,主要业务是在远东地区销售石油。

1899 年 5 月 1 日,尼古拉二世确认外资进入俄国石油工业的意见并颁布决议,其主要内容如下:第一,承认这一阶段外国人参与俄国石油工业对俄国十分有利,采矿法暂不变更,允许外国人投资高加索石油工业;第二,外国公司也可在俄国从事石油开采和加工业务,但要通过竞标方式在阿普歇伦半岛获得土地后才能执行。此决议生效后不久,英国资本便在高加索石油工业中迅速扩张,1900—1903 年经济危机和 1904—1908 年经济萧条时期,这一扩张过程有所放缓。1909—1914 年,英国企业主购买格罗兹尼、迈科普和恩巴地区的众多石油矿区,英荷壳牌石油公司在巴库等地区业务量又逐年提高。下文在分析英国资本的社会影响时会涉及英荷壳牌石油公司的影响,此处不再多说。至 1915 年,英国公司掌控俄国 15%的石油开采业务,在石油加工和贸易中的作用不容忽视。[②]

就石油工业本身的成就而言,十月革命前俄国石油工业历经

---

① *Иностранное предпринимательство и заграничные инвестиции в России*. М., Издательский дом Дело, 2015. С. 71.

② Матвейчук А. А, Фукс И. Г. *Истоки российской нефти.* Исторические очерки. С. 222; Наниташвили Н. Л. *Экспансия иностранного капитала в закавказье (конец XIX – начало XX вв.)*. Тбилисск., Издательство Тбилисского университета, 1988. С. 291; Волобуев П. В. *Из истории монополизации нефтяной дореволюционной промышленности России. 1903 – 1914// Исторические записки*. Т. 52. М., Наука, 1955. С. 39–40.

三个阶段。第一阶段为18世纪至19世纪70年代初，此时期为俄国石油工业起步阶段。第二阶段为19世纪70年代至1901年，是俄国石油工业的起步和勃兴阶段，此期间俄国石油不但可以自给，还大量出口国外，甚至采油量一度超过美国，主导世界石油市场。1898年俄国石油产量占世界总采油量的51.6%。1901年俄国采油量达最高值，超7亿普特。① 第三阶段为1902年至十月革命期间，俄国石油工业虽停滞不前，但也缓慢发展，此期间英国资本的作用不容小觑。1905年、1906年、1907年和1910年，俄国石油产量分别降至4.5亿、4.9亿、5.9亿和5.6亿普特。② 因资料有限，仅以1908—1913年俄国石油工业发展规模为例，可窥视英国资本在俄

① Ахундов В. Ю. *Монополистический капитал в дореволюционной бакинской нефтяной промышленности*. М., Изд-во социально-экономической литературы, 1959. С. 23; *Монополистический капитал в нефтяной промышленности России 1883–1914*. М., Изд-во Академии наук СССР, 1961. С. 19; Маевский И. В. *Экономика русской промышленности в условиях первой мировой войны*. М., Изд-во Дело, 2003. С. 8; Натиг А. *Нефть и нефтяной фактор в экономике Азербайджана в XXI веке*. Баку., Leterpress, 2010. С. 111; Матвейчук А. А., Фукс И. Г. *Истоки российской нефти. Исторические очерки*. М., Древлехранилище, 2008. С. 39–40; Менделеев Д. И. *Проблемы экономического развития России*. М., Изд-во социально-экономической литературы. 1960. С. 444; Ковнир В. Н. *История Экононики России: Учеб. пособие*. М., Логос, 2005. С. 87; Хромов П. А. *Экономика России периода промышленного капитализма*. М., Изд-во ВПШ и АОН при ЦК КПСС, 1963. С. 137; Лившин Я. И. *Монополии в экономике России*. М., Изд-во Социально-экономической литературы, 1961. С. 323–328.

② Матвейчук А. А, Фукс И. Г. *Истоки российской нефти. Исторические очерки*. М., Древлехранилище, 2008. С.39–41; *Монополистический капитал в нефтяной промышленности России 1883–1914*. Документы и материалы. М., Изд-во Академии наук СССР, 1961. С. 19; *Тридцать лет деятельности товарищества нефтяного производства Бр. Нобеля 1879 – 1909*. СПб., Типография И. Н. Скороходова, 1910. С. 44.

国石油工业中的作用,具体数据详见表2-11①。

表2-11 1908—1913年俄国各地油田采油量(单位:千吨)

年份	巴库	格罗兹尼	恩巴	库班	其他区域	总计
1908	7893.8	852.2	—	1.3	68.1	8815.4
1909	8389.1	934.2	—	27.5	45.1	9395.9
1910	8287.8	1213.2	—	22.2	158.6	9681.8
1911	7571.2	1232.9	—	128.4	195.7	9128.2
1912	7861.0	1071.8	16.7	151.7	252.3	9353.5
1913	7672.6	1206.6	117.6	87.6	150.5	9234.9

迈科普石油工业中英国资本独占鳌头。迈科普位于俄国北高加索地区,1909年该地区发现石油,次年俄国政府就修建铁路至此,迈科普城市基础设施也随之完善。1909年以后迈科普地区成为外国资本关注的对象,但因该地区自然环境恶劣,众多外资集团都未采取实际行动,而英国企业主除外。

英国资本投入俄国石油工业的另外一个特征是资本的地域扩张。为获得更多石油,大量英国公司开始在萨哈林、乌拉尔、格罗兹尼、塔曼、切列肯和迈科普等地开采石油。迈科普地区石油开采工作始于1909年,当年11月英国迈科普集团在伦敦创建,该集团从巴统律师谢米斯特列尼科处购买了少量的钻井,还耗资45.2万

① Кафенгауз Л. Б. *Эволюция промышленного производства России(Последняя Треть XIX в.-30-е годы XX в.)*. М., Эпифания, 1994. С. 124.

卢布购买了俄罗斯东方总石油工业托拉斯，1909年购买了1500英亩的土地用于石油开采。① 值得一提的是，英国迈科普集团主要还是直接为从事石油开采业务的子公司提供贷款。

1910年起，为更好地开发迈科普地区的石油资源，英国投资者在伦敦创建了一系列公司，包括迈科普山谷石油工业公司、米德兰德迈科普石油公司、迈科普管道和运输公司，以及黑海石油公司。通过相关谈判后，这些公司获得授权，可开采地下资源，并从事石油贸易和进出口业务。伦敦总公司可对子公司进行监管，还派遣专门管理人员。1911年，伦敦成立库班—黑海和列瓦诺夫斯克公司，并获得许可在俄国开展相关的活动。1911年6月，英国迈科普集团也进行了改组，根据合同和俄国法律，该公司获得了地下资源的开采权。

自1910年起，迈科普地区所有公司业务均进入瓶颈期，这主要源于当地气候恶劣，很难开展大规模的钻探业务。在所有石油开采公司中，英国迈科普集团钻探业务规模最大。1911年4月16日，该公司开始修建希尔瓦尼斯克村至克拉斯诺达尔的石油管道，管道通过哈德任斯克车站，全长104俄里。迈科普管道和运输公司负责该管道的建设工作，管道建成后日泵送石油16万普特。②

英国迈科普集团和迈科普地区石油公司的关系是前者负责统筹工作，提供资金、技术和人员保障，后者则将一部分产品上交前

---

① *Иностранное предпринимательство и заграничные инвестиции в России.* Очерки. М., РОССПЭН, 1997. С. 74.

② *Иностранное предпринимательство и заграничные инвестиции в России.* Очерки. М., РОССПЭН, 1997. С. 75.

者。因此,当地子公司与英国迈科普集团间的关系不只是单纯的合同关系,它们还将一部分开采的石油交给总公司。

十月革命前不断有新公司被吸纳入英国迈科普集团,1913 年,集团下属石油开采、加工和运输公司的数量达 13 家。值得一提的是,此时俄国石油工业的垄断趋势日强,1912 年,4 家公司合并成立迈科普联合公司,1915 年,黑海石油联合公司成立。1915 年,英国迈科普集团在俄国建立了俄英迈科普燃料和贸易公司。

1912 年,英国迈科普集团试图兼并独立的俄国运输公司。当时的会议意向书显示,为了运输谷物和其他货物,该集团决定出资 75 万卢布组建新公司。最初英国迈科普集团出资 10 万卢布,其余所需资金从交易所或私人手中筹集。俄国运输公司股票原持股人吉茨马尼持有公司股票的价值为 60 万卢布,其余 15 万股中三分之一属于英国迈科普集团。至此,库班轮船公司成立。英国迈科普集团希望借此打击其他地区,消除竞争者,扩大联合公司的影响力。当时俄国人彼得罗夫的运输公司是其最大的竞争者。联合公司打算花 9 万卢布购买彼得罗夫的公司,其中 3 万卢布用现金支付,其余 6 万用股票抵偿。后来,英国迈科普集团为提高公司的利润,又支付了 8.5 万卢布,最终集团兼并了彼得罗夫的运输公司。1913 年,英国迈科普集团为库班运输业务投资 1.7 万英镑,第二年又追加了 8436 英镑。①

英国迈科普集团的石油产品主要在俄国销售。1914 年,英国迈科普集团的管理机构和其他俄国石油加工公司一样,开始寻求

① *Иностранное предпринимательство и заграничные инвестиции в России.* Очерки. М., РОССПЭН, 1997. С. 77.

将本国石油产品销售至德国、荷兰和英国市场的办法。英国迈科普集团的考量是轻型石油在俄国市场销售，重型石油则运至英国市场销售。

英国迈科普集团是南俄地区最具影响力的公司之一，它力求垄断该地区的石油生产和销售业务。值得一提的是，英国石油公司可分为两类，第一类包括迈科普石油总托拉斯集团、巴库—黑海公司、迈科普石油工业主公司、迈科普参加者公司、迈科普—图阿普谢公司。伦敦银行及其管理机构和上述迈科普石油公司，以及奥地利—迈科普公司建立联合公司，联合公司受比尤伊克和莫里尼格投资公司监管。其余公司，包括迈科普什比斯公司、国际迈科普公司和英国迈科普集团等属于第二类公司，在一定程度上这类公司可称为独立的公司。即便如此，上述公司间的联系也十分密切，经常互相购买股票。例如迈科普深度钻探公司虽然隶属于英国迈科普集团，但该公司仍掌控国际迈科普公司。

迈科普—哈德任斯克辛迪加对迈科普参加者公司也十分感兴趣。1912 年，迈科普—阿普歇伦石油公司和迈科普石油总托拉斯合并，形成一个公司，但仍属于英国迈科普集团。

1911 年中，俄国允许数家公司在迈科普地区开展相关业务活动，其中包括国际迈科普公司、石油管理者公司、石油工业标准公司和俄国石油公司。此时石油管理者公司股票的控股方是迈科普托拉斯，公司 36.5 万卢布股票中迈科普托拉斯持股 17.1 万卢布。[①] 英国迈科普集团逐渐兼并独立的英国石油公司和俄国石油

① *Иностранное предпринимательство и заграничные инвестиции в России.* Очерки. М., РОССПЭН, 1997. С. 79.

公司,最后成功将它们纳入迈科普石油总托拉斯。英国资本最终垄断了迈科普地区的石油工业。

1910—1914年,迈科普地区建立了数十家英国石油公司,注册资本额达9000万卢布。迈科普很多石油公司的股票在伦敦交易所出售。1910年初,14家英国股份制公司的注册资本就达450万英镑。① 迈科普地区的英国石油公司还向俄国政府申请购买新油田,提出建立通往黑海石油管道的方案。由于迈科普地区气候恶劣,虽然诸多外国公司都入驻该地区开展业务,但只有英国公司取得骄人的业绩。英国迈科普石油集团旗下的黑海石油公司,年采油量在迈科普地区首屈一指:1910年,该公司的采油量就达65万普特;1913年,年采油量增至250万普特。②

(三)采矿工业

英国资本在俄国采矿工业中的总体作用逊色于法国和比利时资本,但在部分采矿工业中的作用仍不容忽视,如南俄最早的冶金企业之一——尤兹工厂,就是由英国人出资建设,虽然后期其金属制品产量远低于法国和比利时企业主所控制的工厂,但其作用也不容忽视。此外,在俄国有色金属冶金业中,英国资本的作用也不

① Наниташвили Н. Л. *Экспансия иностранного капитала в закавказье(конец XIX–начало XX вв.)*. Тбилисск., Издательство Тбилисского университета, 1988. С. 293; Лисичкин С. М. *Очерки по истории развития отечественной нефтяной промышленности (дореволюционный период)*. М., Государственное научно-техническое издательство, 1954. С. 372.

② *Иностранное предпринимательство и заграничные инвестиции в России. Очерки.* М., РОССПЭН, 1997. С. 75; Матвейчук А. А, Фукс И. Г. *Истоки российской нефти. Исторические очерки*. М., Древлехранилище, 2008. С. 75.

容小觑。

石油工业并不是英国资本唯一感兴趣的工业部门，其对俄国采矿工业也十分感兴趣，对有色金属采金业尤为重视。英国人采取股份制公司的形式投资俄国采矿工业——在英国成立股份制公司，然后在国外开展相关业务。这些公司在俄国主要从事铜、铅、锌和金的开采及加工业务，其中较为知名的公司为克什特姆集团公司、额尔齐斯克公司、塔纳雷克公司、瑟谢尔季公司和列纳·加尔德弗尔德斯公司。因此，英国资本投资俄国采矿工业的模式与石油工业颇为相似，英国的银行和公司联合成立独立的控股公司，控股公司通过发行债券、股票或者提供短期和长期贷款，筹集资金后投资俄国公司。

在上述这些英国人建立的采矿工业的股份制所有公司中，最具代表性的是英国西伯利亚集团，英国资本以该集团为媒介投资乌拉尔和西伯利亚的采矿工业。该集团于 1906 年 12 月在伦敦成立，注册资本为 50 万英镑。① 其成立的主要目的之一是在克什特姆矿区开采有色金属，因资金不足和领导者无能，集团逐渐衰落。即便如此，英国西伯利亚集团仍开采了大量的铁、铜和硫等矿产资源，并在索伊马斯克山谷发现了黄金。后期因工厂和矿区技术配备不足，集团将业务转交给另外一家英国公司即彼尔姆集团，并成立了克什特姆集团公司，但新公司四分之三的股份归属于英国西

① Лачаева М. *Английский капитал в меднорудной промышленности Урала и Сибири в начле XX века*// Исторические записки. 1982. Т. 108. С. 77.

伯利亚集团。①

1907年末,彼尔姆集团投入20万英镑,虽然英国资金帮助该集团暂时度过了危机,但很多问题仍没有解决。为彻底解决资金问题,彼尔姆集团在伦敦发行价值为100万英镑的股票。1910年,英国西伯利亚集团持有克什特姆集团公司股票24.4万股,彼尔姆集团持有50.2万股。② 克什特姆集团公司的一部分有价证券由彼尔姆集团和英国商业银行掌控,俄国的圣彼得堡国际商业银行、亚速—顿河银行等也持有该公司部分股票。1910年末,克什特姆集团下属工厂开始盈利,股票持有者也因此获取了高额利润。

瑟谢尔季公司也是知名的英国矿业公司,该公司于1912年在伦敦成立,成立的目的是购买瑟谢尔季矿区各股份制公司的有价证券,早期俄国很多有价证券都属于俄国信贷和金融公司(在俄国成立的英国金融公司)。瑟谢尔季公司的管理人员既有英国人,也有俄国人(包括政府官员)。该公司的成立和管理方式也受此影响,英国资本通过该公司进入俄国有色金属开采工业,推动该工业部门的快速发展。1908—1913年,俄国的铜开采量增长1倍;乌拉尔地区克什特姆集团的采煤量增长最为明显,1913年达7863吨,工厂还成立了单独的电解车间。值得一提的是,1912年,该公司还

① *Иностранное предпринимательство и заграничные инвестиции в России.* Очерки. М., РОССПЭН, 1997. С. 82.

② *Иностранное предпринимательство и заграничные инвестиции в России.* Очерки. М., РОССПЭН, 1997. С. 82.

从铜渣中获得了950千克黄金。[①]

吉尔吉斯斯坦地区炼铜业的发展与英国斯帕斯基炼铜公司的活动关系密切。改组后该公司的年铜产量增至4900吨。除英国斯帕斯基炼铜公司外,吉尔吉斯斯坦地区还产生了第二家英国炼铜公司,即阿特巴萨尔斯克炼铜公司,该公司建立之初,产能就达5000吨。[②]

在外国资本和俄国企业主的共同作用下,1910年,东西伯利亚地区的黄金产量上升至最高点,后因工人运动,当地年黄金产量开始回落。1908—1913年俄国各地区的黄金开采量详见表2-12[③]。

表2-12 1908—1913年俄国各地区的黄金开采量 (单位:千克)

年份	乌拉尔	西西伯利亚	东西伯利亚
1908	—	—	—
1909	9375	2704	44 716
1910	10 503	3859	49 280
1911	10 087	4224	46 918
1912	10 986	3319	43 914
1913	10 732	3279	46 836

① *Общий обзор главных отраслей горной и горнозаводской промышленности.* Особое приложение к смете Горного департамента на 1916 г. Пг., Изд. Горного департамента, 1915. С. 147.

② *Общий обзор главных отраслей горной и горнозаводской промышленности.* Особое приложение к смете Горного департамента на 1916 г. Пг., Изд. Горного департамента, 1915. С. 155-158.

③ Кафенгауз Л. Б. *Эволюция промышленного производства России(Последняя Треть XIX в.-30-е годы XX в.)*. М., Эпифания, 1994. С. 138.

英国资本也投资南俄采矿业,其中尤兹集团最具代表性。乔治·尤兹是英国人,他耗资3万银卢布从C. 科丘别伊大公手中租下了7.5英亩土地,后出资2.4万英镑建立了股份制公司。[①] 1869年4月18日,尤兹和俄国相关企业主签订了合作合同,并获得了亚历山大二世的确认。按照合同,尤兹有义务建立股份制公司,公司名为新罗西斯克公司,注册资本为30万卢布;公司的主营业务是开采煤炭,以及在叶卡捷琳诺斯拉夫省巴赫穆特县建立轨道制造工厂;公司成立后9个月内工厂必须采购高炉生产铸铁,铸铁的年产量不得低于100英吨[②];2年内完成轨道工厂的建设工作,工厂主要使用当地原材料生产铁轨;此外,尤兹必须保障每日的石煤产量达2000英吨。[③]

合同签订后,俄国政府立刻为该公司提供土地,并在当地建设亚速—哈尔科夫铁路,还提供10年的补助金,许诺每年采购轨道的数量为10万—30万普特;承诺该公司有权零关税从国外进口所需的各类产品,如锅炉、高炉和各类机械装置;允许尤兹设立修建铁路的站点,作为亚速—哈尔科夫铁路的一个车站;政府支付车站建设设施四分之三的费用,其价值不超过6.3万卢布,其余费用由

① Edwards S. Hughesovka. *A Welsh Enterprise in Imperial Russia*. Cardiff University Press, 1992. p. 12.

② 1英吨约等于1016千克。

③ *Иностранное предпринимательство и заграничные инвестиции в России*. Очерки. М., РОССПЭН, 1997. С. 68.

新罗西斯克公司承担。①

1869 年 5 月 29 日，新罗西斯克公司在伦敦注册成功。英国很多知名铁路承租人、工程师对该公司股票十分感兴趣。公司资本共分为 6000 股，每股价值 50 英镑，年均担保收益率为 10%，特许股票的担保收益率为 15%。公司的负责人为乔治·尤兹和乔治·维里·古奇。②

尤兹将 5 万英镑存入伦敦的马丁斯银行，其中 2 万英镑转交给俄国财政部下属的俄国国家银行。俄国政府意识到在南俄建立石煤、铸铁和轨道工厂的重要性后，决定改善交通设施，为此还为该公司提供了 50 万卢布的贷款。

尽管得到各方面的扶持，但尤兹不能完全如期执行合同条款。1872 年 1 月 24 日，该工厂才安装了第一台高炉，同年铸铁和轨道工厂的建设工作初步完成。一年后轨道车间正常运转，开始开采石煤、石灰、黏土和生产耐火砖。1874 年公司开始生产优质铁。1876 年第二台高炉投入使用。1879 年含锰铸铁生产成功，并生产了第一批含锰钢。从 1880 年，该公司的工厂开始生产钢轨。

因获得俄国政府的大力支持，新罗西斯克公司的业务取得了很大成就，19 世纪七八十年代表现得尤为突出。政府除定期拨款之外，还从工厂订购产品。1873 年，尤兹获得了长期的贷款，用股票抵押，期限为 7 年。1876—1883 年，尤兹的工厂获得政府订单，

---

① *Иностранное предпринимательство и заграничные инвестиции в России.* Очерки. М., РОССПЭН, 1997. С. 68.

② *Иностранное предпринимательство и заграничные инвестиции в России.* Очерки. М., РОССПЭН, 1997. С. 68.

订购轨道270万普特,每普特轨道的价格为2卢布30戈比,该价格明显高于当时的市场平均价格。在政府订单的支持下,公司的利润很高,公司的主要产品都供应给国家,约占总产量的78%。①

19世纪末,俄国各工业部门的生产集中程度逐步加强,新罗西斯克公司也是如此。随着生产规模扩大和利润提高,公司开始购买新的土地保障冶金工厂的原料供应,还扩大生产规模。1894年,公司在第聂伯罗彼得罗夫斯克县购买了大量土地,其中购买的贵族庄园中蕴藏着大量一级铁矿。

"一战"之前,新罗西斯克公司一直都是俄国大型冶金企业之一,但最后收归俄国政府所有。1916年4月,公司股票全部出售给俄亚银行,后期主营业务是生产军工产品。

(四)其他工业部门

除了纺织和诸多重工业部门之外,在俄国烟草和制糖等工业部门中,英国资本也或多或少地发挥了一定的作用。

上文已提及俄国人在伦敦成立了烟草公司,在其带动下,俄国烟草工业快速发展。19世纪末,俄国烟草工业从工场手工业向大工业转变。19世纪八九十年代,黄花烟的产量增加16.2%,烟草的产量增加29.1%,烟卷的产量增加1.67倍;卷烟生产在烟草行业中所占的比例,从1887年的10.3%上升到1900年的19.1%。②

---

① Гиндин И. Ф. *Государственный банк и экономическая политика царского правительства.* М., Наука, 1960. С. 200.

② Кафенгауз Л. Б. *Эволюция промышленного производства России(Последняя Треть XIX в. –30-е годы XX в.)*. М., Эпифания, 1994. С. 51.

20世纪初,俄国烟草工业的发展速度放缓,但烟草产量仍逐年增加,以产量最多的黄花烟为例,其产量详见表2-13①。

表2-13　1900—1908年俄国黄花烟生产规模　(单位:吨)

年份	卷烟	鼻烟	压缩烟	总计	年均增长率(%)
1900	37 477	3053	628	41 158	6.5
1901	40 295	3076	530	43 901	6.7
1902	35 973	2695	532	39 200	-10.8
1903	45 954	3125	526	49 605	26.5
1904	48 187	3121	438	51 746	4.3
1905	46 845	3200	370	50 415	-2.6
1906	51 170	3163	412	51 745	8.6
1907	49 502	3170	426	53 098	-3.0
1908	57 341	3711	421	61 473	15.8

1908—1913年间,俄国烟草工业发展速度更快,黄花烟产量增长28%,年均增长速度为5.2%。该增长速度明显高于19世纪90年代,当时的年均增长速度为3.7%。② 具体规模详见表2-14③。

① Кафенгауз Л. Б. *Эволюция промышленного производства России(Последняя Треть XIX в. -30-е годы XX в.)*. М., Эпифания, 1994. С. 107.

② Кафенгауз Л. Б. *Эволюция промышленного производства России(Последняя Треть XIX в.-30-е годы XX в.)*. М., Эпифания, 1994. С. 156.

③ Кафенгауз Л. Б. *Эволюция промышленного производства России(Последняя Треть XIX в.-30-е годы XX в.)*. М., Эпифания, 1994. С. 156.

表 2-14　1908—1913 年俄国烟草工业的生产规模

年份	工厂数量(家)	工人数量(人)	年产值(千卢布)
1908	205	28 635	81 508
1909	190	25 657	77 416
1910	184	25 813	76 957
1911	186	25 560	82 036
1912	184	27 431	88 571
1913	177	28 256	96 355

除了烟草工业外,英国资本也进入俄国制糖工业,虽然数额不多,但也在一定程度上推动了该工业部门的发展。19 世纪 80 年代,俄国的糖果小作坊数量很多,1887 年共有此类企业 215 家,工人 3918 名,单位企业工人数量为 18 名。此时,莫斯科和圣彼得堡糖果大工厂的数量最多;1900 年,俄国 211 家大型糖果厂工人总数为 1.1 万名,大部分集中于首都。总体而言,1887—1900 年,该工业部门中工人数量增加 1.8 倍,发动机的功率从 1887 年的 463 马力增加到 2620 马力,增长 4.66 倍。① 20 世纪初经济危机时期,俄国制糖业也快速发展,1900—1908 年,砂糖的年均产量增速为 7.6%,高于 19 世纪 90 年代工业高涨时期,此时制糖业的发展规模详见表2-15②。

① Кафенгауз Л. Б. *Эволюция промышленного производства России(Последняя Треть XIX в.-30-е годы XX в.)*. М., Эпифания, 1994. С. 53.

② Кафенгауз Л. Б. *Эволюция промышленного производства России(Последняя Треть XIX в.-30-е годы XX в.)*. М., Эпифания, 1994. С. 104.

表 2-15　1900—1908 年俄国制糖业的发展规模

年份	工厂数量（家）	工人数量（人）	砂糖的产量（吨）	方糖产量（吨）	总产值（千卢布）
1900	243	99 565	673 435	422 519	213 475
1901	248	100 247	661 477	446 500	218 907
1902	250	103 719	758 073	522 980	244 845
1903	249	104 018	893 050	502 444	255 476
1904	246	102 744	903 336	503 340	252 968
1905	249	110 449	730 242	552 137	239 246
1906	253	117 939	693 911	575 693	238 663
1907	254	123 538	1 071 743	626 570	284 429
1908	251	121 596	1 061 981	595 316	260 563

1908—1914 年经济提升期间，俄国制糖工业发展速度放缓，但其产量仍一路向前，“一战”前俄国制糖工业的发展规模详见表2-16①。

① Кафенгауз Л. Б. *Эволюция промышленного производства России（Последняя Треть XIX в.–30-е годы XX в.）*. М.，Эпифания，1994. С. 154.

表 2-16　1908—1914 年俄国制糖工业发展规模

年份	工厂数量（家）	工人数量（人）	产值（千卢布）	产量	
				砂糖（千吨）	方糖（千吨）
1908	251	121 596	260 563	1 061 981	595 316
1909	251	118 635	276 616	945 056	632 761
1910	250	119 993	285 278	838 485	739 661
1911	249	121 544	370 613	1 600 735	749 260
1912	253	127 839	334 622	1 551 937	727 949
1913	257	131 859	297 584	960 012	814 062
1914	269	137 625	345 902	1 286 918	843 612

总之,20 世纪初,俄国各大工业部门中均不同程度上有外资的身影,因资料有限,仅以 1901 年 1 月俄国外国股份制公司数量为例,探究此时英国资本的总体规模,具体数据详见表 2-17①。

① Бовыкин В. И. *Формирование финансового капитала в России: конец XIX в. – 1908 г.* М., Наука, 1984. С. 172–173.

表 2-17　1901 年 1 月俄国外国股份公司的规模　（单位：千卢布）

投资领域	国家											
	德国		英国		法国		比利时		其他国家		总计	
	数量（家）	股份资本金额	数量（家）	股份资本金额	数量（家）	股份资本金额	数量（家）	股份资本金额	数量（家）	股份资本金额	数量（家）	股份资本金额
煤炭开采和炼焦工业	2	6002	1	3388	5	15 712	10	26 258	1	340	19	51 700
石油开采和加工	—	—	13	54 395	1	1116	1	1500	—	—	15	57 011
铜矿开采和炼铜工业	—	—	1	946	2	3375	—	—	—	—	3	4321
稀有金属开采工业	—	—	1	300	1	7959	4	10330	—	—	6	18 589
其他矿场开采工业	—	—	1	189	1	7500	2	2033	1	781	5	10 503
冶金工业	2	1774	1	11 352	9	33 210	15	50 264	—	—	27	96 600
金属加工和机器制造工业	3	4337	1	239	3	10 503	27	32 161	3	492	37	47 732
制砖和陶瓷工业	—	—	—	—	1	1125	12	6808	—	—	13	7933
水泥生产业	—	—	—	—	4	3394	1	750	—	—	5	4144
玻璃制造业	—	—	—	—	—	—	6	7258	—	—	6	7258

续表

投资领域	国家											
	德国		英国		法国		比利时		其他国家		总计	
	数量（家）	股份资本金额	数量（家）	股份资本金额	数量（家）	股份资本金额	数量（家）	股份资本金额	数量（家）	股份资本金额	数量（家）	股份资本金额
化学工业	3	2197	—	—	3	3537	3	2100	—	—	9	7834
木材和木材加工业	—	—	—	—	1	309	3	1125	1	1546	5	2980
纺织和皮革工业	—	—	1	1279	4	12 737	6	9265	2	3158	13	26 439
食品和面粉工业	—	—	1	1655	—	—	1	750	—	—	2	2405
电力和天然气工业	7	10 592	—	—	2	2273	4	9190	—	—	13	22 055
给排水工业	—	—	—	—	2	1106	—	—	—	—	2	1106
城市运输业	—	—	—	—	—	—	21	20 413	—	—	21	20 413
其他工业领域	1	300	1	18 920	4	6228	1	1295	1	1478	8	28 221
总计	18	25 202	22	92 663	43	110 084	117	181 500	9	7795	209	417 244

二、英荷壳牌石油公司

英国在俄国投资的公司中,规模最大的是英荷壳牌石油公司。下文以其为例探究英国资本对俄国垄断组织形成和发展的影响。

1907 年,壳牌石油贸易和运输公司与英荷石油公司合并为英荷壳牌石油公司,英国银行家控制该公司 60%的股份,公司总部从海牙迁至伦敦,迅速成为世界知名的石油垄断集团。该公司凭借雄厚的资金,购买欧洲、亚洲、非洲和美洲等地的石油公司股份,以打击美国标准石油公司,迅速成为俄国最具影响力的石油工业集团之一。虽然英国壳牌石油公司和荷兰石油公司合并,但操控该公司的是英国银行家。① 该公司一直以英国石油公司自居,一方面可获得当时最大金融集团花旗银行的支持,另一方面可借助英国政府强大的外交优势开展业务。凭借财政和外交优势,英荷壳牌石油公司很快就发展成为大型石油垄断集团,可在国际石油市场上与美国标准石油公司一较高下。

从 1909 年开始,英荷壳牌石油公司开始投资俄国石油工业。1910 年,英荷壳牌石油公司并购了俄国卡兹别克辛迪加集团,兼并了北高加索石油公司,该公司是格罗兹尼地区第三大石油公司;还购买了乌拉尔—里海石油公司,持有该公司 3 万股股份,每股价值

① Мир-Бабаев М. Ф. *Краткая история Азербайджанской нефти*. Баку., Азернешр, 2009. С. 51; Фурсенко А. А. *Династия Рокфеллеров. Нефтяные войны(конец XIX–начало XX века)*. М., Издательский дом Дело, 2015. С. 551; Наниташвили Н. Л. Экспансия иностранного капитала в закавказье (конец XIX– начало XX вв.). Тбилисск., Издательство Тбилисского университета, 1988. С. 290.

约为 100 卢布。[①]

1911 年 6 月,乌拉尔—里海石油公司管理机构负责人是列伊尼和捷杰尔金格,以及经纪人古尔别克亚尼和冯·奥菲尼哈马。根据合并协议,乌拉尔—里海石油公司的注册资本为 100 万英镑,列伊尼和捷杰尔金格持股比例共 73.3%,古尔别克亚尼和冯·奥菲尼哈马持股占比共 26.7%。[②]

值得一提的是,英荷壳牌石油公司不但在俄国石油工业中具有重要影响,在伦敦金融和实业中也具有一定的影响力,辛迪加成员都被纳入壳牌石油公司。其形成的组织被称为"商业集团"。

壳牌石油公司十分关注俄国石油工业,大肆兼并当地石油公司和购买当地公司的股票。1911 年末,该公司几乎购买了罗斯柴尔德家族下属俄国石油公司所有的股份,随后购买了由德国人控股的格罗兹尼第二大石油公司——卡兹别克斯基辛迪加公司股票。为排挤德国人,英国股份持有人联合两家英国公司建立新俄国标准石油公司。在格罗兹尼站稳脚跟后,英荷壳牌石油公司开始关注巴库石油业务。

1912 年,英荷壳牌石油公司在巴库油田兼并了很多公司,如俄国标准公司、马祖特和里海—黑海石油公司。19 世纪 80 年代初,罗斯柴尔德家族就已直接与俄国工业和银行业开展合作。20 世纪

① Фурсенко А. А. *Династия Рокфеллеров. Нефтяные войны(конец XIX－начало XX века)*. М., Издательский дом Дело, 2015. 554; Иностранное предпринимательство и заграничные инвестиции в России. Очерки. М., РОССПЭН, 1997. 72.

② *Иностранное предпринимательство и заграничные инвестиции в России*. Очерки. М., РОССПЭН, 1997. С. 72.

初，该家族因主要关注金融业，并不关注实业，所以在俄国石油工业中的地位大不如前。即便如此，罗斯柴尔德家族所控股的里海—黑海石油公司仍是俄国大型石油企业之一，其业务涉及石油开采、加工、运输和进出口。1910 年末，英荷壳牌石油公司的进入打破了诺贝尔兄弟集团和里海—黑海石油公司的竞争平衡，罗斯柴尔德家族的影响大不如前。1912 年，英荷壳牌石油公司购买了里海—黑海石油公司 90%的股份；此后又收购马祖特公司股份，成为该公司第一大股东。

1913 年，希巴耶夫石油公司财务状况恶化，壳牌石油公司并购了该公司，并对公司进行了清算和改组，改组后在国内外金融市场上发行股票。新成立的希巴耶夫公司股票价值为 116 万英镑，英荷壳牌石油公司购买了其绝大多数股票，优惠股票的价值为 47 万英镑，每股价值 1 英镑；普通股票的价值为 69 万英镑。新公司除发行股票外，还收购了英国萨克索尼石油公司。据统计，英国大银行家购买了新建希巴耶夫公司 34.5 万英镑股票，其余股票在伦敦交易所自由出售。希巴耶夫石油公司的主要业务之一是向国际市场出口重油，所以掌控该公司对英荷壳牌石油公司具有重要意义。1913 年，英荷壳牌石油公司开始向欧洲市场上销售俄国重油。随着英国资本大量涌入俄国石油工业，它们在俄国石油工业中的作用日渐提升,1915 年,英国公司掌控了俄国 15%的石油开采业务。①

1916 年末,壳牌石油公司成为俄国石油工业最具影响力的石油集团之一,公司股票收入超过 4400 万卢布,其中 516 万卢布源自里海—黑海石油公司股票,928 万卢布源自马祖特公司,619 万卢布源自俄国标准石油公司。② 英国资本除推动了俄国大工业发展之外,也发挥着重要的社会作用。

三、英国资本的社会影响

首先,英国资本推动了俄国技术革命的进程。

在俄国早期技术革命进程中,英国资本的作用主要表现为推动了俄国纺织工业技术革新:一是英国的纺织机器和技术最先被引入俄国;二是俄国纺织工厂在英国企业的带动下开始使用蒸汽机。

随着社会经济的发展,俄国进口货物中工业品和机器的数量逐年增加,大部分机器均来源于英国。19 世纪上半叶,俄国机械和仪器的进口规模详见表 2-18③。

---

① Матвейчук А. А, Фукс И. Г. *Истоки российской нефти. Исторические очерки*. М., Древлехранилище, 2008. С. 222; Наниташвили Н. Л. *Экспансия иностранного капитала в закавказье (конец XIX – начало X X вв.)*. Тбилисск., Издательство Тбилисского университета, 1988. С. 291; Волобуев П. В. *Из истории монополизации нефтяной дореволюционной промышленности России. 1903–1914//* Исторические записки. Т. 52. М., Наука, 1955. С. 39–40.

② *Иностранное предпринимательство и заграничные инвестиции в России*. Очерки. М., РОССПЭН, 1997. С. 74.

③ Хромов П. А. *Экономика России периода промышленного капитализма*. М., Издательство ВПШ и АОН при ЦК КПСС, 1963. С. 176.

表 2-18　1811—1860 年俄国机械和仪器的进口规模　（单位:千银卢布）

年份	机械	仪器	总计
1811—1820	177	1792	1969
1821—1830	487	2712	3199
1831—1840	4111	4321	8432
1841—1850	11 747	4199	15 946
1851—1860	48 080	6348	54 428
总计	64 602	19 372	83 974

随着纺织机器的广泛使用,棉纱工业中机械纱锭的数量迅速增加,1849—1860 年,机械纱锭的数量增加 1.5 倍,产值增加 1.5 倍。① 19 世纪 50 年代,俄国的纺纱锤数量仅落后于英国、法国、美国与奥地利,跃居第五位。②

除纱锭数量增加外,蒸汽机也逐步在俄国推广。1805 年,圣彼得堡附近的亚历山大洛夫手工工场出现了俄国境内第一台蒸汽机,之后蒸汽机逐渐在俄国纺织工业中普及。作为俄国印花工业生产中心的伊万诺沃,其生产技术革新颇具代表性,随着生产规模逐步扩大,蒸汽机和纺织机器逐步推广。如 1817 年戈拉切夫工厂

① Пажитнов К. А. *Очерки истории текстильной промышленности дореволюционной России: Хлопчатобумажная, льно-пеньковая и шелковая промышленность.* М., Изд-во академии наук СССР, 1958. С. 16-19；刘祖熙:《改革和革命——俄国现代化研究(1861—1917)》,北京大学出版社 2001 年版,第 96 页。

② Туган-Барановский М. И. *Русская фабрика в прошлом и настоящем: Историко-экономическое исследование.* Т. 1. *Историческое Развитие Русской Фабрики в XIX веке.* М., Кооперативное издательство «Московский рабочий», 1922. С. 58.

共有900台机器与103个印花台,亚玛诺夫斯基工厂共有1000台机器和110个印花台(工人数量约为1500人),加列林工厂共有1021台机器和85个印花台(工人数量约为1407人)。[①] 19世纪50年代末,俄国大型印花布工厂的生产规模和技术水平丝毫不逊色于英国同类企业。即便如此,1861年农奴制改革前,俄国纺织工业中手工生产仍占主导。19世纪60年代初,俄国棉布产量为230万普特,机器织布量仅占20%,其余80%均由手工生产。[②] 19世纪下半叶,俄国纺织工业机器生产占主导,但此时英国资本的投入量很低,对此不过多展开。

其次,英国技术和管理经验的传入推动了俄国工厂立法的逐步完善。

英国是工业革命的发源地,工人数量最多,工人也最早开始捍卫自己的权利,因此英国很多工厂立法也被其他国家借鉴。19世纪下半叶,俄国工厂相关立法陆续出台和完善,其法律规范的方向和内容与英国颇为相似。19世纪60年代为俄国工厂立法的新阶段。1859年,俄国政府就打算采取措施禁止儿童在工厂内工作,并限制未成年人的工作时间,但长期无果,直到19世纪80年代才出台法律保护未成年人的权利。1882年,俄国政府颁布《有关在工厂和手工工场工作的童工的法令》,明令禁止工厂和手工作坊雇佣未满12岁的儿童;12—15岁未成年人的日工作时间不得超过8小

① Туган-Барановский М. И. Р*усская фабрика в прошлом и настоящем: Историко-экономическое исследование.* Т. 1. *Историческое развитие русской фабрики в XIX веке.* М., Кооперативное издательство «Московский рабочий», 1922. С. 78.

② Соловьева А. М. *Промышленная революция в России в XIX в.* М., Наука, 1991. С. 75.

时;禁止未成年人夜间、周末和节假日工作;等等。

1884 年 12 月 19 日,财政部在取得内务部同意后制定《工厂监督规章》和《工厂主管理规章》,俄国工厂法律不断完善。1885 年 6 月 3 日《有关禁止工厂和作坊中未成年人和妇女夜间工作的法令》出台。该法律禁止棉纺织厂、亚麻厂和毛纺织厂内妇女和未满 17 岁未成年人在夜间工作。1890 年 4 月 20 日,俄国政府颁布了《有关改变工厂和作坊的童工、青少年及妇女工作的决议》的法令,禁止未满 12 岁的儿童参加工作,但是允许该法令颁布前已在工厂、作坊内工作的儿童继续工作。1897 年 6 月 2 日,俄国政府出台《有关工厂工业部门中工作时间的法律》,规定工人每昼夜的工作时间不能超过 11 个小时,节日前夕不能超过 5 个小时,星期六不能超过 10 个小时。①

20 世纪初,俄国工厂立法也不断完善,经济危机和萧条时期俄国政府也不断出台相关法律。如 1904 年 6 月 9 日出台《有关军工部门中火炮工厂自由雇佣的技工、工人和职员酬金的规定》,1905 年 6 月 6 日出台《有关国有和皇室采矿工厂雇佣工人的规定》,1905 年 12 月 19 日出台《有关国家印刷业工人的规定》, 1906 年 3 月 6 日出台《有关国有印刷业和海运部门雇佣工人的规定》, 1906 年 4 月 18 日出台《有关国有企业港口贸易工人和职员的规定》。② 1912 年 6 月 23 日沙皇尼古拉二世签署了有关社会保险的

---

① Поткина И. В. *Правовое регулирование предпринимательской деятельности в России XIX –первая четверть XX в.* М., Соцэкгиз, 1959. С. 118.

② Иванова Н. А. Желтова В. Л. *Сословно-классовая структура России в конце XIX – начале XX в.* М., Наука, 2004. С. 498.

规定,由《关于设立工人保险事务管理机构的规定》《关于工人生病时保障的规定》《关于设立工人保险事务委员会的规定》和《关于工人意外伤害保险的规定》组成。这些规定虽在形式上是独立的,实际上是一个整体。①

最后,俄国的工人运动迫使英国政府改善劳资关系。20 世纪初,俄国工人运动规模不断扩大,工人们在 1905 年革命、1917 年二月革命和十月革命中发挥的作用十分显著,俄国工人运动蓬勃发展引发的一系列政治与社会危机,也促使英国政府重视劳资关系,采取各种措施改善资本家与工人间的关系。

四、英俄两国贸易关系愈发紧密

19 世纪,俄国对外贸易蓬勃发展。俄国的商品出口额从 1820 年的 6300 万卢布增加到 1861 年的 1.8 亿卢布,同期商品进口额从 7000 万卢布增加到 1.6 亿卢布。② 1861—1870 年,俄国年均进出口贸易总额约为 4.5 亿卢布,1891—1900 年达 11.95 亿卢布,具体数据详见表 2-19③。

---

① Иванова Н. А. Желтова В. Л. *Сословно-классовая структура России в конце XIX – начале XX в.* М., Наука, 2004. С. 498.

② M. E. Falkus. *The Industrialisation of Russia, 1700 – 1914*. London: the Macmillan Press LTD, 1972. p. 32.

③ M. E. Falkus. *The Industrialisation of Russia, 1700 – 1914*. London: the Macmillan Press LTD, 1972. p. 63.

表 2-19　1861—1910 年俄国对外贸易规模　（单位:百万卢布）

年份	出口额	进口额	进出口总额	贸易顺差额
1861—1870	222.7	225.9	448.6	—3.2
1871—1880	454.8	488.2	943	—33.4
1881—1890	622.2	471.8	1094	150.4
1891—1900	659.8	535.4	1195.2	124.4
1901—1910	1073.1	887.4	1960.5	185.7

19 世纪 60—90 年代,俄国的对外贸易额增加 2 倍多,出口结构变化不大,以农产品为主,占商品出口总额的 75%—80%,粮食占比达 50%以上。19 世纪 90 年代末,俄国每年向世界市场上供应的粮食数量达 5 亿普特,成为全球最大的农产品出口国之一。[①]

不同时期俄国进出口贸易的伙伴有所差异:19 世纪上半叶,英国是俄国最大的贸易伙伴,19 世纪末其地位被德国取代;而 1896 年、1898 年,俄国进出口贸易总额中,英国的占比分别降为 19%和 20%。[②] 英国在俄国进出口贸易额中比重降低的主要原因有二:一是英国在第二次工业革命中的作用有限,很多新兴工业部门的发展速度和规模逊色于德国;二是英国拥有庞大的殖民地,足以保障本国工业所需的原料和工业品的销售市场。20 世纪初,俄国出

① ［苏］B. T. 琼图洛夫等编:《苏联经济史》,郑彪等译,吉林大学出版社 1988 年版,第 76 页。

② Томпстон С. Р. *Российская внешняя торговля XIX－начала XX в.: Организация и Финансирование.* М., РОССПЭН, 2008. С. 16.

口货物的价值和占比详见表2-20①。

表 2-20　20 世纪初俄国出口货物价值和占比

国家	1899—1903 年		1904—1908 年		1909—1913 年		1914 年	
	价值(百万卢布)	占比(%)	价值(百万卢布)	占比(%)	价值(百万卢布)	占比(%)	价值(百万卢布)	占比(%)
德国	193.3	24.4	269.0	25.7	435.1	29.0	453.6	29.8
英国	167.2	21.1	230.8	22.1	307.4	20.5	267.8	17.6
荷兰	81.4	10.3	108.5	10.4	181.1	12.1	177.4	11.7
法国	61.9	7.8	68.1	6.5	94.5	6.3	100.9	6.6
波斯	22.7	2.9	28.0	2.7	45.1	3.0	57.7	3.8
比利时	28.0	3.5	40.3	3.9	62.0	4.1	64.7	4.3
意大利	41.6	5.2	46.4	4.4	64.4	4.3	73.8	4.9
奥匈帝国	31.1	3.9	44.6	4.3	63.4	4.2	65.3	4.3
中国	11.1	1.4	32.4	3.1	26.0	1.7	31.5	2.1
丹麦	22.3	2.8	29.2	2.8	34.7	2.2	36.4	2.4
土耳其	17.5	2.2	19.7	1.9	31.0	2.1	35.8	2.4
罗马尼亚	10.8	1.4	12.8	1.2	20.5	1.4	21.7	1.4
美国	6.6	0.8	5.0	0.5	13.3	0.9	14.2	0.9
瑞典	10.4	1.3	9.1	0.9	10.1	0.7	11.4	0.7

① Россия 1913 год. *Статистико-документальный справочник.* СПб., Блиц, 1995. С. 214-215.

续表

国家	1899—1903年		1904—1908年		1909—1913年		1914年	
	价值（百万卢布）	占比（%）	价值（百万卢布）	占比（%）	价值（百万卢布）	占比（%）	价值（百万卢布）	占比（%）
挪威	6.7	0.8	7.2	0.7	7.2	0.5	6.7	0.4
芬兰	39.9	5.0	46.2	4.4	50.6	3.4	55.3	3.6
其他国家	40.2	5.1	48.7	4.6	55.0	3.6	45.9	3.0

20世纪初，俄国的木材和板材的出口量大幅增加，其出口价值由1880年的4000万卢布增加至1890年的5000万卢布，1913年达1.6亿卢布。从19世纪下半叶开始，英国就是俄国木材最主要的出口国，俄国出口至英国的木材数量占俄国木材总出口量的40%。① 除上述产品外，俄国大麻和亚麻及其相关产品、石油和矿石等货物的出口量也大幅提升。因下文将详细分析俄国各类商品的出口规模，此处只从总体上进行分析。19世纪下半叶至20世纪初俄国各类货物的出口规模详见表2-21②。

① Томпстон С. Р. *Российская внешняя торговля XIX–начала XX в.: организация и финансирование.* М., РОССПЭН, 2008. С. 31–32.

② Томпстон С. Р. *Российская внешняя торговля XIX–начала XX в.: организация и финансирование.* М., РОССПЭН, 2008. С. 31–32.

表 2-21　1872—1913 年俄国各类货物的出口规模　(单位:百万卢布)

商品	1872 年	1883 年	1900 年	1905 年	1913 年
小麦	100.0	170.7	104.3	281.2	225.2
黑麦	17.6	68.5	65.0	45.7	32.9
燕麦	5.3	34.0	33.7	88.7	186.2
大麦	4.8	10.1	49.7	90.5	32.0
玉米	2.2	1.8	18.6	11.4	25.1
蛋类产品	0.8	3.6	31.5	61.0	90.6
油脂	0.3	3.6	13.5	31.5	71.2
猪和猪肉制品	6.8	7.6	3.8	4.3	15.3
家禽	0.3	2.0	8.7	9.5	16.0
亚麻原料	40.7	62.3	49.0	73.9	94.2
大麻	12.4	18.1	9.4	11.0	22.9
木材	—	—	58.4	76.9	165.0
动物毛皮	—	2.7	7.7	13.3	37.1
羊毛	—	19.8	5.9	5.7	10.1
石油及其产品	—	—	46.5	29.2	50.1
出口总量	191.2	404.8	505.7	833.8	1073.9

上述产品中,粮食、木材和诸多农副产品在英国市场上均十分常见。与此同时,英国的煤炭大量出口至俄国。19 世纪下半叶,虽然俄国煤炭工业快速发展,但煤炭仍不能自给,俄国市场上欠缺的煤炭主要从英国进口。19 世纪下半叶,俄国的采煤量和煤炭进口

量规模详见表2-22①。

表2-22　1870—1900年俄国的采煤量和煤炭进口量规模

年份	煤炭数量(百万普特)			进口量占比(%)	
	采煤量	进口量	总计	占采煤量的比例	总计
1870	42.4	51.6	94.0	121.7	54.9
1871	50.7	75.6	126.3	149.1	59.9
1872	66.4	64.8	131.2	97.6	49.4
1873	71.4	50.9	122.3	71.3	41.6
1874	78.8	63.3	142.1	80.3	44.5
1875	104	63.5	167.5	61.1	37.9
1876	111	91.4	202.4	82.3	45.2
1877	110	90.4	200.4	82.2	45.1
1878	154	112	266	72.7	42.1
1879	178	91	269	51.0	33.8
1880	200	118	318	59.0	37.1
1881	213	110	323	51.6	34.1
1882	230	106	336	46.1	31.5
1883	243	139	382	57.2	36.4
1884	240	117	357	48.8	32.8
1885	261	112	373	42.9	30.0

① Куприянова Л. В. *Таможенно-промышленный протекционизм и российские предприниматели 40–80-е годы XIX века.* М., Из-во РАН, 1994. С. 241–242.

续表

年份	煤炭数量(百万普特)			进口量占比(%)	
	采煤量	进口量	总计	占采煤量的比例	总计
1886	279	114	393	40.9	29.0
1887	277	96	373	34.7	25.7
1888	317	106	423	33.4	25.1
1889	379	127	506	33.5	25.1
1890	367	107	474	29.2	22.6
1891	381	107	488	28.1	21.9
1892	424	102	526	24.1	19.4
1893	465	123	588	26.5	20.9
1894	535	138	673	25.8	20.5
1895	556	137	693	24.6	19.8
1896	573	143	716	25.0	20.0
1897	684	154	838	22.5	18.4
1898	751	182	933	24.2	19.5
1899	853	273	1126	32.0	24.2
1900	1003	274	1277	27.3	21.5

俄国波罗的海地区煤炭以进口为主,顿涅茨克煤炭运至圣彼得堡和波罗的海等地的数量不多,当地绝大多数煤炭均源自英国。销往波罗的海地区的顿巴斯煤炭数量不多,1905 年和 1913 年分别

为 22.7 万吨和 184.7 万吨。①

20 世纪初，俄国棉纺织工业迅速发展，1903 年、1904 年、1905 年、1906 年和 1907 年棉纺织工厂的产值分别为 5.2 亿、6 亿、4.9 亿、6.3 亿和 7.5 亿卢布。② 虽然俄国棉纺织工业迅速发展，但仍需从国外大量进口棉纺织产品，很多高质量棉纺织品就从英国进口。因数据十分零散，只能对俄国纺织品的进口规模进行总体分析，具体数据详见表 2-23③。

表 2-23 1901—1913 年俄国棉纺织品的进口规模

年份	进口量(千普特)	进口价值(千卢布)
1901	203.5	6390.4
1902	169.6	6481
1903	134	6264
1904	164	6092.6
1905	248	7873
1906	455.5	21 130
1907	260.5	12 527
1908	352.2	16 878

① Лившин Я. И. *Монополии в экономике России*. М., Изд-во Социально-экономической литературы, 1961. С. 298.

② Струмилин С. *Промышленные кризисы в России* // Проблемы экономики, 1904. №2. С. 131, 135.

③ Пажитнов К. А. *Очерки истории текстильной промышленности дореволюционной России: Хлопчатобумажная, льно-пеньковая и шелковая промышленность*. М., Изд-во академии наук СССР, 1958. С. 130.

续表

年份	进口量(千普特)	进口价值(千卢布)
1909	240.5	11 854
1910	243	14 330
1911	282.2	17 770
1912	262	15 043
1913	213.6	15 233

除此之外,俄国很多有价证券在伦敦交易所销售,其具体金额详见表 2-24①。

表 2-24 “一战”前伦敦交易所内俄国有价证券的销售规模

有价证券种类	证券数量	金额(千卢布)
国债和国有铁路债券	14	5 462 790
城市债券	7	94 700
私人铁路债券	6	99 910
贵族土地银行抵押债券	1	71 880
大型工商业企业债券	16	45 790
以上总计	44	5 775 000
其他银行债券	1	1400
石油企业债券	55	149 150

① Ионичев Н. П. *Иностранный капитал в зкономике России (XVIII – начало XX в.)*. М., МГУП, 2002. С. 146.

续表

有价证券种类	证券数量	金额(千卢布)
采矿和冶金企业债券	11	59 200
其他金融公司债券	9	28 740
中小型工商业企业债券	3	18 050
总计	79	266 540

总之,英国资本对俄国的影响总体可分为两个方面。一是直接推动了俄国大工业的发展,在英国资本的作用下,俄国石油、采矿、纺织、制糖和卷烟等工业部门均迅速发展;同时因为英国资本的流入,大型垄断组织逐步形成,在俄国诸多工业部门的垄断集团中都可发现英国资本的身影,俄国金融业发展过程中英国资本的作用也不容忽视。二是英国资本的社会影响毋庸置疑,19 世纪上半叶俄国纺织工业的技术革新,19 世纪末 20 世纪初俄国石油、冶金和有色金属冶炼等工业部门中新技术的推广都与英国资本相关,英国先进的技术设备和管理经验也随之传入俄国。此外,英国资本还推动了俄国工厂立法的逐步完善,推动了两国贸易规模的进一步扩大。

第三章　法国资本的规模及其历史意义

19世纪下半叶，因政府政策的推动，加上俄法两国关系逐步缓和，法国资本大量流入俄国。在俄国所有外资中，法国资本名列前茅，法国银行家和企业主不但直接在俄国建立诸多企业，两国频繁的金融业务往来还促进了俄国金融市场的最终形成。就工业而言，法国资本重点关注俄国采矿工业，此外，俄国石油、冶金和煤炭等工业部门也有大量法国资本流入。除推动俄国大工业快速发展之外，法国资本还加速了俄国生产集中化进程，垄断组织也因此大量涌现。除此之外，法国资本的社会影响也不容忽视，它在推动俄国技术革命和全俄统一市场形成中发挥重要作用。

第一节　法国资本进入俄国的原因和投资历程

19世纪上半叶，法国资本就已进入俄国，除购买有价证券之外,部分企业主直接赴俄建厂。19 世纪末随着俄德关系的恶化,俄法两国的政治与经济联系愈发紧密,加上在俄投资利润空间颇大,法国资本迅速进入俄国。除投资工业外,法国资本也染指金融业和交通运输等部门,对俄国社会经济发展的作用十分重大。

一、法国资本涌入俄国的原因

第一,19 世纪末俄法关系改善。

19 世纪末,俄德两国关系恶化,俄法两国关系开始升温。俄法两国代表于 1892 年 8 月 18 日签订《法俄军事同盟协定》,其具体内容如下。一是如果德国或意大利(在德国支持下)进攻法国,则俄国应派遣所有军队进攻德国;如果德国或奥匈帝国(在德国支持下)进攻俄国,则法国应派遣所有军队进攻德国。二是如果三国同盟或组成三国同盟的国家之一集结军队,则法俄两国得到消息后将立即调集军队到边境待命。三是法国用于应对德国的军队数量为 130 万人,俄国用于应对德国的军队数量为 70 万—80 万人,上述部队应全数参加战斗,从东西两个方向共同夹击德国。四是两国总参谋部应保持经常性合作,互通情报,两国不得单独与德国媾和。五是本协定的有效期与三国同盟相同。1893 年 12 月 30 日《法俄军事同盟协定》正式生效,法俄同盟正式成立。法俄同盟的建立标志着欧洲两大军事集团正式形成,一方是法国和俄国,另一方是德国和奥地利,欧洲国际关系格局重新“洗牌”。俄法关系改善为法国资本进入俄国创造了条件,也为俄国证券和股票在法国金融市场上销售提供了便利。

19 世纪末,俄法两国贸易规模逐步扩大。19 世纪上半叶,英国是俄国最大的贸易伙伴,19 世纪末其地位被德国取代,处于第三位的是法国,1896 和 1898 年,其占比分别为 4%和 7%。[①] 虽然两国间的贸易规模不及英德两国,但法国也是俄国农产品的主要销售市场之一。因材料有限,仅对 19 世纪末俄国出口至各国的商品价值进行总体概括,详见表 3-1[②]。

表 3-1 1896—1898 年俄国出口至各国的商品价值和占比

国家	出口商品价值(百万卢布)	占比(%)
德国	179.6	25.1
英国	150.6	21.1
荷兰	76.8	10.7
法国	63.5	8.9
意大利	40.8	5.7
奥地利	37.1	5.2
土耳其	13.9	1.9
丹麦	9.4	1.3
瑞典和挪威	12.9	1.8
中国	5.8	0.8
西班牙和葡萄牙	5.6	0.8
美国	2.4	0.3

① Томпстон С. Р. *Российская Внешняя Торговля XIX–начала XX в.: Организация и Финансирование.* М., РОССПЭН, 2008. С. 16.

② Хромов П. А. *Экономика России периода промышленного капитализма*. М., Изд-во ВПШ и АОН при ЦК КПСС, 1963. С. 211.

续表

国家	出口商品价值(百万卢布)	占比(%)
其他国家	117.6	16.4
总计	716.0	100.0

俄国大工业虽快速发展,工业品产量大增,但仍需从国外进口大量工业品,法国就是俄国工业品的进口国之一。虽然法国的诸多工业部门发展规模逊色于英德等国,但法国出口至俄国的工业品数量仍不容忽视。因材料有限,可从俄国进口商品的规模进行总体分析。19 世纪末俄国从各国进口商品的规模详见表3-2①。

表 3-2　1896—1898 年俄国从各国进口商品的价值和占比

国家	进口商品价值(百万卢布)	占比(%)
德国	190.7	32.4
英国	110.3	18.8
美国	54.6	9.3
中国	40.3	6.9
法国	25.1	4.3
奥地利	22.0	3.7
荷兰	7.2	1.2
丹麦	3.2	0.5

① Хромов П. А. *Экономика России периода промышленного капитализма.* М., Изд-во ВПШ и АОН при ЦК КПСС, 1963. С. 216.

续表

国家	进口商品价值(百万卢布)	占比(%)
土耳其	6.4	1.1
意大利	10.2	1.7
西班牙和葡萄牙	4.1	0.7
瑞典和挪威	9.3	1.5
其他国家	105.7	17.9
总计	589.1	100.0

第二,俄国铁路建设规模逐步扩大。

法国资本对俄国铁路十分关注,从 19 世纪上半叶就开始购买俄国铁路债券,因此俄国大规模的铁路建设直接刺激了法国资本流入俄国。

皇村铁路是俄国第一条正规铁路,该铁路于 1837 年通行,亦是俄国铁路建设的开端。皇村铁路的建成足以证明俄国修建铁路的可行性,虽然社会各界反对的呼声仍然较高,但俄国政府仍决定修建圣彼得堡—莫斯科铁路。虽然自 19 世纪上半叶俄国政府开始修建铁路,但总体规模不大,详见表 3-3①。

① Хромов П. А. *Экономика России периода промышленного капитализма.* М., Издательство ВПШ и АОН при ЦК КПСС, 1963. С. 164.

表 3-3　1838—1860 年俄国铁路建设状况(除芬兰地区外)　(单位:千米)

年份	本年铁路建设长度	截至当年末铁路建设总长度	年份	本年铁路建设长度	截至当年末铁路建设总长度
1838	27	27	1853	45	1049
1845	117	144	1854	—	—
1846	134	278	1855	—	—
1847	90	368	1856	—	—
1848	14	382	1857	121	1170
1849	—	—	1858	—	—
1850	119	501	1859	166	1336
1851	503	1004	1860	290	1626
1852	—	—	—	—	—

19 世纪下半叶,俄国出现两次铁路建设热潮:第一次是 19 世纪六七十年代,第二次是 19 世纪 90 年代。第一次铁路建设热潮的成果是建成以莫斯科为中心的欧俄铁路网络;第二次铁路建设热潮之后,覆盖欧俄地区、俄国北部、乌拉尔、高加索和中亚等地的铁路网最终建成。而在第二次铁路建设热潮中,为发展工商业俄国政府大举引进外资和借款。1887 年,俄国政府从巴黎获得第一批借款,主要用于修建铁路;至 1890 年,俄国欠法国的债务达 26 亿法郎,法国成为俄国的主要债权国之一。[①] 20 世纪初,俄国又出现了

① 孙成木、刘祖熙、李建主编:《俄国通史简编》(下),人民出版社 1986 年版,第 245 页。

一次铁路建设的小热潮。"一战"前,俄国铁路建设规模详见表3-4①。

表3-4　1913年末俄国铁路的建设状况(不包括芬兰地区)

铁路名称	长度(俄里)	双轨铁路长度(俄里)	双轨铁路比例(%)	窄轨铁路长度(俄里)	站点数(个)
国有铁路					
俄欧地区					
1.亚历山德罗夫	1075	1044	97.1	—	82
2.巴斯昆恰克	68	15	22.0		5
3.华沙—维也纳	749	290	38.7	500	96
4.叶卡捷琳诺斯拉夫	2827	1062	37.6	—	341
5.外高加索	1767	282	15.9	87	222
6.科韦利—弗拉基米尔—沃伦	52	—	—	—	6
7.利巴瓦—罗姆内	1344	183	13.6	—	149
8.莫斯科—库尔斯克—下诺夫哥罗德	1151	921	80.0	—	172
9.尼古拉耶夫	1545	854	55.2	—	199
10.彼尔姆	2553	3	0.1	—	209
11.波列斯克	1905	1039	54.5	—	157

① Россия 1913 год. *Статистико- документальный справочник*. СПб., Блиц, 1995. С. 110-111.

续表

铁路名称	长度（俄里）	双轨铁路长度（俄里）	双轨铁路比例（%）	窄轨铁路长度（俄里）	站点数（个）
12.维斯瓦河沿岸	2286	1102	48.2	—	283
13.里加—奥廖尔	1460	739	50.6	—	180
14.萨马拉—兹拉托乌斯托夫斯克	1233	434	35.2	80	144
15.北方铁路	2986	100	3.3	88	249
16.西北部铁路	2583	1279	49.5	—	238
17.塞兹兰—维亚济马	1316	96	7.3	—	159
18.西南铁路	3908	1349	34.5	—	373
19.南部铁路	3072	1019	33.2	29	371
俄亚洲地区					
20.阿穆尔	1561	—	—	—	65
21.外贝加尔斯克	1701	3	0.2	—	128
22.鄂木斯克	642			—	31
23.西伯利亚	3163	2302	72.8	—	455
24.中亚铁路	2375	—	—	—	126
25.塔什干	2094	—	—	—	264
26.乌苏里斯克	913	3	0.3	—	43
国有铁路总计	46329	14119	30.5	784	4747
全国性私人铁路					
1.阿尔马维尔—图阿普谢	276	2	—	—	21

续表

铁路名称	长度(俄里)	双轨铁路长度(俄里)	双轨铁路比例(%)	窄轨铁路长度(俄里)	站点数(个)
2.鲍戈斯洛沃	203	—	—	—	13
3.白城—苏梅	153	—	—	—	8
4.弗拉季高加索	2369	654	276	—	239
5.伏尔加—布古利马	340	—	—	—	17
6.格尔比—凯尔采	133	—	—	—	12
7.叶伊斯克	133	—	—	—	9
8.罗兹工厂	74	24	32.4	39	8
9.莫斯科—温道—雷宾斯克	2475	29	1.2	157	195
10.莫斯科—喀山	2443	188	7.7	—	236
11. 莫 斯 科—基 辅—沃 洛涅日	2529	438	17.3	371	248
12.梁赞—乌拉尔	4214	587	13.9	468	351
13.北顿涅茨	691	193	27.9	—	44
14.特罗伊茨克	102	—	—	—	4
15.托克马克	120	—	—	—	9
16.东南铁路	3252	647	20.0	—	319
17.费尔干纳	85	—	—	—	8
全国性私人铁路长度总计	19 592	2762	14.1	1035	1741
地方性私人铁路					
1.华沙专用线路	61	—	—	61	34

续表

铁路名称	长度（俄里）	双轨铁路长度（俄里）	双轨铁路比例（%）	窄轨铁路长度（俄里）	站点数（个）
2.沃尔马尔专用线路	107	—	—	107	19
3.伊里诺夫斯克	59	—	—	59	28
4.库夫希诺沃	55	—	—	—	12
5.利巴瓦—加杰波特斯克	46	—	—	46	10
6.里加	197	—	—	197	23
7.罗兹专用线路	40	4	10.0	40	2
8.马利采夫	242	—	—	242	32
9.马尔可夫专用线路	19	—	—	19	11
10.莫斯科公司专用线路	301	—	—	301	36
11.新济布科夫专用线路	123	—	—	—	14
12.第一公司专用线路	1149	—	—	1149	109
13.彼得罗科夫斯克—苏列夫专用线路	15	—	—	15	9
14.沿海—圣彼得堡—谢斯特罗列茨克	48	4	8.3	—	24
15.斯塔罗杜布专用线路	32	—	—	32	5
地方私人铁路长度总计	2494	8	0.03	2268	368
俄国所有铁路总计	68 415	16 889	24.7	4087	6856

俄国政府因资金有限，只能在国际金融市场上大量举债修建铁路，筹集的资金中，法国资本的数量最多。即便如此，俄国铁路

运输能力仍较弱。虽然20世纪初俄国铁路建设规模跻身"世界五强"(五国铁路长度约占世界铁路总长度的80%),但铁路网密度低,铁路布局不合理。1913年,美国的铁路网密度为每百平方公里铁路长度1.4公里,欧洲诸国平均值为8公里,而俄国只有0.3公里,且主要位于欧俄地区,边远省份特别是西伯利亚地区铁路运力严重不足。

第三,俄国经济行情逐步改善。

19世纪末,俄国工业快速发展,1869—1913年,俄国工业品数量增加7.5倍,劳动生产率提高1.2倍,美国相应数据为6.5倍和0.8倍。[①] 1912年,俄国工业品总产值已达56亿卢布。[②] 虽然俄国经济发展受诸多因素制约,但工业发展仍取得巨大成绩,俄国工业产值占世界工业总产值的比重已由1881年的3.4%增长到1900年的5%,1913年,其比重达5.3%。1883—1913年,俄国国内生产总值年均增长率为3.4%,已超过西欧国家(2.7%),俄国与西方国家差距明显缩小。[③] 1900年,俄国企业数量达2.5万家,总产值约32亿卢布,工人近205万人;到1913年企业数发展到2.9万家,总产

① Лященко П. И. *История народного хозяйства СССР*. Т. 1. М., Государственное издательство политичесчкоой литературы, 1952. С. 531; Кендрик Д. *Тенденции производительности в США*. М., Статистика, 1967. С. 278-279.

② Сарабьянов В. *История русской промышленности*. Харьков., Пролетарий, 1926. С. 182.

③ Петров Ю. А. *Российская экономика в начале XX в.// Россия в начале XX в*. М., РОССПЭН, 1997. С. 168-223; *Предпринимателство и предприниатели России от истоков до начала XX века*. М., РОССПЭН, 1997. С. 140, 142.

值达 74 亿卢布，工人数量为 311 万人。①

除工业外，商业也迅速发展。1900 年，全俄城市商品交易额（不包括集市）为 46 亿卢布，但其中 37%来自莫斯科和圣彼得堡。1900—1913 年，登记贸易额增长了 59.3%，达 196 亿卢布。1912 年，全俄 116.6 万家具有营业执照的贸易企业中，批发和零售企业的数量为 18.32 万家（15.7%），小货摊数量为 60.81 万个（52.2%），售货亭数量为 34.92 万个（29.9%），流动售货企业数量为 1.07 万家（0.9%），货郎数量为 1.5 万人（1.3%）。②

20 世纪初，俄国大工业快速发展，1908 年俄国各地区加工工业的发展规模详见表 3-5③。

表 3-5　1908 年俄国各地区的加工工业发展规模

地区和省份	1908 年加工工业企业的平均规模		
	产值（千卢布）	工人数量（人）	工人创造的平均产值（千卢布）
中部工业区	397.8	235	1.7
莫斯科省	460.6	243	1.9

① *Динамика российской и советской промышленности в связи с развитием народного хозяйства за 40 лет(1887–1926)*. М.-Л., Гос. изд-во, 1929. Т. Ⅰ. ч. Ⅰ. С. 96–97; ч. Ⅱ. С. 108; ч. Ⅲ. С. 176–177.

② Хромов П. А. *Экономическая история СССР. Период промышленного и монополистического капитализма Россиикапитализма в России*. М., Высшая школа, 1982. С. 196.

③ ［俄］斯韦特拉娜·弗拉基米罗夫娜·沃龙科娃：《20 世纪初俄国工业简史》，王学礼译，社会科学文献出版社 2017 年版，第 73 页。

续表

地区和省份	1908 年加工工业企业的平均规模		
	产值(千卢布)	工人数量(人)	工人创造的平均产值(千卢布)
圣彼得堡市	438.7	175	2.5
圣彼得堡省	545.0	202	2.7
南部地区	308.0	111	2.7
波兰地区	165.0	85	1.9
乌拉尔地区	215.8	169	1.3
西南地区	156.2	70	2.2
波罗的海沿岸地区	211.0	83	2.5
外高加索地区	331.8	89	3.7
高加索地区(不包括巴库省)	55.1	53	1.0
巴库省	504.6	113	4.5
伏尔加河地区	204.7	75	2.7
北高加索地区	235.0	39	6.0
中部黑土区	190.0	88	2.2
西部地区	54.5	31	1.8
北部地区	211.0	151	1.4
西西伯利亚地区	156.0	44	3.5
东西伯利亚地区	92.0	32	2.9
突厥斯坦地区	203.0	31	6.5

第四,俄国政府对外资的态度开始转变。

在克里米亚战争中失败后,俄国负债累累。政府意识到发展本国工业和兴修铁路的重要性,制定保护和发展民族工商业的方针。亚历山大二世即位后,改变国家经济方针,鼓励外国资本涌入俄国。外资的涌入不但缓解了俄国经济发展资金需求的压力,还带来了先进技术和管理经验。维特出任财政大臣后,继续沿用本格和维什涅格拉德斯基的引进外资政策。因俄国经济快速发展,维特提出停止国家举债、扩大外国直接投资的方针。1899 年,维特向沙皇尼古拉二世提交报告,强调民族工业独立的重要性。他指出,因本国资金有限,实现俄国工业化必须引进外资。[①] 20 世纪初,俄国政府继续奉行引进外资来助推俄国工业发展的政策。

俄国历任财政大臣都呼吁引进外资,但因财政部权力有限,外资引入量也十分有限。维特继任财政大臣后,财政部职权大增,大力推行工业化,主张无限制地引进外资。为让外资顺利进入俄国,维特推出的具体措施包括:第一,提高国外产品的进口关税,进出口贸易的利润锐减;第二,推行金本位制,稳定了卢布价值,卢布与其他国家货币的兑换汇率逐步稳定,为外资进入提供了保障;第三,允许外国企业主到俄国购买土地,还给予诸多政策性扶持,如废除巴库油田包税制度,外国投资者由此获得与俄国企业主同等的权利,可直接通过竞标获得土地,等等。在俄国政府的支持下,外资大量涌入俄国。

第五,俄国政府欲借助外资发展俄国工业。

---

① Витте С. Ю. *Конспект лекций о народном и государственном хозяйстве*. СПБ., Тип. АО Брокгауз-Ефрон, 1912. С. 141.

18世纪60年代至19世纪初,俄国经济发展水平严重落后于西欧,人均国内生产总值远落后于比利时、法国、瑞士和英国等国家。19世纪上半叶,俄国与西欧诸国的差距愈发明显。1765年哈格里夫斯发明珍妮纺纱机后,英国纺纱工业的纱锭数量大增,棉纺织工业开始步入机械化时代,其他欧洲国家也相继开启了工业革命。就俄国而言,虽然19世纪上半叶工场手工业快速发展,社会分工日趋专业化,西方的先进技术开始传入,但只有部分工业部门引进了先进机器设备,生产力水平仍十分落后,并未引发生产关系和社会等级结构的变革,农奴制仍掣肘国家工业发展。克里米亚战争的失败进一步暴露了俄国工业的落后性。俄国政府意识到只有发展工业才能改变本国落后的状态,缩小与西欧诸国的差距;但本国积累不足,资金匮乏,只有借助外国资本、先进技术和管理经验才能发展本国工业。

二、法国资本进入俄国的历程

19世纪80年代末之前,俄法两国的经济联系较弱,两国的贸易总规模远低于俄德和俄英。19世纪末,该状况发生明显改变。俄法两国的贸易额明显增加,但俄国处于优势地位,19世纪末,俄国出口额为进口额的1.5倍。[①] 法国出口至俄国的产品主要为毛线、酒产品和食品。法国的商品在俄国各类商业机构中销售,如百货商店和大小市场等。18世纪末法国大革命期间,俄国人对法国

---

① Покровский С. А. *Внешняя торговля и внешняя торговая политика России.* М., Международная книга, 1947. С. 304.

人十分仇视，所以俄国境内法国人的数量一直不多，远低于其他国家。据1900年俄国工业普查数据，俄国企业主中外国企业主的占比为7%，而这些外国企业主中法国企业主的占比仅为17%。[①] 即便如此，俄国经济发展过程中法国资本的作用仍十分突出。

(一)法国资本进入俄国的伊始

18世纪末19世纪初，法国企业主和移民者主要投资俄国纺织和化妆品行业，莫斯科是他们的活动中心。法国企业主所拥有的印花布工厂数量最多，1825年，法国人在莫斯科创立了印花布手工工场。19世纪50年代，该手工工场转交给施泰因巴赫家族的Э. 钦德尔，随后该工场更名为钦德尔印花手工工场。1833年，П. 古若尼从法国来到莫斯科，建立了丝织手工工场。10年之后，法国人A. 拉列在俄国建立了肥皂厂和化妆品工厂。1846年，A. 古布涅尔印花手工工场也开始运行。1855年A. 希乌在俄国创建了化妆品工厂，随后又建立了两家糖果工厂。1864年春，莫斯科的一个小实验室开始生产香皂，该实验室隶属于法国知名化妆品生产企业；同年，该公司生产出了第一批玻璃产品，专门装载化学试剂和化妆品，但其产品主要销售给法国企业主。此时，在俄国已出现一大批法国企业。19世纪70年代和80世纪初，莫斯科的法国企业主建立了穆西丝织工厂(1871年)、古若尼金属精加工厂(1872年)、瓦特列梅红色皮革漆工厂(1874年)、热罗丝织工厂(1875年)、西莫诺丝织工厂。1881年，П. 古若尼和A. П. 穆西共

① *Иностранное предпринимательство и заграничные инвестиции в России.* Очерки. М., РОССПЭН, 1997. С. 153.

同在莫斯科创立了丝织手工工场,随后他们又联合创办了大型机械化工厂。1883 年,П. 古若尼主导了莫斯科金属加工工厂的组建工作,并成为公司的创始人。除此之外,莫斯科工业区的法国制糖企业主还在哈尔科夫创建了制糖厂,后来在波多利斯克省创建了 4 家制糖厂。

大部分法国企业主都是外资的承载者。他们从零开始积累资本,然后依靠自己或者本国其他企业主的资金创办企业,借机获取利润。外国企业主在创建工厂的同时还带来了资金、技术和先进的管理经验。他们中有些人虽然是法国人的后裔,但已在俄国居住了数十年,对俄国也有了特殊的情感,很多人已拥有了俄国国籍,不再返回自己的国家。值得强调的是,很多法国人在俄国建立的企业具有家族特征,他们在国外的亲属和朋友都参与了俄国公司的组建工作,或提供资金,或为其寻找销售渠道。

19 世纪 70 年代初,钦德尔印花手工工场和古布涅尔公司均改组为股份制公司,更多的法国大企业主成为公司的创立人。虽然公司创立时大部分股票都由在莫斯科的法国人或者公司创立人持有,但也有一部分在市场上销售,只是占比很低。19 世纪 90 年代中期,莫斯科的钦德尔印花手工工场已属克诺普商号所有,但很多在莫斯科的法国人都持有该公司股票。19 世纪末 20 世纪初,Э. 钦德尔创建的很多公司都转变为股份制公司,大量出售股票,公司创立人的亲属或朋友为公司的大股东。

19 世纪 60 年代末,法国经济步入萧条期,经济发展速度变缓,本国资本开始流向国外。19 世纪 50 年代末 60 年代初,法国各大银行完成了改组工作,开始关注国外业务。1848 年巴黎信贷办事处成立,1852 年法国不动产贷款总公司成立,随后法国成立了一系列信贷公司,如 1863 年的里昂信贷公司,1864 年为发展法国工商业而创办的法国银行总公司。随着俄国工业发展和铁路建设的大规模发展,法国银行的关注点开始转向这些领域。

法国银行对俄国铁路建设十分感兴趣,即便十分清楚高利润会伴随着高风险,但在高利润的驱动下,大量法国资本流入俄国。1857 年,圣彼得堡银行家 A. 施蒂格利茨为俄国铁路总公司筹集铁路建设资金。俄国铁路总公司属于俄国政府所有,政府持股占 62.5%,共计 2.75 亿卢布,为筹集资金,俄国政府将这些股票在国外销售。最初在法国市场上销售的股票份额为 21%,因有俄国政府担保,股票很快售罄。但这一批销售俄国铁路总公司股票所得的 7500 万卢布并不能满足政府的支出,为此 1861 年末政府又发行了第二批证券,很大一部分仍在法国金融市场销售。① 但 90 年代初之前,俄国铁路债券转到在德国、英国和荷兰金融市场上销售,因当时俄法关系较为恶劣,法国金融市场上俄国有价证券的销量有限。只有 1867 年、1869 年和 1882 年,巴黎信贷办事处和哥特银行参与了俄国铁路总公司的股票发行事宜。

1867—1868 年,里昂信贷银行代表两次拜访圣彼得堡,他们希望参与俄国政府债券、铁路或者企业的股票发行工作。此时,俄国政府刚刚废除农奴制,亟须发展工业和修建铁路,希望与法国银行合作开展相关业务,但是法国银行家得出的结论是在俄国投资的风险很大,为了规避风险必须和圣彼得堡银行家共同开展相关工

① Сольвьева А. М. *Железнодорожный транспорт России во второй половине XIX в.* М., Наука, 1975. С. 75.

作。随后，里昂信贷银行和圣彼得堡的银行家开始联系。值得一提的是，此时法国资本主要关注俄国银行业务，对俄国工业并不十分感兴趣。

19世纪六七十年代，法国银行总公司感兴趣的仍是信贷业务，1865年，还曾为英国企业主提供400万法郎的贷款，三位英国企业主以迪纳堡—维捷布斯克铁路公司债券作为抵押。1870年初，法国银行专门派遣工程师赴俄国研究铁路建设事宜，调查结果是认为哈尔科夫—克列缅丘格铁路公司经营不善，决定参与莫斯科—布列斯特铁路公司组建工作，银行决定持股该公司三分之二的股份，预计投资2800万卢布，后因普法战争爆发，该计划流产。[①]

普法战争结束后，法国银行总公司又开始关注俄国交通运输业务。1872年，该公司成功获得圣彼得堡—喀琅施塔得轮船公司租让合同，除得到在莫斯科河上航行的权利外，还获得了在俄国建立专业银行分支机构的许可。银行在俄分支机构成立后，又立即决定成立俄法工业公司，创立资本为2000万法郎。除此之外，法国银行总公司得到了开发俄国地下资源的许可。此后，法国银行和企业主开始关注顿涅茨克煤田，因其煤炭资源丰富，市场潜力大，加上政府的扶持，法国银行和企业主决定在当地创办企业。1875年，在双方的共同交涉下，部分法国公司也获得了在俄国开采地下矿藏的权利，开始在顿巴斯地区正式开采煤炭和矿石。

1876—1884年，9家法国公司在俄国成立。19世纪70年代下半期，法国正经历着经济萧条的洗礼，而俄国经济却开始复苏，很

---

① *Иностранное предпринимательство и заграничные инвестиции в России.* Очерки. М., РОССПЭН, 1997. С. 158.

多新兴工业部门纷纷涌现,投资环境很好。1876—1877 年,俄国政府为了保证本国铁路建设规模,以及保障铁轨和机车等零部件的供应,采取一系列措施推动本国冶金和机器制造业发展。如大幅提高钢、铸铁和煤炭的进口关税,这使得法国实业和金融界投资俄国实业的兴趣大增,在法国创办了一大批股份制公司,专门为在俄国的工业企业服务。其中第一家也是非常重要的一家公司,是 1877 年于里昂成立的古塔·巴尼科夫制铁和铸钢工厂。

古塔·巴尼科夫制铁和铸钢工厂由里昂资本家 Ж.波纳尔杰里创建,他在法国拥有大型运输和冶金公司,在金融界的影响力家喻户晓。法国另外一些银行,如工商业信贷银行、里昂信贷公司也纷纷在俄国组建公司,还为新公司提供短期贷款,便于它们在俄国开展相关业务。古塔·巴尼科夫制铁和铸钢工厂在波兰租赁了旧的制铁和采矿工厂,租期为 35 年,工厂位于杜布罗夫尼克附近,因波兰大银行家也参与了工厂的创立和运营,凭借他们的关系获得了政府订单。古塔·巴尼科夫制铁和铸钢工厂成立之后,凭借雄厚的资金、先进的技术和管理经验,业务开展得十分顺利。值得一提的是,Ж. 波纳尔杰里自己投入的资金非常少,在公司创立时只投入了 30 万法郎。为了获得改组企业所需的资金,该公司发行了 400 万法郎的债券,主要在法国金融市场上销售,债券的利率很高,债券持有者均获得了较高的收益。古塔·巴尼科夫制铁和铸钢工厂在短期内获得了高额利润,到 1900 年该公司股票市值已达 630 万法郎,下辖 9 家工业企业,大部分法国投资者的投资回报率均在

18%以上。[①] 在此影响下，法国企业主投资俄国实业的热情高涨，1879—1880 年在法国成立了两家股份制公司，均在波兰开展相关业务，即法意多布罗夫石煤公司和切里亚德吉石煤公司，但公司的法国负责人并未直接涉足波兰业务，只是通过银行提供资金支持，由当地人进行经营。

1879 年，圣德田制铁和制钢工厂公司总经理 Ш. 巴鲁埃尼和在法国定居的 С. М. 戈利岑大公共同在里昂创办了法俄乌拉尔公司。戈利岑大公将该公司业务转交给他在乌拉尔的公司管理，因经营不善，长期亏损，1894 年该公司被清理。19 世纪末法国银行总公司下属的法俄工厂和克里沃洛日斯克铁矿公司都经历了经济危机，总公司开始参与公司的经营，同时依靠法国银行家雄厚的资金，投资俄国工业，并获取了高额的利润，但也有部分公司亏损。

在俄国投资的第二大法国银行资本为罗斯柴尔德家族。1886 年，俄国经济快速发展之前，该家族就购买了里海—黑海石油公司的股票。第二年，罗斯柴尔德家族在法国里昂、马赛商人和造船主的共同努力之下成立了俄国标准石油公司。下文将详细分析罗斯柴尔德家族对俄国实业和工业的影响，此处不再多说。

巴黎荷兰银行在当时俄国经济发展中发挥的作用也不容小觑，19 世纪 90 年代中期之前，该银行为俄国工业提供了大量资金。19 世纪八九十年代该公司的主要业务之一就是在法国销售布良斯克制轨、制铁和机械厂的证券和股票，还购买了大量南俄煤炭公司的股票。

---

① John P. Mckay. *Pioneers for Profit: Foreign entrepreneurship and Russian industrialisation, 1885-1913*. Chicago, Chicago University Press, 1970. pp. 337-367.

（二）19 世纪八九十年代法国资本大量流入俄国

从 19 世纪 70 年代开始，俄国国债和政府担保发行的铁路债券主要在德国金融市场上出售。随着俄德关系的恶化，德国银行家在俄国的投资额减少，这为法国资本的进入提供了条件。法国银行家立刻开始行动，他们一方面积极与俄国政府联系，商讨发行证券事宜，另一方面积极从德国购买俄国国家债券和政府担保的铁路债券。1888—1891 年，法荷银行和罗斯柴尔德家族不再兑换俄国国家债券之后，法国资本家开始关注俄国实业，他们认为俄国工业潜力更大，投资俄国工业获得的利润会远高于投资金融业务。法国银行家们开始在本国成立股份制公司，纷纷染指俄国工业，很多股份制公司都获得了高额利润，部分法国银行家还和俄国信贷机构合作共同开展业务，双方也因此建立了稳定的业务联系，为法国资本染指俄国工业提供了便利。很多公司专门负责在俄国创立和经营企业，3 年内相继出现 6 家这样的公司。1891 年，世界性经济危机来临，很多公司被迫停止业务。次年，经济形势好转之后，4 家法国公司重新开展相关业务。

1888—1890 年，俄国境内成立了 33 家法国公司，还有很多法国公司入股俄国企业，因材料有限，很难评估此类企业的具体数量。① 值得一提的是，此时法国公司主要投资的对象是俄国煤炭、冶金工业、机器制造业、石油开采和加工业，还有部分企业主投资

① Бовыкинн В. И., Бабушкина Т. А., Крючкова С. А., Погребинская В. А. *Иностранные общества в России в начале XIX в.//* Веестник Московского университета. История. 1968. №. 2.

水泥生产业务。据 P. 热罗统计,1900 年顿巴斯 16 家大型采煤公司中 9 家由法国资本掌控,其采煤量占该地采煤总量的 38%。东布罗夫煤田有 4 家法国公司,这些公司的采煤量占比达 41%。[①] 在南俄、波兰地区和乌拉尔—伏尔加河流域还有很多法国资本家监管的冶金企业,只是难以核算其具体数量和资本投入金额。19 世纪末,俄国机器制造业中法国资本的作用也不容忽视。

法国企业主的成分十分复杂。他们中间既有单纯的企业主和工业群体,也有职业经纪人和金融玩家。很多法国企业主都寻求银行的帮助,客观上促进了金融资本和其他资源的融合。19 世纪 90 年代中期,法国企业主对俄国工业进行直接投资,为获取更高利润,与银行开展更密切的往来。此时,法国银行家开始和大工业企业合作,以此保障新建企业的技术优势,借机获取高额利润。他们甚至开始关注俄国银行,竭力促成当地法国企业主和俄国银行合作。有些法国企业主直接和俄国银行合作,如布埃公司从俄国政府获得了机车订单后就着手在俄国建立工厂,在圣彼得堡私人银行的帮助下创建了股份制公司,也凭借该银行的资金和人脉来保障工厂的顺利建设和运营,此后还在圣彼得堡建立俄国蒸汽机和机械公司。

19 世纪 90 年代,在俄国工业中最有影响力的法国金融集团为罗斯柴尔德家族、法国银行总公司和巴黎荷兰银行,它们之间也开展了广泛的合作,凭借雄厚的资金来保障业务的顺利开展。

罗斯柴尔德家族除从事石油开采和加工业务外,还向国外出

---

① *Иностранное предпринимательство и заграничные инвестиции в России.* Очерки. М., РОССПЭН, 1997. С. 164.

口巴库煤油。1898 年春,罗斯柴尔德家族联合波良科夫商业集团和 A. 杰伊特什公司在圣彼得堡成立马祖特石油工商业公司,该公司主营业务是在格罗兹尼矿区开采石油,并成为当地知名的石油公司之一,但罗斯柴尔德家族掌控公司一半以上的股票。此外,该公司还联合诺贝尔公司组建垄断集团,共同抢占法国石油市场。

法国银行总公司主要关注的是南俄煤炭、采矿和冶金工业。90 年代末,法国人、比利时人对投资南俄采矿与冶金工业的兴趣很大,他们都在俄国经营石煤、采矿、冶金、机器制造、化学和水泥企业,其中最有影响力的法国公司是布良斯克制轨、制铁和机械厂。由于投入俄国工业的法国资金大幅增加,法国银行总公司在俄国创办了各类分支机构,1897 年初在比利时创建采矿和冶金工业总公司,公司大股东包括俄国银行(俄国工商业银行、信贷银行、圣彼得堡—亚速银行)、法国和比利时的银行家与企业主。该公司三分之二的普通股票和约一半的特许股票均属于这些银行家。俄国顿涅茨克石煤工业公司的四位经理和两位监察机构代表也都加入了采矿和冶金工业总公司,其中俄方最大的股东是俄国工商业银行。采矿和冶金工业总公司的股份资本为 2500 万法郎。除此之外,该公司还发行了 1480 万法郎的证券。① 在采矿和冶金工业总公司成立后,法国银行总公司又立即创建了鲁特切尼科夫采矿总公司,并购买了 3 家企业(俄国顿涅茨克公司、戈鲁波福斯克采矿集团和丘尔科夫石煤生产公司)的股票,成为其股东。

在购买采矿和冶金工业总公司股票之后,鲁特切尼科夫采矿

① *Иностранное предпринимательство и заграничные инвестиции в России.* Очерки. М., РОССПЭН, 1997. С. 165.

总公司又购买了1897年在比利时成立的俄国炼铁、制铁和制钢工厂总公司超过三分之一的股票、另外一家比利时公司(1898年初成立的拉赫马诺夫可—克里沃·罗戈采矿公司)六分之一的股票,以及1895年在法国成立的法俄化学产品和爆炸物质公司的股票。采矿和冶金工业总公司在自己的报表中写道,公司致力于获得更多有价值的公司的股票,以便获取更高的利润。据统计,1898年6月30日,在创立16个月之后,采矿和冶金工业总公司所掌控俄国企业股票的价值为3820万法郎。①

巴黎荷兰银行的业务具有定向特征,它也积极参与各类企业的创立活动,如采矿、冶金、金属加工和机器制造等工业部门。该银行业务主要集中于俄国中部地区和伏尔加河流域。巴黎荷兰银行虽也积极购买在法国出售的俄国公司的有价证券,但19世纪90年代中期之前该银行对俄国工业的投资态度十分谨慎。该银行还在1895年参与了华俄道胜银行(俄中银行)的创立工作。华俄道胜银行是俄法两国在金融领域开展广泛合作和重要媒介。

19世纪下半叶,俄国为加紧对中国的侵略,在巴黎成立由法国银行集团和圣彼得堡国际商业银行组成的华俄道胜银行。1895年7月6日在圣彼得堡,许景澄与俄法银行集团中的3家法国银行、4家俄国银行的代表签订了中俄《四厘借款合同》,以中国海关收入为担保,借得4亿金法郎(约合1亿两白银),年息按4%计算,36年内还清。在《四厘借款合同》中,清政府虽承诺以海关收入为担保,但中国海关控制在英国人手里,俄法两国为保障收入,筹划了一个

① Бовыкин В. И. *Формирование финансового капитала в России*. М., Наука, 1984. С. 186-187.

凌驾于海关之上的俄法两国银行团联合组织。借款合同签订的第二天，维特便邀请法国银行家商讨组建合资银行有关事宜。俄法两国经过3个月和谈，于1895年10月达成协议，决定由法国巴黎国家贴现银行、巴黎荷兰银行、里昂信贷银行、巴黎霍丁格尔银行和俄国圣彼得堡国际商业银行发起，合资组建华俄道胜银行，总行设于圣彼得堡。12月末，《华俄道胜银行章程》经沙皇批准后颁发。该章程的许多条款罔顾中国主权，如规定该银行可代理征收中国各种税收，经营与地方国库相关的业务，经中国政府许可可铸造和发行中国货币，在中国境内修建铁路，等等。华俄道胜银行组建时资金为600万卢布，其中62.5%由法国募集，37.5%由俄国筹集。[①] 1896年9月，清政府入股华俄道胜银行，签订《入股伙开合同》，清政府出资500万两白银，从俄法借款中扣除。华俄道胜银行是俄国对中国实行经济侵略的工具，银行有权在华代理税收业务，发行公债、铸造货币，经营铁路和电讯业务；银行代表有权出入宫禁，结交权贵。随后该行在上海、汉口、天津、北京、烟台、大连、长春、哈尔滨、满洲里、乌鲁木齐和伊犁等地设立分行。1910年，华俄道胜银行和俄国北方银行合并，改称俄亚银行，十月革命前，该银行为世界九大银行之一。

1896年初，巴黎荷兰银行和年轻的巴黎国际银行的管理者，以及两家圣彼得堡银行（国际商业银行和信贷银行）共同在圣彼得堡成立了俄国采金公司。巴黎荷兰银行行政委员很关注采金业务。当年春天，很多巴黎银行家都参与该采金公司相关业务，其中巴黎

① 黄定天：《中俄关系通史》，黑龙江人民出版社2007年版，第84—85页。

国际银行和圣彼得堡国际商业银行的管理者作用最大,他们与巴黎荷兰银行共同创建了乌拉尔—伏尔加冶金公司。乌拉尔—伏尔加冶金公司不但资金雄厚,还从国外引进了先进技术和管理经验,加上与俄国金融界和政府官员关系密切,所以公司不但从政府处获得了大量轨道生产订单,还获取了武器订单。

在上述两家公司以及以后此类公司的创立过程中,巴黎国际银行、巴黎荷兰银行成为进军俄国实业的先锋。为了在俄国创建各类企业,在法国金融市场上出售这些企业的股票,巴黎国际银行和很多银行家积极参与1896年俄国工业总公司在巴黎的组建工作,俄国的圣彼得堡国际商业银行也积极参与了这一工作。很多历史档案文献证实,巴黎国际商业银行和圣彼得堡国际商业银行是俄国工业总公司组建的合作者,其作用并不逊色于巴黎荷兰银行。俄国工业总公司的股票业务与乌拉尔—伏尔加公司和一系列其他公司一样,在国内外金融市场上销售,只不过后期巴黎国际银行和圣彼得堡国际商业银行之间出现了分歧,它们都力求保障自身在相关业务中的主导作用,这也可能是巴黎荷兰银行之后参与俄国工业总公司业务的原因之一。1897年,俄国工业总公司成立了伏尔加—维谢拉采矿和冶金公司,在圣彼得堡的一些法国公司也参与了此公司的组建工作,如什涅伊杰尔—克列佐公司和瓦尼杰里公司。伏尔加—维谢拉采矿和冶金公司主营业务是在乌拉尔地区开采铁矿和生产铸铁,并在附近的喀山建有炼钢和机器制造厂。同年,巴黎荷兰银行参与了在圣彼得堡成立的比利时公司——吉里和巴卡兰公司的组建工作,该公司主要负责伏尔加河铁路材料公司的组建工作,还要在特维尔建立车厢制造厂。1898

年，巴黎荷兰银行、俄国工商业银行和圣彼得堡信贷银行一起参与了莫斯科电力和机器制造厂公司的组建工作。

1900年，巴黎荷兰银行对俄国其他很多公司的业务也颇感兴趣，如里海手工工场、图拉制铜和子弹工厂、切里亚德吉采矿工厂等等。

综上所述，法国银行和工业团体已联合在俄国投资，并建立了诸多工业企业，这些企业或在法国或在俄国或在比利时建立。无论公司于何地建立，法国银行、俄国银行、两国的企业主或者个人都参与其中。19世纪90年代下半期，很多法国企业主于比利时成立在俄国进行生产业务的公司，公司大部分注册资金均来自法国和比利时。与此同时，法国资本关注的领域很多，除上述工业部门外，其对俄国电力工业也十分感兴趣。除此之外，各国资本还共同合作在俄国开展相关业务。1899年，在大俄罗斯辛迪加建设过程中，法国银行与德国、比利时、瑞典、奥地利、荷兰和俄国的银行及企业主合作开展相关活动。虽然法国资本关注俄国工业的热忱很高，也获取了高额利润，但随着1900年世界经济危机的到来，很多公司停止了运营。

(三)20世纪初俄国法国资本大幅减少

1899—1903年经济危机和随后的五年经济萧条使俄国工业大不如前，国民经济中很多工业部门长期停滞不前，19世纪末建立的很多股份制公司和合股集团纷纷倒闭，即便部分公司仍正常运转，但已大不如前。1901—1904年，6家法国公司被迫清理。1905年1月1日，在俄国正式登记的46家法国公司中，7家已没有任何相关活动的信息,15 家公司已无任何盈利。换言之,约有近一半在俄国建立的法国公司均遭遇了危机。1901—1904 年法国资本几乎停止进入俄国。与 1900 年相比,此时流入俄国的法国资本数量只为原来的二分之一。①

法国资本遇到了两个问题,即资金和产品销售问题。罗斯柴尔德家族就遇到了财务危机,它将里海—黑海石油公司卖给了英国公司,退出了俄国石油工业。

资金是 19 世纪 90 年代巴黎荷兰银行和法国银行总公司创建企业的主要保障,经济危机期间,因资金无法保障,很多企业倒闭。经济危机时期金融市场也一片狼藉,企业的股票和债券很难出售,除宣布破产外,很多企业只能依靠银行借贷勉强维持。

经济危机期间,巴黎荷兰银行和法国银行总公司的行政机构举行联合会议,决定减少投资以避免进一步损失,并且做出相关举措来改善市场行情。在上述行动中发挥最大作用的是巴黎荷兰银行,其次是法国银行总公司。

虽然法国银行采取了一系列措施,但效果却不尽如人意。巴黎荷兰银行并未成功地援救自己的子公司伏尔加—维谢拉公司,该公司在经济危机期间仍在乌拉尔北部地区建立了铸铁厂,但这家工厂实际上并未正常运转;在喀山附近建立的巴拉托夫制钢和机器制造厂的利润也不如预期。1900 年夏,伏尔加—维谢拉公司虽成为独立的股份制公司,但因有价证券销售困难,1901 年 11 月,公司最终倒闭。虽然银行也试图注资帮助公司摆脱困境,但成效

① *Иностранное предпринимательство и заграничные инвестиции в России.* Очерки. М., РОССПЭН, 1997. С. 169.

不大。

1901 年,巴黎国际银行和俄国工业总公司同时被清理。巴黎国际银行因从事俄国有价证券业务也遭遇了巨大损失,同期很多法国银行因投资俄国实业遭遇了危机。巴黎荷兰银行也没能援救俄国工业总公司,1901 年,该公司遭遇了巨大损失,股票市值大跌 40%,最终被清理。虽然公司被清理,但它还掌控 13 家俄国企业的股票,市值约为 136.9 万法郎。1910 年初,俄国企业清理委员会在清理俄国工业总公司时发现,其股票价值约为 81.4 万卢布,部分股票被巴黎荷兰银行收购,约定的收购价格为 55 万卢布。①

经济危机和萧条时期,法国投资者遭受了巨大损失,他们开始寻找新方法来组织在俄国的公司。1908 年之后,法国资本继续流入俄国。与 1900 年相比,1913 年末流入俄国的法国资本增加了 2 倍。② 值得一提的是,法国投资者中银行仍具有主导作用。A. P. 热罗曾指出,"一战"前法国资本家改变了投资策略,他们参加俄国银行的改组事务,还试图建立新的工业投资模式。

危机伊始,法国投资者就开始探索新的投资模式,"一战"前俄国经济提升时期这些战略发挥了很好的效果。新战略的主要特征是法国资本被动地投资俄国工业,此时俄国工业领域的投资明显减少,投资的主要领域转向了铁路部门。基于此,流入俄国银行的法国资本数量大增。

---

① *Иностранное предпринимательство и заграничные инвестиции в России.* Очерки. М., РОССПЭН, 1997. С. 171.

② Оль. П. В. *Иностранные капиталы в народном хозяйстве довоенной России.* Л., Изд-во Всесоюз. акад. Наук, 1925. С. 15.

19世纪90年代,巴黎荷兰银行参与了此时期的创业热潮。该银行除购买俄国公司股票外,更倾向于在法国购买俄国新公司的股票,也更倾向于长期投资,为此参与了很多公司的相关业务。

法国银行总公司为了维持自己的利润,从1908年起就开始相关准备工作,逐渐清理不合时宜的公司,并投资新的领域。1910年,该公司在巴黎成立了采矿和冶金工业总公司,其目的是监管大型冶金企业群,并将这些公司的股票逐渐转给维也纳拉尼杰尔银行、马里索夫工厂、诺维茨基管道和制铁工厂集团。1912年,采矿和冶金工业总公司控股的鲁特切尼科夫采矿总公司将股票出售给布良斯克钢轨、制铁和机械工厂,因经营不善,采矿和冶金工业总公司也被清理,由其他银行或公司监管。

虽然罗斯柴尔德家族所掌控的企业资金雄厚,但是也很难熬过国内外的经济危机。为应对经济危机,该家族也采取了相关举措。1912年,罗斯柴尔德家族将所掌控的石油公司的股份出售给英荷壳牌石油公司,还获得了新公司20%左右的股票。①

20世纪初,法国资本对俄国铁路建设兴趣斐然。虽然19世纪末一系列铁路公司证券在巴黎交易所销售,但当时法国企业主对该业务兴趣不大。1903年,在巴黎荷兰银行的推动下,巴黎信贷机构开始销售俄国铁路债券,如梁赞—乌拉尔铁路、莫斯科—基辅—沃罗涅日铁路、莫斯科—维尼达夫斯克—雷宾斯克铁路的股票,虽然也取得了一定的成绩,但是法国大型银行并未参与相关业务。从1906年开始,法国银行总公司开始和俄国政府谈判代售铁路债

① Бовыкин В. И. *Российская нефть и Ротшильды* // Вопросы истории. 1978. № 4.

券事宜。1908—1913 年，法国银行总公司参与了 12 家俄国铁路公司的证券销售业务。1914 年，它们联合销售了 7 条铁路的证券。所以，20 世纪初，法国银行总公司不但出售俄国铁路公司的债券，还和俄国银行一起创建了新公司——主要业务就是共同销售这些公司的股票。

19 世纪末之前，尽管部分国外信贷机构参与了圣彼得堡银行的组建事宜，但很少有外国银行家参与俄国银行的管理事宜。

1901 年在圣彼得堡成立的北方银行也有法国资本投入，法国资本的持股数量甚至超过俄国信贷机构。一定程度而言，该行可以称之为法国银行总公司的分支机构。1906 年，随着俄国经济形势的不断好转，巴黎的银行家又开始注资，还开始派遣相关管理人员进入北方银行。法国银行总公司和巴黎的银行联盟持续关注北方银行的业务，它们还在俄国共同创建相关企业。

1910 年，北方银行和华俄道胜银行合并，成立俄亚银行，巴黎荷兰银行和法国银行总公司持有该银行的大部分股票。巴黎荷兰银行的副主席埃杜阿尔德·涅茨林成为新银行的管理委员会主席。管理委员会由 3 名法国人和 3 名俄国人共同组成，包括之前担任华俄道胜银行经理的 A. И. 普基洛夫、副主席莫里斯·维尔斯特拉特，但银行机构负责人只是执行人员，决定权仍属巴黎的银行委员会。

除俄亚银行之外，很多法国银行对俄国银行业也颇感兴趣。1906 年，巴黎荷兰银行领导人开始与伏尔加—卡马银行负责人进行谈判，试图购买该银行的股票。由于外国银行积极参与俄国商业银行成立事宜，纷纷购买这些银行的股票，1906—1913 年，德国和法国的银行纷纷向俄国信贷机构注入资金。德国银行管理者并不向俄国派遣相关管理人员,法国银行却经常派遣管理人员到俄国参与相关工作。1910—1912 年,巴黎联合银行委托代表克列吉·弗兰赛和巴尼科先后进入圣彼得堡私人银行、联合银行和西伯利亚银行开展工作,但是这些人并不过多地参与管理工作,在俄国逗留的时间也不长,只是象征性地参与相关会议。

20 世纪初,法国资本继续流入俄国,但投资方向却发生了变化,受经济危机的影响,俄国大量工业企业倒闭,即便经济危机之后,俄国工业又重新快速发展,但法国银行家和企业主更为关注俄国铁路和金融业。“一战”前,欧洲诸大国投入俄国各部门中的资金数量详见表 3-6①。此时各部门中外国股份制公司的数量虽少于 1901 年,但投资额仍缓慢增加。

---

① *Иностранное предпринимательство и заграничные инвестиции в России.* Очерки. М., РОССПЭН, 1997. С. 178.

表 3-6　“一战”前俄国各部门中欧洲诸国资本的规模

股份制公司所属部门	俄罗斯公司		法国公司		比利时公司		英国公司		其他外国公司		总计	
	公司数量(家)	总投资额(百万卢布)	公司数量(家)	总投资额(百万卢布)	公司数量(家)	总投资额(百万卢布)	公司数量(家)	总投资额(百万卢布)	公司数量(家)	总投资额(百万卢布)	公司数量(家)	总投资额(百万卢布)
工业	210	297.2	37	172.4	9	13.2	6	13.7	2	3.8	264	500.3
石油开采和加工	16	20.1	1	1.1	—	—	3	6.1	—	—	20	27.3
采煤	23	60.3	6	41.9	3	4.4	—	—	2	3.8	34	110.4
采矿	8	4.9	5	16.1	1	0.8	2	7.5	—	—	16	29.3
黑色冶金业	13	81.4	6	57.1	5	8.0	—	—	—	—	24	146.5
金属加工和机器制造业	49	64.4	3	12.3	—	—	1	0.1	—	—	53	76.8
化学工业	18	29.6	5	9.1	—	—	—	—	—	—	23	38.7
纺织工业	23	25.6	9	31.9	—	—	—	—	—	—	32	57.4
食品工业	32	7.1	—	—	—	—	—	—	—	—	32	7.1
其他工业部门	28	3.8	2	2.9	—	—	—	—	—	—	30	6.7
城市经济	16	13.1	7	17.5	1	3.4	—	—	—	—	24	34.0
船舶运输	3	0.5	—	—	—	—	—	—	—	—	3	0.5
贸易	7	6.7	—	—	—	—	—	—	—	—	7	6.7
保险	12	0.9	1	17.0	—	—	—	—	—	—	13	17.9
信贷	11	68.9	*	—	—	—	—	—	—	—	11	68.9
总计	259	387.3	45	206.9	10	16.6	6	13.7	2	3.8	322	628.3

第二节 俄国工业和金融业中的法国资本

19世纪80年代开始,随着俄法关系的改善,加上俄国经济快速发展,法国资本开始关注俄国工业。因流入俄国的工业部门的法国资本众多,不能一一列举,仅以规模最大的石油、煤炭和冶金工业为例,探究法国资本的规模和作用。除工业外,进入俄国金融和交通运输业的法国资本也不容忽视。因材料有限,仅能对交通运输业的外资规模作简要分析。

一、罗斯柴尔德家族的黑海—里海石油公司

19世纪下半叶,俄德"关税战"促使俄法关系升温,法国欲借助俄国制衡德国,俄国也打算在法国金融市场上发行有价债券聚拢资金,这为法国资本流入俄国提供了便利。法国金融市场上大量发行俄国国债,让法国资本家意识到俄国工业发展的潜力,投资俄国实业的热忱提高,罗斯柴尔德家族就是在此契机下进入俄国金融界和实业界的。

罗斯柴尔德家族与俄国政府的关系十分密切,如罗斯柴尔德家族与俄国财政部矿物厅负责人斯卡里科夫斯基关系甚密,在他的帮助下,罗斯柴尔德家族不但获得了俄国政府支持,还获取了俄国政府最新规章、竞标信息和铁路税率变更等内部信息,足以击败竞争者。罗斯柴尔德家族还通过斯卡里科夫斯基与政府其他官员接触、熟识,借此积累人脉。其首先锁定的是财政部贸易和手工工

场办公厅负责人 B. И. 科瓦列夫斯基——欲利用权力为法国投资人在俄建立企业相关事宜提供便利，并在公司创建和并购企业时给予帮助。在俄国政府官员帮助下，罗斯柴尔德家族进入俄国银行业和实业界时一帆风顺，其标志是罗斯柴尔德家族参股圣彼得堡国际商业银行。从 19 世纪 90 年代开始，利用外国资本可以参股圣彼得堡国际商业银行的机会，法国资本开始染指俄国冶金、采矿和石油工业。同时凭借罗斯柴尔德家族的影响力，圣彼得堡国际商业银行也成为外国银行和资本家与俄国工业连接的纽带。双方的利益是相互的，俄国政府迫于法国政界和金融业的影响力，在法国资本进入俄国实业和金融界过程中做出诸多让步，当然俄国政府也获得发展本国工业所需要的资金和在法国金融市场销售有价证券的权利。

1885 年，罗斯柴尔德家族下属巴黎私家银号趁巴统石油工业和贸易公司遭遇困境之机，并购该公司，这是罗斯柴尔德家族投资俄国石油工业的开端。巴统石油工业和贸易公司除从事石油开采和加工业务之外，还曾参与巴库—梯弗里斯铁路的建设工作，所以它在高加索石油工业中的作用不容忽视。通过该公司，罗斯柴尔德家族在俄国石油工业的影响力明显增强。

1885 年，罗斯柴尔德家族兼并巴统石油工业和贸易公司后，将其与里海—黑海石油公司合并，最终更名为里海—黑海石油工商业集团。该集团注册资本为 600 万卢布，但资金主要依靠法国银行集团。[①] 1886年,里海—黑海石油工商业集团开始在国际金融市场上公开出售股票,法国资本也借此大肆进入高加索石油工业,并一度垄断巴库石油出口业务,如1888年该公司掌控俄国58.6%的出口业务。[②]

1888年,为解决俄国石油工业的运输难题,里海—黑海石油工商业集团打算修建连接里海和黑海的石油管道,并与俄国政府商讨购买土地的事宜,试图说服俄国政府赋予外国人购买油田的权利。此时,在俄国石油工业中最具影响力的是诺贝尔兄弟集团和里海—黑海石油工商业集团,但二者的经营策略差异很大:诺贝尔兄弟集团更加关注实业,公司也逐渐发展为集采油、炼油和石油运输业务为一体的大型托拉斯集团;相较而言,里海—黑海石油工商业集团则把注意力放在兼并小型石油公司上,通过兼并和手中资本获取高额的利润。

19世纪80年代,里海—黑海石油工商业集团修建里海—黑海石油管道的计划无疾而终,为获取高额利润,该集团凭借资金优势开启了兼并潮。最初该集团只收购了几家小炼油厂,并未开始兼并浪潮。1886年秋季,该集团制定了垄断高加索石油出口计划,此后罗斯柴尔德家族开始大肆兼并中小石油企业的行动。为占有更

---

① Ахундов Б. Ю. *Монополистический капитал в дореволюционной бакинской нефтяной промышленности.* М., Изд-во социально-экономической литературы, 1959. С. 38; Матвейчук А. А., Фукс И. Г. *Истоки российской нефти.* Исторические очерки. М., Древлехранилище, 2008. С. 215; Наниташвили Н. Л. *Экспансия иностранного капитала в закавказье (конец XIX - начло XX вв.)* .Тбилисск., Издательство Тбилисского университета, 1988. С. 262.

② Матвейчук А. А, Фукс И. Г. *Истоки российской нефти.* Исторические очерки. М., Древлехранилище, 2008. С. 218.

大的生产份额，里海—黑海石油工商业集团还采购其他工厂主的煤油，以高价或支付订金方式订购煤油。该集团通过这种方式获得中小石油企业的支持，除有效打击竞争者之外，还获得了沿高加索铁路运输石油的权利。

1888 年，为谋求高额利润，里海—黑海石油工商业集团制定了为期 6 年的改善煤油工厂财务现状的规划。规划主要步骤如下：第一，联合巴库地区中小石油企业主共同推进石油工业，禁止恶性竞争；第二，为改善石油企业主财务状况和增加产品出口量，直接给予中小业主资金扶持；第三，开辟国际石油市场，主要定位是美国石油产业未进入的国家，或未占主导的地区。为此，巴库地区很多企业主都与里海—黑海石油工商业集团签署了合同，都将石油产品的销售业务交给了罗斯柴尔德家族。此时，该集团已不仅仅是一家大型石油公司，还是高加索地区石油销售业务的领导者。里海—黑海石油工商业集团资金日益雄厚，规模逐渐扩大，通过提供资金支持和贷款等方式获得众多中小石油企业主的支持，最终巴库很多石油企业主都依附于该集团。

1881 年，里海—黑海石油工商业集团趁格罗兹尼俄国标准石油公司财务状况恶化之际，打算一举兼并该公司，虽然俄国政府并不同意此次兼并，但罗斯柴尔德家族已控股该公司，只是公司经营仍假手他人。19 世纪 90 年代，罗斯柴尔德家族下属公司已开始在库班和格罗兹尼相继开展石油业务，在俄罗斯标准石油公司经营不善濒临破产之际，里海—黑海石油工商业集团利用资金优势实际控股该公司，并成为该公司真正的主人。罗斯柴尔德家族还试图兼并塔吉耶夫公司，但并未取得成功。

里海—黑海石油工商业集团还决定兼并专门在伏尔加河流域从事石油贸易业务的波良科夫公司,该公司在伏尔加河流域石油运输业务中的作用仅次于诺贝尔兄弟集团,还在各沿岸码头拥有诸多石油仓库。上文已提及,罗斯柴尔德家族收购波良科夫公司后组建了马祖特公司,新公司中罗斯柴尔德家族和波良科夫公司二者股份的占比分别为60%和25%。① 1898年,罗斯柴尔德家族已完全掌控该新公司。

罗斯柴尔德家族在俄国的主要代表是法国人斯比特切尔,他是世界知名银行家,凭借雄厚的资金和人脉巩固了罗斯柴尔德家族与银行家间的联系。由此,罗斯柴尔德家族才得以在俄国建立石油帝国。1895年,里海—黑海石油工商业集团注册资本已增至600万卢布,1896—1897年公司红利为8%,1897—1900年为10%。②

1898年,里海—黑海石油工商业集团联合俄罗斯标准石油公司在格罗兹尼租赁大量油田,共同开采石油。1897年,利用格罗兹尼莫斯科石油工业公司资金困难之机,罗斯柴尔德家族全盘收购该公司的矿区和股票。随着该公司在俄罗斯石油行业的影响力不断加强,为占领更广阔的国内外市场,打击竞争者,1898年,罗斯柴尔德家族与诺贝尔兄弟集团签署了合作协议,两大石油公司在出

① Бовыкин В. И. *Французкие банки в России: конец XIX – начло XX в.* М., РОССПЭН, 1999. С. 75.

② Ахундов Б. Ю. *Монополистический капитал в дореволюционной бакинской нефтяной промышленности.* М., Изд-во социально-экономической литературы, 1959. С. 38; Бовыкин В. И. *Французкие банки в России: конец XIX – начло XX в.* М., РОССПЭН, 1999. С. 82.

口贸易方面展开广泛合作。在资金不断注入之下，罗斯柴尔德家族规模逐渐扩大，19 世纪末已拥有 99 口钻井、130 台蒸汽机、78 台蒸汽锅炉、84 个蒸汽泵、28 个容量为 55 立方米的铁存储器、8 俄里（直径为 6 英寸）的石油管道，1899 年石油开采量达 3200 万普特。①

1900 年经济危机时期，罗斯柴尔德家族在俄罗斯的地位开始下降。1904 年 3 月，里昂信贷公司对里海—黑海石油工商业集团的财政状况进行评估，提及该集团最近两年的利润很低，在银行欠有诸多债务，集团改组后财务状况才开始有所改观。1904 年初，为应对诺贝尔—马祖特卡特尔联盟，阿普歇伦半岛诸多公司试图联合起来，主要参与者为希巴耶夫公司、英国奥列乌姆公司、俄罗斯石油巴库公司、比比—埃巴特斯基公司等。1905 年，诺贝尔—马祖特卡特尔联盟和希巴耶夫公司签署为期 10 年的协议，协议规定希巴耶夫公司无权直接在俄国境内销售煤油和石油残渣，只能通过诺贝尔—马祖特卡特尔联盟来实现。希巴耶夫公司只在出口业务上保留较大自主权，因双方协议并未涉及出口贸易。

罗斯柴尔德家族在俄国石油工业获得高额利润后，并不关注石油公司技术革新，不引进先进的技术和经验，只关注经营方式和金融业务，利用俄国的丰富自然资源和廉价劳动力获得高额利润，技术落后，机器设备配备不足。

20 世纪初，里海—黑海石油工商业集团经营状况逐渐恶化，罗斯柴尔德家族决定将集团股票售卖。1912 年，英荷石油托拉斯英

① Матвейчук А. А., Фукс И. Г. *Истоки российской нефти.* Исторические очерки. М., Древлехранилище, 2008. С. 218.

荷壳牌石油公司并购罗斯柴尔德家族在俄国的石油工业和商业企业,包括里海—黑海石油工商业集团、玛兹特石油公司和俄罗斯标准石油公司。罗斯柴尔德家族将里海—黑海石油工商业集团以400万卢布的价格出售给壳牌石油公司,马祖特公司价值为2000万卢布。① 罗斯柴尔德家族在俄石油业务终结。然而罗斯柴尔德家族的石油公司易主并未影响诺贝尔公司和马祖特公司间的同盟关系,卡特尔协议依然生效。

二、南俄煤炭工业中的法国资本

从19世纪下半叶开始,南俄凭借丰富的煤炭、矿石资源获得西欧国家青睐,外国企业主对俄直接和间接投资的力度倍增,纷纷在南俄兴建工厂或并购企业。19世纪80年代,南俄地区煤炭工业中纯粹俄国人建设的企业只有两家,其他公司或是外商独资企业,或是合资企业。这些公司的股票在国外发行且十分紧俏,国外证券市场上只要提到"顿涅茨克彼得洛夫股票"或"顿涅茨克股票",很快就会被抢购一空。短时间内顿涅茨克煤矿土地价格急剧上升,从每俄亩100—150卢布上涨至200—300卢布,甚至增长到400卢布。有时甚至500—600卢布/俄亩。②

外资主要通过资金雄厚或网点众多的国外银行投入南俄工业

---

① Бовыкин В. И. *Российская нефть и Ротшильды* // Вопросы истории. 1978. № 4. С. 39.

② Туган-Барановский М. И., *Изобранное. Русская фабрика в прошлом и настоящем: Историко- экономическое исследование.* Т. 1. *Историческое развитие русской фабрики в XIX веке.* М., Кооперативное издательство «Московский рабочий», 1922. С. 261.

企业,在南俄工业发展过程中,诸多外国银行具有重要作用,如法国比利时银行、巴黎荷兰银行、罗斯柴尔德银号、巴黎因杰兰德银行、德国银行和巴黎国际银行。虽然俄国银行也参与相关业务,但主要从事信贷和核算业务。值得一提的是,南俄地区外资投入方式差异较大,主要投资方式有二:一是直接投资工业,即在当地创办企业进行生产;二是通过购买当地公司股票来控制和染指南俄采矿工业。英国企业多采用第一种,即通过新建企业控制南俄冶金业,法国和比利时企业主除兴建工厂外,还通过购买当地公司证券来染指南俄煤炭工业。

南俄地区因丰富的自然资源和便利的交通运输而受外国企业主青睐,顿巴斯大型煤矿多属法国和比利时公司所有,二者掌控顿涅茨克煤田半数以上的采煤量。1890 年、1900 年和 1915 年法国资本投入俄国的资金数量(包括有价证券投资)分别为 6660 万、2.2 亿和 6.8 亿卢布。虽然证券投资所占比例较高,但工业投资不容忽视。

俄国采矿工业一直是外资投入的重要工业部门。1880 年,投入俄国采矿企业的外资总额为 2750 万卢布,此年度投入俄国的外资总额为 9720 万卢布,前者占总投资额的 28.29%。1890 年投入采矿企业外资总额已达 7010 万卢布,此年度工业中外资投资总额为 2.7 亿卢布,前者其比例已达 25.96%。1897 年流入南俄冶金和采煤工业的外资数额(以独资或合资形式创办企业)为 1.6 亿卢布,而此年度工业领域共引进外资约 2 亿卢布。① 因数据有限,仅能对采矿工业的外资总体规模进行分析,难以探究法国资本的具体投入额。

罗斯柴尔德家族并购俄国石油公司之后,法国企业主和银行家对南俄冶金和煤炭工业的兴趣倍增,1888—1900 年间俄国境内共新建 33 家法国独资企业,有诸多俄法合资企业(因资料较少,俄法合资企业数量很难确定)。② 法国资本主要投资领域为石煤、冶金、机器制造业、石油开采和加工等行业。1895 年、1896 年和 1897 年投入采矿工业的外资主要流入石煤和冶金企业,二者份额几乎不相上下。南俄地区引进的外资中,法国资本所占比例最大,比利时资本略逊一筹,随后是德国、英国、北美和瑞典等国资本。

顿涅茨克石煤工业发展过程中法国资本的意义重大。1900 年以前,顿巴斯 16 家大型石煤公司中 9 家由法国公司掌控,法国公司采煤量占顿巴斯煤田总采煤量的 38%。除顿巴斯煤田外,法国资本也关注俄国其他地区的煤炭工业。1900 年,东布罗夫的煤田开采企业中,法国企业的数量为 4 家,其煤炭开采量占该煤田煤炭总产量的 41%。顿涅茨克煤田 14 家大型石煤开采企业中都有法国资本的身影,1914 年有法国资本投入的企业采煤量为 4 亿普特,再

---

① Оль П. В. *Иностранные капиталы в народном хозяйстве Довоенной России.* Л., Изд-во Всесоюз. акад. Наук, 1925. С. 15, 26. Туган-Барановский М. И. Изобранное. *Русская фабрика в прошлом и настоящем: Историко-экономическое исследование.* Т. 1. *Историческое развитие русской фабрики в XIX веке.* М., Кооперативное издательство «Московский рабочий», 1922. С. 266.

② Бовыкин В. И. *Иностранное предпринимательство и заграничные инвестиции в России.* Очерки. М., РОССПЭН, 1997. С. 164.

加上法国企业下属的 7 家冶金工厂，法国企业采煤量超过 6 亿普特。[①] 除此之外，法国企业主还掌控南俄、波兰和乌拉尔—伏尔加河流域的大量冶金企业。法国企业主不但在顿巴斯煤田创立了各类企业，还在俄国其他煤田创办企业，十月革命前法国企业主创建采煤企业的情况详见表 3-7[②]。

表 3-7 19 世纪末 20 世纪初法国资本在各矿区建立企业数量和投入资金情况一览表

煤田	企业数量(家)	投入资金(卢布)
顿涅茨克煤田	14	81 855 600
东布罗夫煤田	5	18 812 500
库兹涅茨煤田	1	2 000 000
莫斯科近郊煤炭煤田	1	300 000
总计	21	102 968 100

上表所列南俄地区顿涅茨克 14 家煤炭企业中只有 4 家企业是法国独资企业，分别是南俄石盐和煤炭加工公司、法俄别列斯托夫—克里尼斯克石煤集团、尼克托夫斯基石煤集团和叶卡捷琳诺

① Фомин П. И. *Горная и горнозаводская промышленность Юга России*. Том II. Харьков., Хозяйство Донбасса, 1924. С. 60; Бовыкин В. И. *Иностранное предпринимательство и заграничные инвестиции в России*. Очерки. М., РОССПЭН, С. 164..

② Фомин П. И. *Горная и горнозаводская промышленность Юга России*. Том II. Харьков., Хозяйство Донбасса, 1924. С. 61.

斯拉夫石煤公司,这4家企业的法国资本总投入量为2617万卢布[①];其余企业多为法比和法俄合资企业。

除采煤业外,南俄地区冶金工业中,法国资本所占比例最高。十月革命前南俄铁矿石开采企业中,只有两家完全依靠法国资本建立,即杜波夫·巴尔卡矿业集团、克里沃罗格矿石集团,采煤企业中法国资本投入量明显高于铁矿石开采企业。

南俄地区法国独资的冶金企业中,以俄国采煤和冶金联合公司与克里沃罗格矿石集团最为著名。其余企业多为法比和法俄合资企业,当时较为著名的法俄合资企业为德鲁热卡夫的顿涅茨克铁制零件及钢轧件生产企业、南俄德涅彼洛夫斯克冶金集团、彼良尼斯克工厂集团、顿涅茨克—尤里耶夫斯克冶金集团、尼卡波里—玛里乌波尔采矿冶金集团。上述企业的法人代表虽为俄罗斯人,但法国人持股比例明显高于俄国企业主。

1880年、1900年和1915年法国资本投入俄国采矿业的资金分别为460万、9410万和1.2亿卢布,其比例分别为80.7%、50.5%和47.8%。[②] 十月革命前法国对俄国工业总投资为7.3亿卢布,其中投入采矿工业的资金为3.1亿卢布,投资比例为42.5%;投入冶金和机器制造业企业金额为1.5亿卢布,其占比为20.5%。[③] "一战"前夕,法国注资俄国55家采矿工业企业,当时俄国29.1%的采煤企

---

① Фомин П. И. *Горная и горнозаводская промышленность Юга России.* Том II. Харьков., Хозяйство Донбасса, 1924. С. 62.

② Оль П. В. *Иностранные капиталы в народном хозяйстве Довоенной России.* Л., Изд-во Всесоюз. акад. Наук, 1925. С. 27.

③ Фомин П. И. *Горная и горнозаводская промышленность Юга России.* Том II. Харьков., Хозяйство Донбасса, 1924. С. 59.

业都有法国资本参与。①

南俄冶金工业中外资的作用也不容忽视。1887 年以前，南俄地区只有两家大型冶铁工厂，即尤兹冶铁厂和巴斯杜霍夫冶铁厂。1887 年后，因顿巴斯煤炭产量逐年提高，加上外资大量涌入，南俄冶金工厂数量大幅增加。1892 年在法国公司的帮助下，格达尼采夫工厂建成。1896 年塔甘罗格冶金工厂建立，注册资本为 375 万卢布。1897 年俄比冶金集团建立，最初注册资本为 800 万卢布，后增加至 1000 万卢布；同年顿涅茨克—尤里耶夫斯基冶金工厂建立，注册资本为 500 万卢布；奥利赫夫斯基工厂也于 1897 年建立，注册资本为 500 万法郎，也是在法国资本的帮助下建立。1899—1900 年，俄国在外资帮助下建立的大型冶金工厂有上第聂伯斯克冶金集团（注册资本为 500 万法郎）、玛克耶夫斯炼钢厂、加基耶夫斯基工厂（注册资本为 600 万法郎）、科尔切尼铸铁工厂等等。加上尤兹和巴斯杜霍夫冶铁厂，19 世纪末南俄已有 17 家大型冶铁工厂。②

虽然南俄很多冶金工厂并没有法国资本直接注入，但法国资本对其的影响也不容忽视，其投资方式包括：一是法国银行家以俄国商业银行为媒介将资金注入南俄冶金工业；二是法国资本家大肆购买南俄冶金企业的股票和债券，来影响这些企业的经营管理。在外国资本的作用下，南俄冶金工业迅速崛起。1880 年，南俄冶金

---

① Фомин П. И. *Горная и горнозаводская промышленность Юга России.* Том II. Харьков., Хозяйство Донбасса, 1924. С. 59.

② Бакулев Г. Д. *Черная металлургия Юга России.* М., Изд-во Гос. техники, 1953. С. 96.

工厂的铸铁产量仅占俄国铸铁产量的 5%,乌拉尔铸铁产量占 70%;1900 年,二者铸铁产量占比分别为 52%和 27%,南俄冶金工业的动力装备率已经跃升为乌拉尔地区的 24 倍,南俄冶金工人的人均铸铁产量也为乌拉尔地区的 5 倍。①

三、铁路建设中法国资本的规模

19 世纪上半叶,俄国在修建皇村铁路时就在国际金融市场上销售铁路债券,此时法国资本通过购买证券方式进入俄国。

1860—1870 年,俄国的铁路债券主要在英国和法国金融市场上发行。由于受罗斯柴尔德家族的抵制,从 1884 年起,俄国证券由英国市场转向欧陆市场,主要发行地为德国。1887 年俄德"关税战"开启,法国证券市场的地位上升。

1860—1870 年,俄国的 10 种长期国债中有 6 种在国外发行;1880—1894 年,俄国发行证券的数量超过 10 种。此外,从 1880 年下半年起,俄国债券不但可以自由兑换,而且交易程序逐渐简化,欧洲市场上俄国有价证券的价值也有所提高。② 在俄国所有于国外发行的债券中,铁路证券的占比最高,1860—1890 年,俄国铁路证券种类最多时达 51 种,且均以黄金外汇为发行基准。1886—1893 年,俄国政府又以卢布为基准发行了 26 种铁路证券,仍由政

---

① Федоров В. А. *История России 1861-1917*. М., Высшая школа, 1998. С. 84.

② Лебедев С. К. *С.-Петербургский Международный коммерческий банк во второй половине XIX века: европейские и русские связи*. М., РОССПЭН, 2003. С. 462-466.

府进行担保。①

俄国国库空虚，铁路建设资金很难筹措，为大规模建设铁路，只能在国内外金融市场上发行债券和股票。在政府的倡导下，外资和国内资本迅速流入铁路部门。在国际金融市场上发行债券是俄国铁路建设的主要资金来源之一，1842—1851 年，俄国在国际金融市场上共发行 5 次国债，年利率为 4%，每次金额都达数千万卢布。② 19 世纪六七十年代，俄国绝大部分铁路都由私人公司修建，但因经营不善，黑幕重重，政府财政不堪重负。为缓解危机，俄国政府只有加大对私营铁路公司的监管，同时开展铁路国有化工作，但铁路国有化需大量资金，只能继续在国际金融市场上发行债券。1889—1894 年，俄国政府又在境外发行 6 次年利率为 4%的黄金债券，大部分资金都用于赎买私人铁路。

在外资的作用下，俄国铁路建设成就巨大。外国资本主要以购买铁路债券的形式投资铁路。1870 至 1884 年，俄国政府先后在国外发行 7 批铁路债券，年利率 4%—5%，偿还期限均为 81 年，详

---

① Лебедев С. К. *С. -Петербургский Международный коммерческий банк во второй половине XIX века: европейские и русские связи.* М., РОССПЭН, 2003. С. 330; Лебедев С. К. *Петербургский Международный коммерческий банк в консорциумах по выпуску частных железнодорожных займов 1880-х -начала 1890-х гг.* // Монополии и экономическая политика царизма в конце XIX-XX в.: К проблеме исторических предпосылок Великой Октябрьской социалистической революции. / Под ред. С.И. Потолова. Л., Наука, 1987. С. 41-65.

② Денисов А. Е. *Государственные займы российской империи* 1798-1917 *годов.* М., ИД «Финансы и кредит», 2005. С. 19; Уродков С. А. Петербурго-Московская железная дорога. История строительства (1842 - 1851). Л., Изд-во Ленинградского университета, 1951. С. 93.

见表3-8;截至1900年,俄国政府为修建铁路在国际金融市场共举债15亿金卢布。①

表3-8　1870—1884年俄国政府在国外发行的7批铁路债券信息

年份	批次	金额(万英镑)	年利率	偿还期限(年)
1870	1	1200	5%	81
1871	2	1200	5%	81
1872	3	1500	5%	81
1873	4	1500	5%	81
1875	5	1500	4.5%	81
1880	6	15 000	4%	81
1884	7	1500	5%	81

除在国际金融市场上获取资金外,俄国政府还在国内发行铁路公司债券集资,与普通股份制公司债券不同的是,俄国铁路债券由政府担保。为筹措资金,俄国铁路总公司开始发行债券和股票,政府担保其收益率为4%—4.5%,私人铁路公司犹如雨后春笋般出现。1868—1873年,俄国新建29家私人铁路公司。后因铁路公司恶性竞争和国内债券销售业务停滞,俄国政府不堪重负,为筹集铁

① 金卢布,俄国货币计量单位,19世纪末俄国财政大臣维特推行金本位制后,卢布汇率趋于稳定,含金量提高后,政府决定发行金卢布,1897年,1纸卢布的含金量为0.774克。Ляндау Л. Г. *Иностранный капитал в дореволюционной России и в СССР*. М., Госизд., 1925. С. 6; Денисов А. Е. Государственные займы российской империи 1798 – 1917 годов. М., ИД《Финансы и кредит》, 2005. С. 25, 28–32.

路修建所需资金，只能在国际金融市场上发行债券或引进外资。外资也关注俄国铁路建设，19 世纪末，大量外资投入俄国铁路部门，外国资本家持有三分之二的由政府担保的铁路债券。国内外金融市场上的资金大量涌入，为俄国铁路建设提供了资金保障。

19 世纪七八十年代，因铁路公司间恶性竞争，英国、美国和西欧诸国纷纷开始铁路国有化进程，以德国的铁路国有化成就最为突出。1891 年德国 90%以上的铁路收归国有，俄国也紧随其后。19 世纪 90 年代，俄国私人铁路占据主导，铁路运费混乱，管理参差不齐，严重制约经济发展，财政部遂推行铁路国有化政策。铁路国有化需要大量的资金，俄国政府只能继续在国外发行债券。在外资的帮助下，1881—1900 年俄国 37 家私有铁路公司的 2.1 万俄里铁路全部收归国有。俄国铁路国有化分三个阶段：第一阶段为 1881—1886 年，政府共收购哈尔科夫—尼古拉耶夫、唐波夫—萨拉托夫、摩尔曼斯克和莫吉廖夫 4 条铁路，总长度 1324 俄里；①第二阶段为 1887—1892 年，政府将长度 5500 俄里的乌拉尔、里亚日斯克—莫尔尚斯克、里亚日斯克—维亚泽姆、莫尔尚斯克—塞兹兰和外高加索等 10 条私有铁路赎归国有；第三阶段为 1893—1900 年，政府共收购 23 家私有铁路公司所管控的铁路，包括莫斯科—库尔斯克、奥伦堡、波罗的海、顿涅茨克、尼古拉耶夫、圣彼得堡—华沙、奥廖尔—维捷布斯克、辛比尔斯克、德文斯克—维捷布斯克、罗左沃—塞瓦斯托波尔、莫斯科—布列斯特、维斯瓦河沿岸省份的铁路

① Хромов П. А. *Экономика России периода промышленного капитализма*. М., Изд-во ВПШ и АОН при ЦК КПСС, 1963. С. 142.

和西南地区部分铁路,总长超过 1.4 万俄里。[①] 因此,外资的注入不但推动了俄国铁路建设工作的顺利开展,还保障了其铁路国有化工作的顺利完成。

第三节 法国资本的社会经济影响

法国资本对俄国社会经济发展的影响可谓方方面面,其直接影响是推动了大工业迅速崛起,石油、煤炭和冶金等工业部门纷纷快速发展,这些工业部门在不断发展的同时,纷纷涌现出大量的垄断组织。此外,法国资本对俄国交通运输业和金融市场的发展功不可没,19 世纪下半叶,以蒸汽动力为驱动的轮船在俄国大量使用,两次铁路建设热潮也随之开启,以国家银行和商业银行为支柱的二元制银行体系也最终形成。

一、大型垄断组织涌现

法国资本推动了俄国垄断集团的形成,其中最主要的表现有二:一是直接推动了俄国石油工业中大型垄断集团的形成;二是俄国煤炭工业的垄断趋势日渐强化。

① Мигулин П. П. *Русский государственный кредит.* М., Т. III. Типо-литография " Печатное Дело ", 1901. С. 712 - 713; Соловьева А. М. *Железнодорожный транспорт России во второй половине XIX в.* М., Наука, 1975. С. 181, 191.

（一）里海—黑海石油工商业集团成立

因在法国国内市场上无法与诺贝尔兄弟集团竞争，罗斯柴尔德家族掌控的里海—黑海石油工商业集团将重心转移至国际市场。罗斯柴尔德家族已意识到俄国国内市场有限，煤油需求量降低，于是开始生产国际市场上的畅销产品。虽然里海—黑海石油工商业集团在法国国内贸易中的作用不及诺贝尔兄弟集团，但却在对外贸易中曾独占鳌头。1899 年，由巴统地区出口的 3500 万普特煤油中，罗斯柴尔德家族出口的数量达 2760 万普特。① 为加大石油出口量和扩大国际市场份额，里海—黑海石油工商业集团为国外寄售人和进口商提供诸多优惠政策。该集团将总收入的 4%用于补偿国外寄售人，并且为买家提供短期贷款（3 个月），后期补偿比例提升至 5%。②

里海—黑海石油工商业集团为垄断石油业务还划定了自己下属垄断组织的煤油价格。与里海—黑海石油工商业集团签订合同的契约人，在与之签署相关协议后，无权干涉罗斯柴尔德家族的任何行动，因此中小企业主完全丧失独立从事各类业务的权利。而违反合同者将被处以罚款，不执行合同者将赔偿大量的违约金。

---

① Лисичкин С. М. *Очерки по истории развития отечественной нефтяной промышленности（дореволюционный период）*. М.，Государственное научно-техническое издательство，1954. С. 369.

② Ахундов Б. Ю. *Монополистический капитал в дореволюционной бакинской нефтяной промышленности.* М.，Изд-во социально-экономической литературы，1959. С. 42；Наниташвили Н. Л. *Экспансия иностранного капитала в закавказье（конец XIX–начло XX вв.）*. Тбилисск.，Издательство Тбилисского университета，1988. С. 264.

最终在高加索地区只有和罗斯柴尔德家族一样拥有巨大国外市场和充足资金的公司才有立足之地,可以与之较量的只有诺贝尔兄弟集团、巴库石油公司、米尔佐耶夫和希巴耶夫等公司,以及少数中小石油公司。

19世纪末,为应对世界市场上美国煤油的竞争,俄国大型垄断组织开始进行相关合作,其中以诺贝尔兄弟集团与里海—黑海石油工商业集团的合作最具代表性。19世纪90年代诺贝尔兄弟集团和马祖特公司(里海—黑海石油工商业集团下属公司)共同开展石油出口业务。1900年,两家公司签署了"诺贝尔—马祖特协定",其目的是共同垄断俄国国内外石油贸易和获得更高的利润,这两家公司制定的贸易协定已具有卡特尔特征。

里海—黑海石油工商业集团和诺贝尔兄弟集团还致力于与其他大公司签署相应协议,从中小企业主那里采购石油共同销售。1900年,签署一系列协议之后,俄国国内市场上这两家公司的占有率上升至80%。[①] 据统计,1901年俄国国内市场上这两家公司的石油输出量占里海区域运出煤油、重油和润滑油数量的比例分别为57%、43.5%和67.5%。此外,这两家公司还垄断俄国石油出口业务,1901年,俄国50%的石油出口业务都由这两家公司掌控。[②]

---

① Наниташвили Н. Л. *Экспансия иностранного капитала в закавказье(конец XI– начло XX вв.)*. Тбилисск., Издательство Тбилисского университета, 1988.С.267.

② Фурсенко А. А. *Парижские Ротшильды и Русская нефть*// Вопросы истории. 1962. №8. С. 42; Наниташвили Н. Л. *Экспансия иностранного капитала в закавказье(конец XIX – начло XX вв.)*. Тбилисск., Издательство Тбилисского университета, 1988. С. 266; Фурсенко А. А. *Династия Рокфеллеров. Нефтяные войны(конец XIX– начало XX века)*. М., Издательский дом Дело, 2015. С. 529.

在俄国石油产品出口量大增的同时,法国市场上俄国煤油的进口量逐年增加,法国市场上俄国煤油进口业务主要由罗斯柴尔德家族垄断。罗斯柴尔德家族为法国大型金融集团,在巴库油田站稳脚跟后开始关注石油出口业务,最先发展母国市场,因此,法国市场上俄国煤油进口量迅速增加。法国市场上俄国煤油进口量从 1892 年的 35.3 万普特增至 1895 年的 270 万普特,1892 年法国市场上俄国煤油的比例已达 70%。① 20 世纪初法国市场上俄国煤油的份额持续增加,1904 年法国市场上俄国煤油占据主导地位,俄美两国煤油产品的比例分别为 71.1%和 28.9%。② 此后因巴库石油工业停滞不前,以及罗斯柴尔德家族下属公司的业务每况愈下,法国市场上俄国煤油的进口量逐年降低,但其数量仍不容小觑。

19 世纪末,俄国煤油出口量逐年提高,至 1901 年俄国煤油出口量达最高点,但从 1904 年起逐年降低。1901 年至 1913 年,世界石油市场上俄国石油产品所占的比例从 51.6%降至 18.1%,同期美

① Наниташвили Н. Л. *Экспансия иностранного капитала в закавказье(конец XI－начло XX вв.)*. Тбилисск., Издательство Тбилисского университета, 1988. С. 195; Карпов В. П., Гаврилова Н. Ю. *Курс истории отечественной нефтяно и газовой промышленности.* Тюмень., ТюмГНГУ, 2011. С. 61.

② Ахундов Б. Ю. *Монополистический капитал в дореволюционной бакинской нефтяной промышленности.* М., Изд-во социально-экономической литературы, 1959. С. 172; Лисичкин С. М. *Очерки по истории развития отечественной нефтяной промышленности (дореволюционный период)*. М., Государственное научно- техническое издательство, 1954. С. 213.

国石油的比例从39.8%增至62.2%。[①] 20世纪初,美国已主导世界石油市场。俄国石油企业主并未将美国标准普尔公司驱赶出欧洲市场,巴库石油出口业务由诺贝尔兄弟集团、罗斯柴尔德家族的里海—黑海贸易集团和马塔舍夫公司掌控,这些公司在黑海拥有自己的运油舰队,在欧洲和亚洲很多港口建有仓库。虽然20世纪初俄国石油产品在国际石油市场的地位一落千丈,但俄国石油工业曾满足欧洲市场五分之一的煤油需求量,且长期垄断一些国家的石油市场,可谓战果辉煌。

值得一提的是,随着石油工业的发展,在外资的不断涌入下,巴库石油工业的垄断趋势日增,大公司垄断了采油和石油加工工业,具体规模详见表3-9[②] 和3-10[③]。

表3-9　1890年和1900年巴库地区石油开采的垄断趋势

公司采油量规模	1890年			1900年		
	公司数量(家)	石油开采		公司数量(家)	石油开采	
		数量(千普特)	比例(%)		数量(千普特)	比例(%)
低于10万普特	12	447.6	0.2	26	1138.6	0.2

① *Монополистический капитал в нефтяной промышленности России 1883 – 1914. Докуенты и материалы*. М., Издательство академии науки СССР. 1961. С. 19; Матвейчук А. А, Фукс И. Г. *Истоки российской нефти.* Исторические очерки. М., Древлехранилище, 2008. С. 39–40.

② Бовыкин В. И. *Формирование финансового капитала в России: конец XIX в. – 1908 г.* М., Наука, 1984. С. 92.

③ Бовыкин В. И. *Формирование финансового капитала в России: конец XIX в. – 1908 г.* М., Наука, 1984. С. 93.

续表

公司采油量规模	1890 年			1900 年		
	公司数量（家）	石油开采		公司数量（家）	石油开采	
		数量（千普特）	比例（%）		数量（千普特）	比例（%）
10 万—50 万普特	17	4571.9	2.0	33	9775.5	1.6
50 万—100 万普特	8	5867.6	2.6	26	19 575.7	3.3
101 万普特以上	33	217 192.8	95.2	67	570 703.2	94.9
101 万—300 普特	16	27 482.5	12.1	34	62 740.7	10.4
301 万—500 万普特	6	24 443.9	10.7	9	33 286.9	5.5
501 万—1000 万普特	3	20 360.1	8.9	11	71 845.4	12.0
1000 万普特以上（不含 1000 万普特）	8	144 906.3	63.5	13	402 830.2	67.0
诺贝尔兄弟集团	—	45 188.9	19.8	—	86 422.7	14.4
总计	70	228 079.9	100	152	601 193.0	100

表 3-10　1908 年巴库地区石油加工业生产集中程度

石油加工产品规模	公司数量	生产价值	
		千卢布	%
超 10 万（含 10 万）普特	81	94 389.6	97.2
超 50 万普特	35	84 325.4	86.8
超 100 万普特	25	76 675.9	78.9
超 300 万普特	7	43 186.7	44.5
超 500 万普特	5	36 464.6	37.5
超 1000 万普特	1	12 807.8	13.2
诺贝尔兄弟集团	—	12 807.8	13.2
总计	154	97 114.4	100

(二)煤炭工业生产集中过程开启

在外资大量涌入的同时,煤炭工业垄断趋势日益增强。上文中已提及法国资本大量投至顿涅茨克和东布罗夫煤田,其所属煤田的采煤量大幅增加,其他地区煤田的生产集中化程度也不断提高。

1880 年,顿涅茨克、东布罗夫、莫斯科近郊和乌拉尔煤田大型露天矿井数量分别为 22 家、13 家、7 家和 2 家,采煤量分别为 5312 万、7579 万、2290 万和 721 万普特,其煤炭开采量占比分别为 61.5%、96.6%、91.2%和 100%。此时南俄地区因小煤矿众多,生产集中程度不及其他地区。1880 年南俄地区 45 家大型煤矿采煤量为 1.6 亿普特,占总采煤量的 79.8%,其中 13 家企业采煤量都超 400 万普特,采煤总量为 1 亿普特,其比例达 51.4%。[①] 大企业垄断地位逐渐增强,1894—1895 年,其采煤量占比已达 79%。1882—1894 年,大煤矿采煤量增长 6 倍,中小煤矿采煤量并无明显变化。[②]

19 世纪末至 20 世纪初,顿巴斯煤炭生产集中程度进一步加强,小煤矿虽数量众多,但产量有限。1890 年采煤量超过 100 万普特的企业采煤量占总开采量的 89.9%。1900 年采煤量超过 100 万

① Тихонов Б. В. *Каменноугольная промышленность и черная металлургия России во второй половине XIX в.* М., Наука, 1988. С. 40, 197; Бовыкин В. И. *Формирование финансового капитала в России: конец XIX в.– 1908 г.* М., Наука, 1984. С. 94.

② Туган-Барановский М. И., *Изобранное. Русская фабрика в прошлом и настоящем: Историко- экономическое исследование.* Т. 1. *Историческое развитие русской фабрики в XIX веке.*. М., Кооперативное издательство «Московский рабочий», 1922. С. 290.

普特的企业采煤量占比达95.3%。[1]

具体而言,1890年,顿涅茨克煤田104家小煤矿的煤炭开采量占比只有2%,37家大煤矿开采量占比高达78%。1899年,南俄地区17家煤炭公司的采煤量约为4亿普特,约占该地区总采煤量的76.2%。1900年,11个超大煤矿的煤炭开采量达2000万普特,其煤炭开采量占顿涅茨克煤炭总开采量的44%。[2] 因煤矿数量众多和煤炭开采技术落后,19世纪70年代,顿巴斯煤田采煤量只占全俄开采量的二分之一。从90年代开始,其采煤量占比约为三分之二,与此同时,南俄金属产量也迅速提高,1910年占全俄总产量的三分之二。[3] 需着重强调的是,在南俄石煤工业发展过程中,股份制公司具有决定性作用。1902年40家石煤股份制公司煤炭产量达4.9亿普特,其余公司煤炭产量只有8080万普特。[4] 股份制公司凭借其雄厚资金、先进设备和管理经验在南俄煤炭工业中发挥了

---

① Бовыкин В. И. *Формирование финансового капитала в России: конец XIX в. – 1908 г.* М., Наука, 1984. С. 94; Тихонов Б. В. *Каменноугольная промышленность и черная металлургия России во второй половине XIX в.* М., Наука, 1988. С. 182; Соловьева. А. М. *Промышленная революция в России в XIX в.* М., Наука, 1991. С. 229.

② Соловьева. А. М. *Промышленная революция в России в XIX в.* М., Наука, 1991. С. 229; Шполянский Д. И. *Монополии угольно-металлургической промышленности юга России в начале XX века.* М., Изд-во академии наук СССР, 1953. С. 40. Бовыкин В. И., *Формирование финансового капитала в России: конец XIX в. – 1908 г.* М., Наука, 1984. С. 96.

③ Бакулев Г. Д. *Черная металлургия Юга России.* М., Изд-во Гос. техники, 1953. С. 113.

④ Шполянский Д. И. *Монополии угольно-металлургической промышленности юга России в начале XX века.* М., Изд-во академии наук СССР, 1953. С. 42.

巨大作用。1908 年,在顿涅茨克、莫斯科近郊、东布罗夫和乌拉尔煤田采煤量中,采煤量超过 100 万普特的企业分别占 77.5%、97.4%、99.7%和 96.5%。[①] 大企业垄断采煤业的趋势已毋庸置疑。

19 世纪 80 年代至 1900 年是俄国煤炭工业垄断集团的形成时期,该工业部门刚刚完成从自由竞争到垄断资本主义的过渡,虽然大公司采煤量大,煤炭工业垄断趋势加强,但并未形成大型垄断集团。各煤田内大型煤炭公司为扩大市场份额展开激烈竞争,尽可能提高劳动生产率,引进先进技术和降低生产成本,增强自身竞争力,提高本企业的市场占有率。生产集中过程客观上促进了煤炭开采技术的革新、运输设施的逐步完善和产品市场占有率的提高,使得煤炭工业得以快速发展,俄国采煤量也从 1860 年的 29 万吨增至 1900 年的 1.1 亿吨。[②] 与石油工业不同的是,煤炭工业并未形成像诺贝尔兄弟集团、里海—黑海石油工商业集团这样的大型垄断组织,但各煤田垄断程度迅速加强,大公司煤炭开采量迅速提高,具体规模详见表 3-11[③]。

① Бовыкин В. И., *Формирование финансового капитала в России: конец XIX в.–1908 г.* М., Наука, 1984. С. 97.

② Дьяконова И. А. *Нефть и Уголь в энергетике царской России в международных сопоставлениях*. М., РОССПЭН, 1999. С. 165–166.

③ Бовыкин В. И., *Формирование финансового капитала в России: конец XIX в.–1908 г.* М., Наука, 1984. С. 94–95.

表 3-11　1890 年和 1900 年俄国各大煤田的采煤量集中规模

采煤量规模	莫斯科近郊煤田			顿巴斯煤田			波兰			乌拉尔		
	公司数量	采煤量		公司数量	采煤量		公司数量	采煤量		公司数量	采煤量	
		数量（千普特）	占比（%）		数量（千普特）	占比（%）		数量（千普特）	占比（%）		数量（千普特）	占比（%）
1890 年												
低于 10 万普特	2	76.0	0.9	43	1103.2	0.7	2	29.0	0.0	2	1.2	0.0
10 万—49 万普特	2	441.4	5.3	28	6787.8	4.6	1	287.1	0.2	—	—	—
50 万—99 万普特	2	1436.7	17.4	9	7047.8	4.8	1	641.1	0.4	—	—	—
超 100 万普特（含 100 万）	4	6312.2	76.4	23	131 827.3	89.9	10	148 629.5	99.4	4	15 105.9	100
100 万—299 万普特	4	6312.2	76.4	13	22 314.0	15.2	2	4501.4	3.0	1	2908.2	19.2
300 万—499 万普特	—	—	—	2	7916.0	5.4	2	7568.0	5.0	3	12 197.7	80.8
500 万—999 万普特	—	—	—	3	22 401.1	15.3	1	8783.5	5.9	—	—	—
1000 万普特以上（含 1000 万）	—	—	—	5	79 195.4	54.0	5	127 766.6	85.5	—	—	—
总计	10	8266.3	100	103	146 766.1	100	14	149 586.7	100	6	15 107.1	100

续表

采煤量规模	莫斯科近郊煤田			顿巴斯煤田			波兰			乌拉尔		
	公司数量	采煤量		公司数量	采煤量		公司数量	采煤量		公司数量	采煤量	
		数量（千普特）	占比（%）		数量（千普特）	占比（%）		数量（千普特）	占比（%）		数量（千普特）	占比（%）
1900年												
低于10万普特	—	—	—	22+X	13 789.4	2.3	1	39.5	0.0	1	1.0	0.0
10万—49万普特	—	—	—	27	6774.7	1.1	1	471.3	0.2	1	114.0	0.5
50万—99万普特	3	2355.5	13.9	12	7811.5	1.3	1	701.1	0.3	1	737.8	3.3
超100万普特(含100万)	6	14 567.7	86.1	51	571 377.1	95.3	12	245 181.8	99.5	5	21 424.1	96.2
100万—299万普特	5	8382.3	49.5	17	27 830.3	4.6	2	4364.0	1.8	3	3809.5	17.1
300万—499万普特	—	—	—	8	29 060.0	4.9	1	3341.0	1.4	—	—	—
500万—999万普特	1	6185.4	36.6	10	75 254.8	12.6	2	12 180.7	4.9	1	5341.2	24.0
1000万普特以上（含1000万）	—	—	—	16	439 232.0	73.2	7	225 296.1	91.4	1	12 273.4	55.1
总计	9	16 923.2	100	112+X	599 752.7	100	15	246 393.7	100	8	22 276.9	100

20世纪初,俄国煤炭工业垄断化趋势更强。为扩大市场占有率和排挤其他石油燃料公司,顿涅茨克煤田销售辛迪加集团诞生,该集团的成立标志着俄国煤炭工业垄断化趋势增强,垄断程度强化,已过渡至辛迪加形式。该组织成立后,凭借资金、运输和技术优势,迅速垄断了南俄地区半数以上的采煤量和市场份额。1906—1914年,该组织石煤外运量增长1倍,1914年增至10.7亿普特。具体而言,1906—1908年,辛迪加集团煤炭外运量占顿巴斯煤炭外运量的40%以上,1909—1910年其占比达60%。1911—1912年,降至55%。1913年,南俄煤炭市场行情较好,辛迪加集团煤炭外运量大幅度提高,曾一度达65%。虽然辛迪加成员煤炭输送量持续增加,但随着国内外局势的变化,1914年其占比降至57.3%。[①] 此时,煤炭工业的垄断趋势详见表3-12。[②]

---

① Кушнирук С. В. *Монополия и конкуренция в угольной промышленности юга России в начале XX века.* М., УНИКУМ-ЦЕНТР, 1997. С. 116-117.

② Бовыкин В. И. *Формирование финансового капитала в России: конец XIX в. - 1908 г.* М., Наука, 1984. С. 96—97.

表 3-12　20 世纪初俄国各大煤田的采煤量集中规模

采煤量规模	莫斯科近郊煤田			顿巴斯煤田			波兰			乌拉尔		
	公司数量	采煤量		公司数量	采煤量		公司数量	采煤量		公司数量	采煤量	
		数量(千普特)	占比(%)		数量(千普特)	占比(%)		数量(千普特)	占比(%)		数量(千普特)	占比(%)
1900 年												
低于 10 万普特	—	—	—	22+X	13 789.4	2.3	1	39.5	0	1	1.0	0
10 万—99 万普特	3	2355.5	13.9	39	14 586.2	2.4	2	1172.4	0.5	2	851.8	3.8
100 万—499 万普特	5	8382.3	49.5	25	56 890.3	9.5	3	7705.0	3.2	3	3809.5	17.1
500 万—999 万普特	1	6185.4	36.6	10	75 254.8	12.6	2	12 180.7	4.9	1	5341.2	24.0
1000 万—1999 万普特	—	—	—	5	77 290.0	12.9	2	34 259.1	13.9	1	12 273.4	55.1
2000 万—4999 万普特	—	—	—	10	304 772.1	50.8	4	121 303.2	49.2	—	—	—
5000 万普特及以上	—	—	—	1	57 169.9	9.5	1	69 733.8	28.3	—	—	—
总计	9	16 923.2	100	112+X	599 752.7	100	15	246 393.7	100	8	21 424.1	100

续表

采煤量规模	莫斯科近郊煤田			顿巴斯煤田			波兰			乌拉尔		
	公司数量	采煤量		公司数量	采煤量		公司数量	采煤量		公司数量	采煤量	
		数量（千普特）	占比（%）		数量（千普特）	占比（%）		数量（千普特）	占比（%）		数量（千普特）	占比（%）
1908 年												
低于 10 万普特	2	85.0	0.6	15+X	7413.2	0.8	2	72.3	0.0	4	157.8	0.3
10 万—99 万普特	5	3092.6	21.9	45	17 336.3	1.8	4	981.8	0.3	2	1442.0	3.2
100 万—499 万普特	1	3998.7	28.4	33	71 045.4	7.6	7	14 455.4	4.4	3	7827.2	17.5
500 万—999 万普特	1	6920.4	49.1	11	77 146.1	8.2	1	6754.5	2.0	—	—	—
1000 万—1999 万普特	—	—	—	13	188 435.9	20.1	2	29 609.6	8.9	—	—	—
2000 万—4999 万普特	—	—	—	7	250 494.1	26.7	6	208 678.2	62.9	1	35 360.6	79.0
5000 万普特	—	—	—	6	327 142.2	34.8	1	71 229.6	21.5	—	—	—
总计	9	14 096.7	100	130+X	939 013.2	100	23	331 781.4	10	10	44 787.6	100

20世纪初,虽然南俄地区成立了大型垄断集团,但只是众多大型煤炭公司组成的松散联盟,虽然也垄断了当地煤炭开采和销售业务,但集中化程度明显逊色于石油工业。因南俄地区冶金工业繁荣,很多中小企业仍有生存空间,但其市场份额逐渐被压缩。

二、推动了俄国大工业的快速发展

"一战"前25年,俄国工业飞速发展,据卡芬尼卡乌兹统计,这一时期俄国重工业的年增长率从5.1%增至6.65%。① 经济增长主要源于基础设施不断完善、国内经济环境改善及工业快速发展,但此时俄国的人均收入及生活水平仍十分低。② 1889—1904年,为俄国经济发展最为迅速时期。虽然从19世纪中叶起俄国机械制造、机械运输及矿物燃料、煤炭、水泥和化学工业就有所发展,但此时才是上述工业部门发展的黄金时期,铁路、城市建设和大工业发展最为显著。在俄国工业发展过程中,外资的作用十分显著,法国资本除促进石油和煤炭工业垄断趋势增强外,也直接推动了诸多工业部门的迅速崛起,下文就举例简要说明。

(一)石油工业

在俄国石油工业发展过程中,罗斯柴尔德家族下属的里海—

---

① Грегори П. *Поиск истины в исторических панных* // Экономическая история. Ежегодник. М., РОССПЭН, 1999. С. 478.

② Грегори П. *Экономическая история России, что мы о ней Знаем и чего не Знаем. Оценка зкономиста* // Экономическая история. Ежегодник. 2000. М., РОССПЭН, 2001. С. 18.

黑海石油工商业集团的作用十分显著。该集团虽于20世纪初逐渐退出俄国石油市场，但曾一度十分风光，直接推动了俄国石油工业发展。上文已提及俄国石油工业发展规模，此处仅以巴库地区油田石油开采和加工工业的规模简要呈现俄国石油工业发展规模，分别见表3-13[①]和表3-14[②]。

表3-13　1868—1901年俄国巴库地区石油开采量　（单位：百万普特）

年份	开采量	年份	开采量	年份	开采量	年份	开采量
1868	0.8	1877	12	1885	115	1893	325
1870	1.7	1878	15	1886	123	1894	297
1871	2	1879	19	1887	155	1895	377
1872	1.5	1880	21	1888	182	1896	386
1873	4	1881	40	1889	192	1897	422
1874	5	1882	50	1890	226	1898	487
1875	5	1883	60	1891	275	1899	526
1876	10	1884	89	1892	287	1900	600
						1901	671

① 邓沛勇、刘向阳：《俄国工业史（1700—1917）》，社会科学文献出版社2021年版，第102页。

② Кафенгауз Л. Б. *Эволюция прошмышленного производства России(последняя треть XIX в.-30-е годы XX в.)*. М.， Эпифания， 1994. С. 29.

表 3-14　19 世纪末俄国巴库地区石油加工业的规模(单位:吨)

年份	汽油、粗汽油和轻汽油	煤油和其他照明用油	重油和其他石油残渣	润滑油和太阳油等	总计
1887	1196	630 092	642 434	32 319	1 276 041
1888	2310	846 020	1 038 474	45 194	1 931 998
1889	1507	1 030 235	1 510 659	62 131	2 604 532
1890	2162	1 140 770	1 643 980	81 592	2 868 504
1891	1917	1 245 049	1 765 343	98 725	3 111 034
1892	2162	1 322 087	1 983 285	103 279	3 410 813
1893	4341	1 436 406	2 426 313	112 157	3 979 217
1894	5356	1 198 086	3 248 811	121 789	4 574 042
1895	5193	1 363 971	3 053 653	126 998	4 549 815
1896	3768	1 469 691	3 214 559	174 075	4 862 093
1897	4587	1 533 231	3 816 656	175 845	5 530 319
1898	7011	1 611 252	4 189 575	203 954	6 011 792
1899	6798	1 778 447	4 281 044	224 904	6 291 193
1900	6994	2 121 193	4 687 821	260 358	7 076 366
1901	8764	2 215 200	5 411 724	129 645	7 765 333

(二)煤炭工业

在外国资本的推动下,俄国煤炭工业快速发展,法国资本直接拉动南俄煤炭工业发展。其中顿巴斯煤炭工业发展最为迅速,其主要表现如下。第一,就采煤量而言,1796—1810 年,顿巴斯煤田年均采煤量约为 15 万普特。[①] 19 世纪末，在外资和交通运输革命的带动下，顿巴斯煤田采煤量大增，1890 年、1895 年、1899 年和 1900 年采煤量分别达到 1.83 亿、2.98 亿、5.62 亿和 6.71 亿普特。[②] 第二，采煤技术不断更新，一是蒸汽机开始用于采煤作业，二是炸药开始用于爆破工作。第三，外资推动了大型采煤企业的形成，1880 年南俄地区 45 家大型采煤企业的采煤量为 1.6 亿普特，占全俄总采煤量的 79.8%，其中 13 家企业的采煤总量为 1 亿普特，采煤量占比达 49.75%，1895 年其采煤量占比达 79%。[③] 19 世纪末俄国各煤田的采煤量规模详见表 3-15[④]。

表 3-15　19 世纪末俄国各煤田的采煤量规模　（单位：千吨）

年份	顿涅茨克	莫斯科近郊	乌拉尔	其他区域	总计
1887	2055.5	288.1	163.3	42.1	2549.0
1888	2240.2	276.2	208.9	46.7	2772.0

---

① Баканов С. А. *Угольная Промышленность Урала: Жизненный Цикл Отрасли от Зарождения До Упадка*. Челябинск., Издательство ООО «Энциклопедия», 2012. С. 42; Тихонов Б. В. *Каменноугольная промышленность и черная металлургия России во второй половине XIX в. (Историко-Географические Очерки)*. М., Наука, 1988. С. 32, 126.

② Кафенгауз Л. Б. *Эволюция прошмышленного производства России (последняя треть XIX в. -30-е годы XX в.)*. М., Эпифания, 1994. С. 25.

③ Тихонов Б. В. *Каменноугольная промышленность и черная металлургия России во второй половине XIX в (Историко-Географические Очерки)*. М., Наука, 1988. С. 40, 197; Бовыкин В. И., *Формирование финансового капитала в России: конец XIX в. - 1908 г.* М., Наука, 1984. С. 94.

④ 邓沛勇、刘向阳：《俄国工业史（1700—1917）》，社科科学文献出版社 2021 年版，第 123—124 页。

续表

年份	顿涅茨克	莫斯科近郊	乌拉尔	其他区域	总计
1889	3110.1	306.3	262.7	59.4	3738.5
1890	3001.7	233.7	249.4	60.1	3544.9
1891	3139.5	180.5	245.5	66.0	3631.5
1892	3571.9	179.7	252.8	59.1	4063.5
1893	3928.6	179.3	260.5	78.5	4446.9
1894	4846.2	194.0	278.6	90.5	5409.3
1895	4886.5	166.4	288.8	75.3	5417.0
1896	5016.8	157.8	365.2	84.5	5624.3
1897	6793.5	202.3	356.2	86.4	7438.4
1898	7565.9	161.5	385.8	107.2	8220.4
1899	9218.9	224.2	362.1	197.1	10 002.3
1900	11 002.0	288.5	371.7	369.3	12 031.5

(三)冶金工业

除煤炭工业外,外资还控制着南俄冶金采矿工业。1897 年,流入南俄冶金和采煤业的外资为 1.6 亿卢布,而此年度各工业部门中的外资投入总量为 2 亿卢布。① 在这些资金中,法国资本的作用不容忽视。据统计,“一战”前夕,法国资本家投入俄国 55 家采矿企

① Оль П. В. *Иностранные капиталы в народном хозяйстве Довоенной России.* Л., Изд-во Всесоюз. акад. Наук, 1925. С. 15, 26; Туган-Барановский М. И. *Русская фабрика в прошлом и настоящем. Историческое развитие русской фабрики в XIX веке.* М., Кооперативное издательство “Московский рабочий”, 1922. С. 266.

业的资金为3.1亿卢布。①

以法国资本为代表的外资推动了俄国冶金工业的发展,其直接表现如下。第一,冶金工厂数量增加,金属产量大幅提高。1861年农奴制改革前,南俄仅有1家大型冶金工厂,铸铁的产量仅为1.1万普特,其他铁制品的产量为4600普特。② 19世纪下半叶,南俄冶金工业迅速发展,1899年南俄地区已有17家大型冶铁工厂,共有29个大型高炉,高炉日产铁量为1万普特。③ "一战"前夕,南俄地区的金属年产量达1.8亿普特。④ 在南俄冶金工业的带动下,俄国金属产量大增,1890—1900年俄国生铁产量从5600万普特增至1.8亿普特,钢产量从2600万普特上升至1.4亿普特。⑤ 第二,冶金技术革新较快。19世纪80年代,俄国已广泛使用发展程度较高的热吹工艺炼钢,高炉生产效率提高25%—30%。⑥ 从19世纪90年代开始,俄国冶金业开始使用平炉炼钢法,1885—1900年,平炉由

---

① Фомин П. И. *Горная и горнозаводская промышленность Юга России.* Том II. Харьков., Хозяйство Донбасса, 1924. С. 59.

② Бакулев Г. Д. *Черная металлургия Юга России.* М., Изд-во Гос. техники, 1953. С. 47.

③ Туган-Барановский М. И. *Русская фабрика в прошлом и настоящем: Историко-зкономическое исследование.* Т. 1. *Историческое Развитие Русской Фабрики в XIX веке.* М., Кооперативное издательство "Московский рабочий", 1922. С. 154.

④ Бакулев Г. Д. *Черная металлургия Юга России.* М., Изд-во Гос. техники, 1953. С. 92.

⑤ Соловьева А. М. *Промышленная революция в России в XIX в.* М., Наука, 1991. С. 226-227.

⑥ Соловьева А. М. *Промышленная революция в России в XIX в.* М., Наука, 1991. С. 224.

70 座增到 215 座,钢产量增加了 17.6 倍。① 19 世纪末铁矿石开采、俄国生铁和钢生产规模详见表 3-16。②

表 3-16 19 世纪末俄国铁矿石开采、生铁和钢生产规模 (单位:吨)

年份	铁矿石开采量	生铁和钢产量			
		总计	各地区产量		
			南俄	乌拉尔	中部地区
1887	1 100 508	562 637	65 800	330 264	161 069
1888	1 194 843	567 748	67 864	332 016	163 723
1889	1 374 881	657 824	87 849	360 370	205 821
1890	1 520 897	723 412	218 680	345 464	154 534
1891	1 710 845	795 732	184 133	362 353	243 054
1892	1 724 392	899 273	237 108	398 226	258 157
1893	1 903 381	961 666	249 704	432 494	273 522
1894	2 125 272	1 091 629	318 666	462 962	303 531
1895	2 493 030	1 158 003	368 463	466 041	317 864
1896	2 943 592	1 308 982	467 483	492 562	342 647
1897	3 681 714	1 499 029	561 556	513 070	420 160
1898	4 047 605	1 796 449	773 094	589 125	426 122

① Соловьева А. М. *Промышленная революция в России в XIX в.* М., Наука, 1991. С. 226.

② 邓沛勇、刘向阳:《俄国工业史(1700—1917)》,社科科学文献出版社 2021 年版,第 123—124 页。

续表

年份	铁矿石开采量	生铁和钢产量			
		总计	各地区产量		
			南俄	乌拉尔	中部地区
1899	5 326 578	1 892 554	988 137	606 685	292 179
1900	5 534 348	2 328 570	1 169 010	628 864	528 042

综上所述，外资直接推动了俄国工业发展，早期的纺织工业，后期的石油、煤炭和冶金等工业部门的发展中无一不留下外资的身影。外资对俄国工业发展的作用有：一是凭借资金和技术优势推动俄国工业发展，重工业尤甚；二是推动了俄国企业的股份化进程，外国企业主纷纷在金融市场上购买俄国公司的股票和有价证券，俄国股份制公司的数量大增。外资的大量投入带动了俄国的工业化进程，使其与西方诸国的差距逐步缩小。

上文已提及，法国资本还关注俄国制糖工业，随着外国资本的不断涌入，加上俄国政府的关税保护政策，俄国制糖工业快速发展，19 世纪末具体规模详见表 3-17①。

① Кафенгауз Л. Б. *Эволюция промышленного производства России. Последняя треть XIX в. −30-е годы XX в.*. М., Эпифания, 1994. С. 51.

表 3-17　1887—1900 年俄国制糖工业发展规模(单位:吨)

年份	产品产量				总产量(砂糖和方糖)
	白色和黄色砂糖	精制方糖	方糖饴糖	饲用糖蜜	
1887	345 169.7	236 485.2	5602.1	161 216.8	587 257
1888—1890	344 591.0	250 818.2	5782.3	143 908.1	601 191.5
1891—1893	363 199.2	268 105.1	5869.7	154 053.1	637 174
1894—1896	391 851.7	309 684.3	7622.4	185 645.4	709 158.4
1897—1899	547 152.2	368 561.3	7447.7	208 141.5	923 161.2
1900	673 435.0	422 518.6	8223.0	250 097.4	1 104 176.6

三、成为刺激俄国交通运输业发展的动力

19 世纪下半叶,俄国出现两次铁路建设热潮。第一次铁路建设热潮是 19 世纪 70 年代以莫斯科为中心的铁路网络的建设,共建成 18 条铁路路线,总长度超 8000 俄里,使莫斯科与西北部工业区、北部工业区、伏尔加河流域、南部地区、东部地区和西南部地区的联系日趋紧密。此外,波罗的海和黑海—亚速海铁路枢纽也最终形成,俄国各地区间的联系日趋紧密,全俄市场逐步完善。1892 年末,俄国已有铁路 3.1 万俄里,其中欧洲部分为 2.8 万俄里,占铁路网面积的 90%以上;亚洲部分(主要在中亚)为 1300 俄里,但俄国 75%以上的土地不在铁路运行范围内,极大制约了俄国资本主义的发展。① 为推进铁路建设进程,俄国政府只能在国际金融市场上大

① Соловьева А. М. *Железнодорожный транспорт России во второй половине XIX в.* М., Наука, 1975. С. 206.

量举债。

19 世纪 90 年代初,俄国铁路密度远低于其他国家,欧俄地区每 100 俄里只有 0.54 俄里铁路,是英国的二十分之一,德国的十五分之一,美国的八分之一。[①] 在国内外资本的共同作用下,19 世纪 90 年代,俄国出现第二次铁路建设热潮。1893—1900 年,俄国共建成了新铁路及其支线 150 多条,总长度约 2.1 万俄里,占俄国铁路总长度的 40%。[②] 此时,不但中部地区大规模修建铁路,边疆地区也建成多条铁路,西伯利亚大铁路开始修建,中亚铁路雏形已初步形成。在 19 世纪 90 年代的铁路建设热潮期间,俄国铁路网长度增加 3 倍。1900 年末,俄国铁路长度达 5.1 万俄里。[③]

俄国铁路建设进程中外资的作用不容小觑。一是因资金匮乏,俄国政府在国际金融市场出售铁路债券,铁路建设资金得以筹措;二是在外资的帮助下,俄国铁路长度日趋增加,但因私人铁路占主导,经营混乱,为解决这一问题,俄国政府推行铁路国有化政策,迫于资金有限,不得已又在国际金融市场举债,铁路国有化才得以顺利完成。

铁路建设直接推动了俄国社会经济的发展,其表现如下:第一,推动了国内贸易的发展。以粮食为例,1895—1900 年、1901—1905 年、1906—1909 年和 1910—1913 年,铁路年均运粮量呈上升

---

① Соловьева А. М. *Железнодорожный транспорт России во второй половине XIX в.* М., Наука, 1975. С. 226.

② Соловьева А. М. *Железнодорожный транспорт России во второй половине XIX в.* М., Наука, 1975. С. 273.

③ Соловьева А. М. *Железнодорожный транспорт России во второй половине XIX в.* М., Наука, 1975. С. 247, 249, 254.

趋势,分别为7亿、9.5亿、11.2亿和12.7亿普特,铁路运粮量占粮食运输总量的76.4%、76.5%、80.5%和80.9%。① 第二,铁路带动了诸多工业部门的崛起。19世纪90年代,南俄70%的冶金企业的生产都与铁路相关,南俄冶金工厂的钢轨产量占全俄总产量的60%—70%。② 第三,铁路推动了全俄市场规模和容量的进一步扩大。就西伯利亚大铁路而言,铁路加强了西伯利亚和欧俄地区间的经济联系,打破了西伯利亚地区相对孤立的状态,各地区市场间的联系更加紧密。

铁路在俄国的意义明显大于西欧国家,其原因有二:一是俄国幅员辽阔,铁路对于国家地区间的经济文化交流意义重大;二是西欧各国公路设施较好,俄国土路路况较差,俄国铁路的发展部分弥补了公路的不足。1900年俄国各省铁路和水路的分布状况详见表3-18③。

表3-18　1900年俄国各省铁路和水路的分布状况　(单位:俄里)

省份	每平方俄里铁路长度	每平方俄里水路长度	省份	每平方俄里铁路长度	每平方俄里水路长度
阿尔汉格尔斯克	0.1	1.2	诺夫哥罗德	3.2	9.7
阿斯特拉罕	0.5	2.5	奥格涅茨	0.8	2.6

① Кондратьев Н. Д. *Рынок хлебов и его регулирование во время войны и революции.* М., Наука, 1991. С. 101.

② Соловьева А. М. *Железнодорожный транспорт России вовторой половине XIX в.* М., Наука, 1975. С. 279.

③ [俄]斯韦特拉娜·弗拉基米罗夫娜·沃龙科娃:《20世纪初俄国工业简史》,王学礼译,社会科学文献出版社2017年版,第39页。

续表

省份	每平方俄里铁路长度	每平方俄里水路长度	省份	每平方俄里铁路长度	每平方俄里水路长度
比萨拉比亚	10.3	20.2	奥伦堡	1.5	0
维列伊卡	10.1	7.7	奥廖尔	12.6	4.3
维捷布斯克	9.9	10.6	奔萨	10.2	4.5
弗拉基米尔	0.9	0.8	彼尔姆	2.2	4.0
沃洛格达	0.8	4.8	圣彼得堡	9.0	17.3
沃伦	5.9	3.0	波多利斯克	15.5	5.9
沃罗涅日	10.5	2.9	波尔塔瓦	8.6	4.3
维亚特卡	1.6	4.9	普斯科夫	8.3	4.5
格罗德诺	15.3	14.9	梁赞	13.4	7.4
顿河哥萨克军区	6.1	5.5	萨马拉	4.9	4.2
叶卡捷琳诺斯拉夫	16.6	3.2	萨拉托夫	9.3	4.5
喀山	1.5	8.7	西伯利亚	7.1	10.0
卡卢加	1.1	0.1	斯摩棱斯克	8.4	5.2
基辅	10.3	5.9	塔夫里达	6.6	1.5
科文	8.0	2.9	唐波夫	11.5	4.2
科斯特罗马	1.3	9.9	特维尔	6.5	9.1
库尔兰	7.6	8.4	图拉	16.7	4.4
库尔斯克	13.9	0	乌费姆斯克	2.8	4.3
里夫兰	9.6	4.5	哈尔科夫	10.2	0
明斯克	6.8	9.7	赫尔松	8.6	6.4
莫吉廖夫	5.5	11.7	契尔尼戈夫	10.4	8.8
莫斯科	20.8	7.6	爱斯特兰	11.9	1.9
下诺夫哥罗德	2.3	6.6	雅罗斯拉夫	6.7	10.4

四、加速了俄国资本市场的形成过程

20 世纪初,俄国的莫斯科商业银行、圣彼得堡国际商业银行、俄国对外贸易银行、顿河—亚速银行、伏尔加—卡马银行和俄国贸易工业银行均由俄国和国外金融组织共同组建,并垄断了俄国的银行业务。资本集中导致银行垄断组织形成,1908 年,莫斯科国际贸易银行、奥廖尔商业银行和南俄工业银行组建联合银行。外国银行直接入股俄国商业银行,一方面为商业银行提供了大量资金,推动了俄国金融业和工业的发展,另一方面也为外国资本流入俄国提供了便利。巴黎银行、德国银行和巴黎国际银行等银行机构纷纷入股俄国商业银行,在保障本国资本家资金安全的同时,寻找更为盈利的项目。"一战"前投入俄国主要银行的外资规模详见表 3-19①。

表 3-19 "一战"前投入俄国各银行的外资规模　(单位:百万卢布)

银行	注册资本	俄国资本	德国资本	法国资本	英国资本	其他国家资本
顿河—亚速银行	60	38.0	8.0	10.0	2.0	2.0
圣彼得堡国际商业银行	60	36.0	20.0	1.0	0.5	2.5
圣彼得堡信贷银行	30	26.0	4.0	—	—	—
圣彼得堡私人银行	40	16.8	0.2	22.8	—	—

① Ионичев Н. П. *Иностранный капитал в экономике России (XVIII-начало XX в.)*. М., МГУП, 2002. С. 166.

续表

银行	注册资本	俄国资本	德国资本	法国资本	英国资本	其他国家资本
俄国对外贸易银行	60	36.0	24.0	—	—	—
俄亚银行	55	11.5	2.0	36.0	4.0	1.5
俄国工商银行	35	20.0	1.0	4.0	—	—
西伯利亚银行	20	12.0	4.0	4.0	—	—
总计	360	196.3	63.2	77.8	16.7	6.0
占比	100	54.5	17.6	21.6	4.6	1.0

外国资本直接推动了俄国股份制公司的兴建热潮。外资介入的股份制公司分为两类。第一类股份制公司于国外成立，在国际金融市场上筹集完资金后直接投入俄国工业。如 1897 年法国银行、比利时银行和俄国银行于布鲁塞尔组建的俄国工业和冶金业总公司，该公司的注册资本为2500 万法郎，其主要目的是垄断南俄采矿工业。[①] 第二类股份制公司于俄国境内成立，一部分资本家直接在俄国创办这类公司，另一部分资本家在这类公司成立时直接入股，还有一部分资本家在国内外金融市场上购买这类公司的有价证券，借此染指俄国工业。外国人在俄国创办的股份制公司数量由 1861 年的 55 家增至 1881 年的 356 家，同期股份资本的数量

① Шполянский Д. И. *Монополии угольно-металлургической промышленности юга России в начале XX века.* М., Изд-во Акад. Наук СССР, 1953. С. 43.

由 3500 万卢布增至 3.3 亿卢布。① “一战”前夕,俄国共有 327 家外资参股的股份制公司,俄国工业资本中外资的占比达 33%。② “一战”前欧洲证券市场上销售的俄国公司股票规模详见表3-20③。

表 3-20　“一战”前欧洲证券市场上俄国公司股票的销售规模

证券市场	企业数量(家)	销售额(百万卢布)
巴黎	71	643.0
柏林	35	376.3
布鲁塞尔	66	316.9
伦敦	79	268.1
阿姆斯特丹	7	105.4
圣彼得堡	295	1503.6

19 世纪末,在外资的推动下,俄国银行也开始投资实业,主要是购买各大公司的股票。私人企业的股票成为圣彼得堡交易所的主要交易对象,重工业及开采工业的股票独占鳌头。其中,布良斯基轨道轧件、铁路零件及机械厂集团,普季洛夫斯克工厂集团,谢

① Ионичев Н. П. *Иностранный капитал в экономике России (XVIII – начало XX в.)*. М., МГУП, 2002. С. 99; Чунтулов В. Т., Кривцова Н. С., Чунтулов А. В., Тюшев В. А. *Экономическая История СССР*. М., Высш. Школа, 1969. С. 92.

② Ионичев Н. П. *Иностранный капитал в экономике России (XVIII – начало XX в.)*. М., МГУП, 2002. С. 160.

③ Ионичев Н. П. *Иностранный капитал в экономике России (XVIII – начало XX в.)*. М., МГУП, 2002. С. 141.

尔盖—乌法列伊斯基山体工厂集团，里加俄国—波罗的海车厢制造工厂集团，索尔莫沃铁路零件、钢板及机械厂集团，玛利佐夫斯基工厂集团，里海集团石油公司和巴库石油工业集团的股票炙手可热。按照金丁的统计（博维金的确认），1893—1900年，俄国股份制商业银行交易工业企业股票的金额不低于15 000万卢布，其中一半为重工业企业股票。①

无论在交易量上，还是机构数量上，各类商业银行的有价证券业务十分火爆，各大商业银行不但购买工业企业股票，还直接投资工业企业。19世纪90年代，俄国投资业务的龙头为圣彼得堡国际商业银行，20世纪初该银行关注的工业企业已达数十家，涵盖冶金、煤炭开采、石油、机器制造、电力、玻璃制造等行业。其中的6家企业尤为突出，即加尔特曼俄国机器制造厂集团、尼卡波里—玛里乌波里斯克山体及冶金集团、俄国采金工业集团、比比—艾巴托夫斯基石油集团、莫斯科玻璃工业集团、列韦利斯克酒精精华工厂。此外，该银行与工业企业有广泛的业务往来。十月革命前该银行至少与10家工业企业保持广泛联系，其中包括布良斯基轨道轧件、铁路零件及机械厂集团，普季洛夫斯克工厂集团，图拉铜制轧件及子弹工厂集团，西缅斯和加里斯克俄国电力技术工厂

① Бовыкин В. И. *Зарождение финансового капитала в России.* М., Изд-во Моск. ун-та, 1967. С. 207.

集团。①

圣彼得堡国际商业银行的合作伙伴和竞争对手——圣彼得堡核算与信贷银行也同样关注俄国工业。该银行的股票业务涉及20多个股份制工业集团,包括巴库石油集团,深海硅酸盐水泥工厂集团,顿涅茨克—尤里耶夫斯克冶金集团,列谢涅尔机器制造、轧件及电缆工厂集团,马祖特及曼塔舍夫石油工业及贸易公司,尼卡波里—玛里乌波里斯克冶金集团,俄比冶金集团,索尔莫沃铁制零件、钢板及机械工厂股份制集团,等等。②

20世纪经济危机对俄国金融业的影响也较大,尤其是对圣彼得堡国际商业银行的影响。1900年该银行年度报告中指出,银行亏损严重,在国际金融市场上的损失达148.8万卢布,占当年银行外汇收入的22%。③ 1900—1903年,因有价证券牌价降低,该银行损失资金约为398万卢布。因诸多公司倒闭,很多股票被冻结在银行之中,很多工厂也因经营不善无力偿还贷款,所以该银行成为尼卡波里—玛里乌波里斯克山体—冶金工厂及卡尔特玛尼俄国机

---

① Бовыкин В. И. *Зарождение финансового капитала в России*. М., Изд-во Моск. ун-та, 1967. С. 208-260, 276-291; Бовыкин В. И., Петров Ю. А. *Коммерческие еанки российской империи*. М., Перспекттива, 1994. С. 102-105; Лебедев С. К. *С.-Петербургский международный коммерческий еанк во второй половине XIX века: европейские и русские Связи*. М., РОССПЭН, 2003. С. 336-388.

② Бовыкин В. И. *Зарождение финансового капитала в России*. М., Изд-во Моск. ун-та, 1967. С. 270-272; Бовыкин В. И., Петров Ю. А. *Коммерческие еанки российской империи*. М., Перспекттива, 1994. С. 103-105.

③ *Вестник финансов, промышленности и торговли*. Отчеты предприятий, обязанных публичной отчетностью. 1901. № 17. С. 498.

械厂德国工厂的一半股票及大部分债券的持有者。①

并不是所有银行都经历了危机，俄亚银行的财务状况较好。1906年1月1日，俄亚银行的营业额创历史新高，总资产达2.3亿卢布，超过俄国股份制商业银行伏尔加—卡马商业银行——当时该银行资产为2.0亿卢布。② 外汇业务是俄亚银行的主营业务之一，在1280万卢布的利润中，外汇业务的利润为445万卢布。③ 其余利润多为为当地居民提供贷款及发行货币的收入。

俄亚银行也投资实业，因其本身为俄国大型商业银行，有众多网点，加上其在工业领域的声望，所以效益较好。值得一提的是，该银行主要涉足军事工业，其他行业投入较少。俄亚银行繁荣时期在世界很多金融中心都设立了分行，如伦敦、旧金山、纽约、香港、巴黎、上海、孟买、加尔各答等地。从主要网点分布来看，银行试图建立本国的国际金融网络。

因俄国政府禁止商业银行从事贸易，所以俄国商业银行很少涉足贸易业务，它们只能为商人提供贷款或者从事寄售业务。商业银行处于政府监控之下，因此只能担任贸易中间人，不能直接从事贸易，其在国外分支机构的主要任务是为俄国商品开拓国外市场，及执行俄国政府命令。只有俄亚银行的公司章程中保留了从事贸易的条款。为设立银行网点和供养符拉迪沃斯托克的私人船

① Бовыкин В. И., Петров Ю. А. *Коммерческие еанки российской империи*. М., Перспекттива, 1994. С. 105.

② *Сводный баланс Акционерных Банков Коммерческого Кредита, действующих в России (в 1000-х рубл.) на 1 января 1906 г*. С. 3.

③ *Отчет по операциям русско-китайского оанка за 1905 г*. СПб., 1906. Счет прибылей и убытков.

只,俄亚银行也开始从事贸易业务,但与信贷业务相比,贸易收入的占比非常低。1906 年 1 月,该银行这两项业务的收入分别为 9030 万卢布及 480 万卢布。①

外资的涌入直接推动了俄国金融业的发展,不但本国银行系统逐步完善,部分银行还在国外建立了众多分支机构;加上银行一方面入股工业企业,另一方面,在国内外金融市场上销售本国证券和股票,俄国金融市场最终形成。这一时期在所有外国资本中,法国资本的占比最高,所以其在俄国资本市场中的作用最为显著。

综上所述,法国资本的影响可分为三个方面:一是因大量法国资本流入俄国大工业,俄国石油、采矿和冶金等工业部门迅速崛起;二是法国资本通过国际金融市场进入俄国,俄国商业银行成为法国资本投资俄国实业的媒介,加上俄法两国金融机构合作密切,推动了俄国金融市场的最终形成;三是法国资本对俄国的社会影响也毋庸置疑,不仅推动了俄国大型垄断组织的形成,加快了俄国技术革新进程,同时也是俄国交通运输现代化的重要推力。

---

① *Отчет по операциям русско-китайского оанка за 1905 г.* СПб., 1906. Баланс на 1 января 1906 г.; Баланс Русско-Китайского банка. 1897 - 1910: http://www.hist.msu.ru/Dynamics/data/12_017.xls.

第四章　德国资本与俄国电力工业

相较于英法资本而言，德国资本进入俄国的时间略晚，但因其是第二次工业革命的发起国之一，拥有先进的科学技术，在俄国社会经济发展过程中的作用同样不容忽视。与前几个国家不同的是，德国资本关注的是俄国技术含量较高的工业部门，投入俄国电力、化学和城市运输等工业部门的资金数量最多，直接推动了俄国工业化和城市化进程。

第一节　德国资本进入俄国的原因和历程概述

从19世纪80年代开始，德国工业飞速发展，国民经济的结构也发生变化。在此之前德国与国外市场的联系有限，其生产的产品主要在国内市场销售。随着德国工业革命开启，工业品产量增加，运往世界市场上的产品数量逐年增加。就俄国而言，一方面，德国商品大量出口到俄国,直接解决了俄国部分工业部门的设备和技术需求的问题;另一方面,德国人也在国内金融市场上购买俄国企业的债券和股票,大量德国资本的流入,直接推动了俄国工业化进程,对俄国新兴工业的发展发挥了重要作用。

一、德国资本进入俄国的原因

首先,19 世纪下半叶德国经济快速发展。

19 世纪中叶,普鲁士第一次工业革命开启,纺织工业快速发展。萨克森开姆尼茨是德国棉纺织工业中心,1800 年当地已有 2000 多台"珍妮机";1846 年该地纱锭增至 47.5 万枚,被誉为德国的"曼彻斯特"。[①] 随着纺织工业的发展,德国重工业也快速发展。就煤炭工业而言,19 世纪 30 年代,德国的采煤量就翻了一番;1848 年,德国的采煤量为 440 万吨;1860 年,达 1637 万吨;1870 年增至 3400 万吨。[②] 这一时期德国的生铁产量也不断增加,详见表4-1[③]。

表 4-1　1840 —1870 年德国的生铁产量　(单位:万吨)

年份	生铁产量
1840	14.3

① 四川大学经济系五六级同学集体编:《外国国民经济史讲稿(近代、现代部分)上册》,高等教育出版社出版 1959 年版,第 94 页。

② [日]加田哲二:《德国社会经济史》,徐汉臣译,商务印书馆 1937 年版,第 168—169 页。

③ [日]石滨知行:《唯物史观经济史(中册):资本主义经济史》,施复亮译,上海昆仑书店 1929 年版,第 117 页。

续表

年份	生铁产量
1850	20.8
1860	52.9
1870	139.1

至 1870 年,德国生铁和钢产量已分别增至 139.1 万吨和 17 万吨,超过法国或比利时。随着冶金业的快速发展,德国机器制造业也快速发展,1846—1861 年,德国机器制造厂由 417 家增至 665 家,同期工人数量由 1.3 万人增至 3.6 万人。与此同时,德国铁路的长度也不断增加,1845 年、1855 年和 1865 年铁路长度分别为 2300 公里、8290 公里和 1.5 万公里。①

19 世纪下半叶,德国工业发展速度更快,其成就更是举世瞩目,煤炭和冶金工业发展十分迅速,1871—1895 年,德国煤炭和钢铁工业的产量详见表 4-2②。20 世纪初,德国煤炭和冶金业发展更为迅速,因篇幅有限,此处不再多说。

表 4-2　1871—1895 年德国煤炭和钢铁工业的产量　(单位:万吨)

年份	石煤产量	褐煤产量	生铁产量	钢产量
1871	2940	850	156.4	25.1

① 邢来顺、吴友法主编:《德国通史(第四卷):民族国家时代(1815—1918))》,江苏人民出版社 2019 年版,第 106、109 页。

② [苏] 尤·瓦尔加主编:《世界经济危机:1848—1935》,戴有振等译,世界知识出版社 1958 年版,第 444—446 页。

续表

年份	石煤产量	褐煤产量	生铁产量	钢产量
1872	3330	900	198.8	31.2
1873	3640	980	224.1	30.3
1874	3590	1070	190.6	35.4
1875	3740	1040	202.9	37.1
1876	3850	1110	184.6	39.0
1877	3750	1070	193.3	41.1
1878	3960	1090	214.8	48.9
1879	4200	1140	222.7	47.8
1880	4700	1210	272.9	62.4
1881	4870	1290	291.4	84.6
1882	5210	1330	338.1	107.5
1883	5590	1450	347.0	106.1
1884	5720	1490	360.1	114.9
1885	5830	1540	368.7	120.2
1886	5810	1560	352.9	136.1
1887	6030	1590	402.4	168.5
1888	6540	1660	433.7	186.2
1889	6730	1760	452.5	202.2
1890	7020	1910	465.9	216.2
1891	7370	2050	464.1	235.2
1892	7140	2120	493.8	275.6

续表

年份	石煤产量	褐煤产量	生铁产量	钢产量
1893	7390	2160	498.6	316.4
1894	7670	2210	538.0	364.2
1895	7920	2480	546.5	394.1

19 世纪末 20 世纪初，除传统的工业部门外，德国新兴工业部门快速发展，以化学和电力等工业部门的发展最具代表性，就电力工业而言，形成了西门子—哈尔斯克股份公司、通用电气公司和法兰克福电气股份公司等 7 大巨头，1910 年，西门子和通用电气公司的产值已占德国电气工业总产值的 75%。① 1913 年，德国电气工业总产值增至 13 亿马克②，与 1898 年相比，增长了 28 倍。③ 就化学工业而言，19 世纪末 20 世纪初，德国酸、碱等基本化学产品的产量均为世界首位。1900 年，德国的染料产量为世界总产量的五分之四。④总体而言，19 世纪末至 20 世纪初，德国的工业化成就举世瞩目，1870—1913 年，德国工业品产量增长 4.3 倍，年均增长 3.9%，仅次于美国。⑤ 在工业革命的推动下，德国铁路长度不断增加，具

① 邢来顺、吴友法主编：《德国通史（第四卷）：民族国家时代（0805—1918））》，江苏人民出版社 2019 年版，第 351 页。

② 原德国货币单位，1 马克约为 0.5 欧元。

③ 齐洪、苏国荫等编著：《世界主要资本主义国家工业化过程简述》，统计出版社 1955 年版，第 75 页。

④ 李吟枫：《世界产业革命与管理现代化》，上海社会科学院出版社 1989 年版，第 133 页。

⑤ 马世力主编：《世界经济史》，高等教育出版社 2001 年版，第 252—253 页。

体规模详见表4-3①。

表4-3 1845—1910年德国铁路建设规模 (单位:公里)

年份	铁路长度	年份	铁路长度
1845	2 131	1885	33 865
1850	5 822	1890	37 572
1855	7 781	1895	41 818
1860	11 026	1900	45 203
1865	13 821	1905	49 878
1870	18 560	1910	54 680
1875	27 795		

其次,19世纪末德国技术革命成就显著。

德国科学技术成就十分突出,得益于义务教育的广泛普及,19世纪60年代,已有97.5%的学龄儿童入学。物理学领域出现了伦琴、普朗克和爱因斯坦等著名的物理学家,维勒、李比希、肖莱马和凯库勒等化学家也举世闻名。此外,内燃机和汽车发明后被广泛推广。1866年,德国工程师维尔纳·西门子发明了将机械力变成电力的原理,电动机得以发明。1879年,西门子将电动机运用于交通运输中,设计出了电车。1885年,德国机械工程师卡尔·本茨制成了第一辆汽车,被誉为“汽车之父”。1897年,德国工程师狄赛尔发明了柴油机,后广泛运用于船舶、火车、汽车等交通运输工具

① [日]加田哲二:《德国社会经济史》,徐汉臣译,商务印书馆1937年版,第197页。

之中。

蒸汽机的广泛推广和革新也是技术革命快速发展的标志，1875年、1900年、1908年和1914年，德国蒸汽机的马力分别为25万马力、370.7万马力、637.2万马力和649.3万马力。[①] 除铁路外，俄国蒸汽轮船的吨位也大幅增加，1871—1914年，德国的轮船总吨位由8.2万吨增加到510万吨。[②]

再次，俄德两国贸易日渐活跃。

19世纪下半叶至20世纪初，德国生产的钢铁、机器制造品、化工产品等重工业产品及棉纺织品、皮革等轻工业产品广泛出口到欧洲其他国家以及拉美、亚洲等国家和地区中。以1913年为例，德国出口到全球的成品钢和半成品钢高于英国、美国和比利时，远高于英国、美国、比利时在欧洲的钢铁产品出口量。1872—1900年，德国在采矿、冶金、金属加工、机器制造、化学工业等重工业产品的出口额，占总出口额的比重从26%上升至40%；纺织、皮革、食品、缝纫等轻工业产品的出口额，占比从46%下降到45%。[③] 1900—1913年，德国的对外贸易额从104亿马克增至208亿马克，增长了1倍。[④]

19世纪上半叶，德国一直是俄国重要的贸易伙伴，两国的贸易

① 彭迪先：《世界经济史纲》，上海书店出版社1989年版，第221—222页。

② 李富森：《试论德国成为第二次工业革命中心之原因》，《沧州师范学院报》2013年第1期，第72页。

③ ［苏］门德尔逊：《经济危机和周期的理论与历史》（第二卷），吴纪先等译，生活·读书·新知三联书店1976年版，第781页。

④ ［苏］莫洛克等编：《世界近代史文献》（第二卷），耿淡如译，高等教育出版社1957年版，第86、330页。

往来也十分频繁,在俄国到港的船只中,德国的数量仅次于英国。各国到港船只的占比详见表 4-4①。

表 4-4　19 世纪上半叶俄国各港口到港的各国船只的占比　(单位:%)

国家	1802 年	1850 年
英国	25.8	27.5
德国	26.5	10.5
俄国	7.2	16.6
瑞典和挪威	11.8	3.9
丹麦	9.5	2.2
土耳其	10.9	13.0
意大利	—	4.4
法国	0.4	1.8
荷兰	5.2	6.5
其他国家	2.7	13.6
总计	100.0	100.0

19 世纪 80 年代之前,德国工业发展规模有限,但俄德两国之间的贸易规模不容小觑,德国是俄国第二大国际贸易伙伴,仅次于英国,两国贸易往来十分频繁,俄国的粮食大量出口至德国,德国的工业品也大量出口至俄国。

① Хромов П. А. *Экономика России периода промышленного капитализма*. М., Издательство ВПШ и АОН при ЦК КПСС, 1963. С. 177.

最后,俄德两国外交关系总体缓和也为德国外资进入俄国创造了便利。

19 世纪末之前,俄德两国外交关系总体较为平缓。拿破仑被流放后,欧洲各国于 1815 年 6 月 9 日签订《最后议定书》,俄普两国关系颇为亲密。为保障欧洲的安宁,防止法国革命势力东山再起,捍卫胜利果实,1815 年 9 月 20 日,沙皇亚历山大一世、奥地利皇帝佛兰茨一世和普鲁士国王腓特烈·威廉三世在巴黎签订《神圣同盟条约》;1815 年 11 月 20 日,英、俄、普、奥四国同法国国王路易十八签订第二次《巴黎和约》,同时,英、俄、普、奥四国签订《四国同盟条约》,后者为军事同盟条约,俄普两国联合起保障欧洲大陆各国的均势,维系大国的利益。

克里米亚战争爆发后,欧洲国际关系格局重新调整,普鲁士不想卷入战争,但又惧怕法国和俄国,一直徘徊不定。1863 年 1 月波兰个别地方爆发起义,后迅速蔓延至波兰全境,起义者要求波兰独立,恢复 1772 年波兰边界,俄国立即派军镇压。英法奥等国谴责俄国镇压波兰起义的行为,亚历山大二世开始寻求新的合作伙伴,普鲁士因担心波兰起义波及普鲁士,开始支持俄国。1863 年 2 月 8 日俄普两国缔结同盟条约,条约规定双方军队可跨越边境,共同镇压波兰起义。普鲁士还希望在波兰问题达成一致的基础上俄国支持普鲁士统一德国。1866 年普鲁士击溃奥地利,建立以普鲁士为首的北德意志联盟。俄国在普奥战争中保持中立,试图在普鲁士的支持下修改《巴黎和约》。1870 年普法战争结束,德国统一,俄德两国关系继续升温。

值得一提的是,俄德"关税战"一定程度上影响了两国外交。

19世纪70年代,为缓解经济危机的压力,俄国关税保护等级增强,几乎所有商品关税都提高了三分之一左右。为增加财政收入,19世纪80年代,俄国政府连续三次提高关税税率。就化学产品而言,以碳酸钠和硫酸等化学产品的进口关税增幅最大,这严重影响了德国企业主的利益。为应对俄国政府对德国工业制品征收高额关税,德国政府采取报复性措施。为缓解本国农业危机,德国限制俄国粮食的进口数量。俾斯麦先以俄国伏尔加河下游发生瘟疫为借口,严禁俄国牲畜进入德国,随后又提高俄国各类谷物的进口关税,并推行新的关税法。粮食出口是俄国国民收入的重要来源,德国的新关税法对俄国打击严重,因此,"关税战"是俄德关系恶化的重要原因之一。虽然两国外交关系恶化,但并未影响双方的经济合作。

20世纪初,虽然俄德关系开始恶化,但俄国对德国工业品的需求量较高,德国也是俄国粮食的主要销售市场之一,两国贸易往来仍十分频繁,这些都为德国资本涌入俄国创造了便利。随着德国工商业快速发展,对外投资逐年增加,1883年德国对外投资额仅为50亿马克,1905年增至180亿马克,1914年高达250亿马克。[①] 20世纪初,德国已成为仅次于英国和法国的世界第三大资本输出国。

二、德国资本进入俄国的历程

19世纪末20世纪初,德国资本大量流入国外。据统计,1900

① 杨鑫、徐继承:《工业化时期德国经济发展的原因及其影响》,《赤峰学院学报(汉文哲学社会科学版)》2016年第8期,第45页。

年前后，投到国外的200亿马克中，160亿马克用于购买国外的股票和债券，40亿马克用于其他用途。① 可见，德国流入国外的资本主要用于对外直接投资，而俄国一直是德国资本关注的对象。

俄国学者统计的1913年德国在俄国各个领域的投资情况详见表4-5②。

表4-5　1913年德国在俄国各个领域的投资情况　（单位：万卢布）

领域	金额
电力	3567.4
市政	1157.5
非金属加工	926.4
铁矿开采	2036.3
采矿（除铁矿开采）	6945
机器制造	189.4
冶金	539.4
化学工业	2751.7
运输	4630
木材加工和造船	450

在俄国数百年的历史文献中都少不了德国的身影，俄国经济

① *Иностранное предпринимательство и заграничные инвестиции в России.* Очерки. М. РОССПЭН, 1997. С. 122.

② Левин И. И. *Германские капиталы в России.* Петроград., типография И. Шурухта, 1918. С. 32.

发展过程中德国企业主的作用不容忽视,在西部地区的影响最为显著。在古罗斯时期,诺夫哥罗德的贸易中,德国人的作用更毋庸置疑。14 世纪,波罗的海地区最大的贸易体为汉萨同盟,该同盟是神圣罗马帝国北部城市之间形成的商业和政治联盟,13 世纪汉萨同盟逐渐形成,14 世纪加盟的城市有 160 多个。1370 年,汉萨同盟战胜丹麦,垄断了波罗的海地区的贸易,并在伦敦和欧洲其他诸多大城市以及诺夫哥罗德等地建立商站,诺夫哥罗德公国与汉萨同盟的贸易往来十分密切,诺夫哥罗德公国商人也因此垄断了基辅罗斯与西欧和北欧国家间的贸易。

13 世纪下半叶,诺夫哥罗德贸易已恢复至基辅罗斯时期的水平,仍是罗斯诸公国与西欧诸国之间的主要贸易点,出口货物的种类和规模都不断增多。据史料记载,1399—1403 年,从诺夫哥罗德运出了 30 万张松鼠皮,年均出口量达 6 万张,购买这些商品和其他商品的总花费达 205 千克—221 千克白银,主要运至汉萨同盟地区。①

在诺夫哥罗德,德意志商人与罗斯或蒙古商人的交换方式有二:一是直接用白银购买商品;二是以货易货,如用呢绒、盐、铁和酒等产品交换他们所需的货物,上述两种交易方式都比较常见。14 世纪下半叶,由诺夫哥罗德出口至汉萨同盟和骑士团的松鼠皮总量达 50 万张,货物的重量达 84 万公斤。② 中世纪晚期,很多受

① Лесников М. П. *Торговые сношения великого новгорода с тевтонским орденом в конце XIV и начале XV в.* // Исторические Записки. 1952. Т. 39. С. 263.

② Хан Н. А. *Взаимодействие и взаимовлияние руси и орды в области зкономики и кредитно-денежной политики в XIV в.* М., ИЭ РАН, 2006. С. 54.

迫害的新教徒移民俄国,俄国的德意志人数量增多。从 17 世纪 40 年代开始,就有德意志企业主移民俄国,在俄国西部地区安家。17 世纪,俄国的德国移民数量有限,彼得一世迁都圣彼得堡后,很多德意志人移民于此。因叶卡捷琳娜二世是德意志人,移民至俄国的德国人数量大幅增加。

19 世纪之前,移民俄国的德意志企业主数量不多,工业革命之后,更多德意志企业主开始投资俄国实业,并成立了自己的公司。在此期间,很多德意志企业主加入了俄国国籍,并在政府机构中担任要职,俄国很多高官都是德国后裔,知名财政大臣维特就是其中的代表。著名的德国企业主卡尔・西门子的女儿就嫁给了俄国人。德国企业主积累的大部分利润并没有立即划回德国,而是先在俄国使用,充当资本主义原始积累。B.基尔赫涅尔指出,德意志企业主没有将自己视为外国人,也没有将自己的公司定位为外国企业,其公司遵循俄国的法律。德意志企业主也最为关注技术,因此在俄国技术革命进程中德国人的作用最为突出。19 世纪末,俄国很多技术学校都派遣年轻工程师赴国外学校学习,首选德国和瑞士。

俄德数个世纪的文化和实业发展之间的联系,使得两国企业主的联系越发密切。很多德国人的后裔成为俄国杰出的银行家,圣彼得堡国际商业银行的经理阿多里弗・尤里耶维奇・罗特施泰因就是代表。1857 年,罗特施泰因出生于柏林,曾在英国积累了相关的业务经验,之后专门负责柏林交易所出售俄国债券的业务。26 岁时,罗特施泰因去了俄国,他担任冯・哈尼谢马尼的秘书,哈尼谢马尼是德国银行的负责人,与当时德国政商两界的很多知名人士都十分熟悉,罗特施泰因也因此积累了宽广的人脉。

从 19 世纪 90 年代中期开始,罗特施泰因积极参与俄国实业,他也认为自己是俄国资产阶级的代表,因他是圣彼得堡国际商业银行的代表,他还积极开展行动,加强自身银行在国际金融市场的影响力,同时获得俄国大臣和银行家的支持。德国人的商业活动具有其独特性,他们不但将资金投入俄国,还有很多自带资金的技术人员也进入俄国,这类技术人员拥有丰富的经验、雄厚的资金,很多人赚得盆满钵满。德国历史学家 X.列姆克曾在圣彼得堡和莫斯科担任使臣,但他从德国获得的工业和银行业的相关消息十分有限。Φ.普尔塔列斯曾指出,德国商人与使臣的联系较少,所以他们并不知道俄国官员和德国公司谈判的结果。

德意志企业主虽然投资俄国各工业部门,但据档案文献记载,德国公司的利润并不高。1910 年,德国商人弗里德里希·拜耳染料工厂的利润为 5%,远低于俄国其他同行企业。1892 年,巴登苯胺和苏打厂(简称 BASF,即巴斯夫公司)的利润在 2%左右。据该公司核算,1884—1892 年,公司出口产品的价格一般低于国内价格 30%左右,为扭亏为盈,公司决定在俄国建立工厂生产苯胺和苏打。①

亨舍尔公司和其他德国机车公司在俄国的经营状况也不是很好,因产能较低,其利润甚至不能和俄国的相关公司同日而语。年景较好时,亨舍尔公司在俄国的产品的销售价格与在丹麦和德国的价格相差无几。也有部分公司的情况稍好,德国琳达制冷设备

① *Иностранное предпринимательство и заграничные инвестиции в России.* Очерки. М., РОССПЭН, 1997. С. 129.

公司的利润较高，1896—1902 年，在俄国销售产品的利润为 18%—42%，此时德国境内产品销售利润也处于 16%—20%，在瑞士、意大利和西班牙的销售利润为 17.5%，在法国、比利时和荷兰的销售利润为 22%。卡尔·西门子于 1886 年在俄国建立电力公司，此后两年公司一直亏损，19 世纪 90 年代，公司利润也较低，20 世纪初才开始好转，至 1913 年公司的年利润为注册资金的 8.5%，或为流动资金的 4%。相较而言，德国人在俄国建立银行的利润就很高，部分银行的利润都在 100%以上。①

卡尔·西门子在管理俄国公司的 41 年（1853—1894 年）中，公司总利润约 2.7 万卢布，对于西欧而言，这点收入是微不足道的。一般在俄国的德国管理者的工资均较高，20 世纪初，俄国大公司贸易经理和商品销售管理者的年收入为 1.2 万—2 万卢布，总工程师年均收入为 1 万卢布，部门经理的年均年收入为 5000—6000 卢布。因大公司管理者收入很高，所以利润相对较低。②

德国资本对俄国电力工业和电力运输部门颇感兴趣。B.C.基娃认为，德国人实际是俄国电力工业的掌控人。И.И.列温认为，德国人对俄国电力和电力技术工业极有兴趣，他们在该工业部门中的投入约占总投入的 85%。③

维尔纳·冯·西门子是蜚声世界的德国发明家、企业家、物理

① *Иностранное предпринимательство и заграничные инвестиции в России.* Очерки. М., РОССПЭН, 1997. С. 129.

② *Иностранное предпринимательство и заграничные инвестиции в России.* Очерки. М., РОССПЭН, 1997. С. 130.

③ Левин И. И. *Германские капиталы в России*. Петроград., типография И. Шурухта, 1918. С. 64.

学家,他曾铺设、改进海底和地底的电缆、电线,还修建电气化铁路,提出平炉炼钢法,革新炼钢工艺,创办了西门子公司。1847年10月1日,维尔纳·冯·西门子和工程师约翰·乔治·哈尔斯克依靠自己堂兄投资的6842塔勒银币(1塔勒相当于3马克)建立了西门子—哈尔斯克电报机制造公司,主要生产西门子发明的指南针式电报机,这个公司也就是后来西门子公司的前身。1848年,该公司建造了欧洲第一条远距离电报线,从柏林到法兰克福跨度为500公里。1850年,创始人的弟弟,卡尔·威廉·西门子在伦敦设立代表处。公司创建4年后,开始了俄国的相关业务,向俄国出口了75部电话仪器。公司创立之时就开始与俄方代表进行谈判,当时俄方希望该公司建立连接莫斯科和圣彼得堡的电话线路。19世纪50年代,该公司参与了俄国远距离电报网络的建设工作。在该公司的帮助下,1853年,连接圣彼得堡和莫斯科的电报线路铺设完毕,同年奥拉宁鲍姆至喀琅施塔得的电报线路铺设完毕。克里米亚战争期间,该公司也发挥了特殊的作用,该公司在短时期内铺设了从加特契纳至华沙、莫斯科至基辅、基辅至敖德萨的电报线路,其中敖德萨至塞瓦斯托波尔的线路最为重要。

俄国政府给予了西门子公司很多国家层面的电报网络订单,早期俄国大部分电报线路均由该公司建设。1867年之前,该公司除负责铺设电报线路外,也负责线路维修。19世纪80年代初,西门子公司还从俄国政府那里获得了使用俄国“双头鹰”标志的权利,这是极为特殊的荣耀。

西门子公司在俄国的服务由维尔纳·冯·西门子的幼弟卡尔·海因里希·冯·西门子负责,1853年他在圣彼得堡创建了公司的分支机构西门子—加利斯基公司。1861 年卡尔·西门子打算扩展在俄国的业务，为此他购买了赫梅列沃庄园，在庄园内建立了玻璃厂，1867 年工厂专门为电力仪器生产陶瓷产品。此外，卡尔·西门子在斯塔夫罗波尔购买了林地，为其锯木厂供应木材，而木材主要作为电报线路木桩。1864 年，西门子在高加索地区买下了克达别格铜矿，目的是炼铜以保障公司铜线的顺利生产。

19 世纪 70 年代，因利润不高，加上公司竞争力不足，西门子公司遂决定在俄国生产电力仪器和设备。1872 年，设立在柏林、圣彼得堡和伦敦的西门子分公司共同举办庆祝活动，获得奖励的 1500 名工作人员中有不少在俄国工作，虽然公司的发展不尽如人意，但其成就也是举世瞩目。

1870—1880 年，卡尔·西门子的俄国西门子公司一定程度上有较高独立性，可制定自己的公司财务报表，只是受德国总公司的监管。从 80 年代初开始，俄国西门子公司虽再次获得了政府订单，但仍继续亏损，为此公司决定关注其他业务，包括城市照明，电报和电弧工具、绝缘装置、水体和酒精测量仪器生产，还筹备瓦西里耶夫斯基岛电缆厂建设工作，同时筹划建立电灯和电力照明设备工厂。但西门子公司此类新业务遇到了英国生产者的竞争。1884 年，俄国西门子分公司西门子—加利斯基公司完成了涅瓦大街电力照明设备的铺设工作。

1886 年西门子—加利斯基公司在俄国成立了电力照明设备公司，其负责人为卡尔·西门子。1896—1813 年，公司股份资本增长了9倍,从600万卢布增加至6000万卢布。[①] B. C. 基娃认为,电力照明设备公司主要股东虽是德国人,但已成为俄国电力工业的中坚力量。为更广泛开展业务,电力照明设备公司在圣彼得堡、莫斯科、罗兹和巴库均设立了工厂。

从19世纪90年代开始,西门子公司就是俄国政府的主要供货方之一,它为电报局供货,还为其提供直流发电机,除此之外,该公司还为俄国国有工厂和私人企业生产电动机、安装电力设备。在俄国各城市的有轨电车的建设中,西门子公司也功不可没,为很多城市铺设了有轨电车线路。

从19世纪90年代中期开始,西门子俄国分公司遇到了德国其他公司的竞争,为此1894年5月,卡尔·西门子甚至和德国B. H. 捷尼舍夫大公谈判出售德国的分公司,但无疾而终。

为改变公司状况,提高竞争力,西门子公司决定进行改组,1898年,在圣彼得堡成立了俄国电工股份公司。卡尔·西门子之后俄国公司的管理人是赫尔曼·赫兹,后者认为,俄国西门子公司出现财务赤字的主要原因是管理者经营不善,俄国西门子子公司必须接受德国总公司的监管,同时要得到总部的资助。他指出,俄国政府未来可能提高产品进口关税,扶持本国电力工业发展,所以俄国电力公司利润未来可期。

赫兹也对公司业务进行评价,他指出,1896—1897年圣彼得堡西门子公司的注册资本为350万卢布,流动资金为200万卢布,公司利润率为12.25%,1897—1898年度,公司流动资金为450万卢,

---

① *Иностранное предпринимательство и заграничные инвестиции в России*. Очерки. М., РОССПЭН, 1997. С. 133.

利润率只有约5%。为了提高利润，增强产品竞争力，赫兹在接管公司之后，对产品的质量提出了严格要求，为此多次引进生产技术和设备，还提高工人的工资，部分时期该公司在圣彼得堡的工人工资甚至高于在柏林的，如1899年，柏林工人的年均工资为370卢布，而圣彼得堡西门子公司工人的年均工资为650卢布。1899年10月，俄国西门子公司工人的每周平均工资为10卢布。因工资较高，西门子公司吸引并储备了大量人才，为公司顺利生产提供了保障。20世纪初经济危机时期，西门子公司也同样亏损：1901—1902年，公司财务赤字29.8万卢布；1902—1903年亏损16.3万卢布，尽管圣彼得堡西门子公司进行了改组，继续发行股票，同时公司管理机构也进行了整改，但公司仍继续亏损。① 除此之外，西门子公司在俄国其他地区的电力公司也同样亏损。

西门子公司在俄国的主要竞争对手是电力总公司，该公司的创立人是埃米尔·拉特瑙（德国通用电气公司创始人），他是杰出的企业家和工程师。电力总公司与德国联合公司联系十分密切，对俄国市场均十分关注。1900—1903年经济危机期间，两家公司纷纷寻求摆脱危机的方法，德国联合公司并入电力总公司，为此电力总公司的资本提升至600万卢布。为应对危机，西门子公司也和纽伦堡书克尔特公司合并，并共同开展了相关工作，合并后的注册资本共1055.7万卢布，电力总公司与德国联合公司的注册资本

① *Иностранное предпринимательство и заграничные инвестиции в России.* Очерки. М., РОССПЭН, 1997. С. 135.

为749.5万卢布。[①] 因俄国经济危机持续时间较长,市场行情不好,电力总公司经理甚至提出联合西门子等公司的想法,虽进行了相关谈判,但结果并未如预期。即便如此,电力总公司仍与圣彼得堡的另外一家德国企业即费尔滕和基伊奥姆公司组建了联合电缆厂。

在联合电缆厂组建时,俄国境内的德国电力分公司的改组基本完毕。从1908年开始,俄国经济逐渐走出了经济危机的泥潭,德国电力公司的利润日渐提高。为增加产品竞争力,俄国西门子公司加强与总公司的往来,希望借助总公司的资金和技术来改变公司财务不佳的局面,此后公司利润不断提升,也逐步摆脱了危机。除电力工业外,德国资本对俄国化学工业也十分关注。

十月革命之前,德国资本对俄国化学产品市场的影响不容忽视,随着俄国关税的不断提高,凭借着先进的生产经验和技术,尤其是苏打、染料、盐和药剂等产品的生产工艺的领先优势,很多德国人打算赴俄建厂。

德国人在俄国从事化学生产由来已久,1874年,巴登苯胺苏打厂就在莫斯科成立办事处专门负责相关产品的销售工作;1877年,该公司在布特尔卡安装了设备进行生产。1878年,德国赫希斯特染料公司在俄国建立了茜素存储仓库。苯胺生产合股公司弗尤尔在莫斯科和里加也设立了仓库。

德国人弗里德里希·拜耳的公司在俄国的作用也不容忽视,

---

① Дякин В. С. *Германские капиталы в России*. Электроиндустрия и электрический транспорт. Л., Наука, 1971. С. 99–100.

最初他通过莫斯科的寄售商行销售自己的产品，从 1883 年开始，他就在俄国开始了生产业务。他发现莫斯科的很多纺织工厂都需要红色染料，为此他决定以每年 4500 卢布（连续租赁三年）的租金在莫斯科河沿岸租赁厂房，专门为部分纺织工厂生产染料，后期因"一战"爆发而停产。19 世纪 90 年代，其产品数量大幅增加，由 1892 年的 1.9 万千克增加到 1896 年的 2.9 万千克，除为纺织企业提供染料外，还生产其他物品，如医用药品等。① 此外，他在里加、圣彼得堡、罗兹、伊万诺沃—沃兹涅先斯克、维尔诺和敖德萨等地也成立了分公司，便于销售公司产品和占领更广阔的市场。1900—1903 年经济危机对俄国境内德国化学公司的影响较小。1912 年，拜耳在莫斯科的企业改组为股份制公司。

俄国境内其他德国化学公司的境况大致如此，如巴登苯胺苏打厂、德国赫希斯特染料公司等。值得一提的是，化学工业的境遇与西门子等电力公司的境遇并不相同，经济危机期间，因俄国纺织工业发展势头较好，所以公司财务状况也较好。巴登苯胺和苏打厂于 1877 年在俄国开始生产业务，公司管理层和技术人员均为德国人，利用俄国廉价的劳动力获取了高额的利润。德国赫希斯特染料公司于 1878 年开始生产业务，1899 年 12 月，公司改组为股份制公司，主要为伊万诺沃—沃兹涅先斯克纺织工厂主提供产品。

德国企业主也关注俄国石油工业。高加索石油工业中的德国资本与法国、英国资本有所区别，虽然德国企业主购买诺贝尔兄弟集团下属公司股票，但主要业务仍是石油贸易。高加索石油工业

---

① *Иностранное предпринимательство и заграничные инвестиции в России.* Очерки. М., РОССПЭН, 1997. С. 138.

中,德国企业主主要关注格鲁吉亚地区。虽然德国资本也直接参与巴库石油工业相关业务,但其作用明显不及英法等国资本。流入石油工业中的德国资本远少于英法等国资本,"一战"前流入俄国石油工业的德国资本数额为 1430 万卢布,其占比仅为 5.5%。[①] 德国企业主为打破美国石油垄断本国市场的状况,开始关注俄国石油工业。

德国资本参与巴库石油工业始于 19 世纪 70 年代。最初汉堡商人马克思·阿里布列赫特和埃里赫公司合作,不但开采石油,还在巴库建立石油加工厂,主要生产润滑油。该公司还在巴统地区建立私人仓库,公司业务迅速扩张。90 年代初期,该公司又在汉堡建立石油蒸馏工厂,在高加索地区控股了俄罗斯—里海石油股份公司。即便如此,巴库石油公司中德国资本的影响力有限,84 家巴库出口商公司中阿里布列赫特公司年均石油出口量只有 1.2 万普特,位居 81 位。但该公司专注润滑油生产,"一战"初期该公司保障了德国润滑油的供应量,出口至德国的润滑油数量达 20 万吨。[②]

19 世纪下半叶,美国煤油垄断德国市场,因此德国国内反对美国标准石油公司的呼声日益强烈。1884 年,比斯马尔克最终成功打破洛克菲勒公司垄断德国石油市场的局面,为进口俄国石油提供优惠关税税率。1890 年,诺贝尔兄弟集团和罗斯柴尔德家族在柏林创建俄德石油进出口公司,很多德国银行都参与其中,如德国

---

① Ахундов Б. Ю. *Монополистический капитал в дореволюционной бакинской нефтяной промышленности.* М., Изд-во социально-экономической литературы, 1959. С. 62.

② Наниташвили Н. Л. *Экспансия иностранного капитала в закавказье(Конец XIX – Начло XX вв.)*. Тбилисск., Издательство Тбилисского университета, 1988. С. 308.

银行和德国贴现银行等。德国金融界试图监控俄国石油出口业务，从中获得高额利润。德国银行家们在俄德石油进出口公司、纳夫塔波尔特公司中投入了大量资金，通过购买公司股票和债券成为这些公司的大股东。19 世纪 90 年代，美国标准石油公司控制德国四分之三的煤油进口业务，德国金融界试图通过扶持俄国石油工业发展来对其进行抑制。

德国资产阶级为反对美国标准石油公司，于 1897 年春季开始对美国石油产品征收保护性关税，实际上等同于终止了德国产品出口到美国的举动，因此遭到了德国国内企业主的反对。德国金融集团和美国标准石油公司在德国和欧洲石油市场间的争夺可谓“石油战争”。

1897 年，在汉堡银行倡导下，德国企业主开始和圣彼得堡国际商业银行谈判，其主要目的是让德国资本家入驻俄国石油勘探、开采和加工工业，计划投资 600 万马克。① 为实施此计划，俄德两国政府进行谈判，德国政府同意大量进口俄国煤油，不但降低煤油进口关税，还降低原油进口关税。诺贝尔兄弟集团和维特虽都赞同此石油协议的相关条款，但因俄德两国外交关系逐步恶化，最终谈判成效不大。德国政府和舆论界害怕诺贝尔兄弟集团和美国标准石油公司联合起来垄断德国石油市场，开始尝试和俄国其他大型石油公司进行谈判，谈判结果仍不尽如人意。虽然德国资本家多

---

① Фурсенко А. А. Династия Рокфеллеров. *Нефтяные войны(конец XIX–начало XX века)*. М., Издательский дом Дело, 2015. С, 524; Наниташвили Н. Л. *Экспансия иностранного капитала в закавказье(конец XIX – начло XX вв.)*. Тбилисск., Издательство Тбилисского университета, 1988. С. 320.

次试图染指俄国石油工业,但受诸多因素影响,德国资本对俄国石油工业的影响有限,其影响力度远不及英法等国。虽然诺贝尔兄弟集团中9%的德国资本也获得了巨额利润,但诺贝尔兄弟集团关注的重点是与德国公司合资建立柴油机工厂,1913年,二者合资的工厂的柴油机产量617台,总功率为10.8万马力。①

1893年4月10日,Ф.克虏伯康采恩和P.狄赛尔签订和约,诺贝尔兄弟集团决定支持内燃发动机的发明工作,资助金额为3万马克。P.狄赛尔还和奥格斯堡机器制造厂签订了类似合同,此外,其他感兴趣公司也给予了资金扶持。据统计,P.狄赛尔发明新发动机耗资44.3万马克。1897年1月28日,新发动机样机已足够安全和节能,开始准备投入生产。1898年,奥格斯堡机器制造厂、Ф.克虏伯康采恩、银行集团和P.狄赛尔共同成立了柴油机—电动机股份总公司,P.狄赛尔从新公司获得了部分现金补偿,其余资金用来认购柴油机—电动机股份总公司股票。在该公司建立之前,P.狄赛尔就和诺贝尔兄弟集团领导人进行了会晤,并就他发明的发动机在俄国石油工业中的应用达成了意向。1898年之后,双方就具体合作协议进行了谈判。诺贝尔兄弟集团有自己的机器制造厂,名为诺贝尔·路德维希公司,该公司也开始了柴油发动机的研发工作,前期已积累了一定基础。

1898年,Э.诺贝尔代表诺贝尔兄弟集团和P.狄赛尔在奥格斯

① Наниташвили Н. Л. *Экспансия иностранного капитала в закавказье (Конец XIX–Начло XX вв.)*. Тбилисск., Издательство Тбилисского университета, 1988. С. 309; *Иностранное предпринимательство и заграничные инвестиции в России*. Очерки. М., РОССПЭН, 1997. С. 75.

堡签订协议成立股份制公司——俄国柴油机公司，公司股份价值约为100万马克，其中诺贝尔兄弟集团出资60万马克，P. 狄赛尔出资20万马克，其余的资金由瑞典和德国银行家支付。诺贝尔兄弟集团共支付给公司80万马克，包括60万马克现金。①

Э. 诺贝尔认为，推广柴油机的优点有二：一是当地燃料十分充足，成本能大幅降低；二是柴油机可大幅度提高生产效率，这也是俄国柴油机公司成立的主要原因。1900—1903年，俄国柴油机公司所产柴油机的功率增长1倍；1904年，因俄国局势恶化，工厂被迫停产。总体而言，该公司生产的柴油机数量不多，至1913年，生产的柴油机数量仅为600多台。Э. 诺贝尔也准备赋予俄国其他公司生产柴油机的权利，1903年科伦缅斯基机械织造厂、1907年里加铸铁和机器制造厂、1909年尼古拉耶夫造船厂、1911年索尔莫夫工厂集团均可生产柴油机，俄国柴油机制造业快速发展。

不同于西门子公司的是，克虏伯公司决定立刻在俄罗斯组织生产业务。克虏伯公司成立于1811年，由Ф. 克虏伯创立，1818年公司就从俄国政府获得订单。几年后，公司的继承人A. 克虏伯给俄国财政大臣写信，请求继续成为俄国的供货方。1841年，他在波兰与俄国大使进行会晤，并决定到俄国创立自己的分公司。半年后，A. 克虏伯派代表与俄国政府再次进行谈判。1845年，A. 克虏伯再次派遣代表赴俄国谈判，主要代表是K. 巴尔特。"一战"前，巴尔特都是该公司在俄国的负责人。1848年，A. 克虏伯获得了大量的政府订单，但是因克里米亚战争爆发，公司业务受到了影响。

① *Иностранное предпринимательство и заграничные инвестиции в России.* Очерки. М., РОССПЭН, 1997. С.142.

为了保障俄国政府的订单,克虏伯公司以增加技师、工人人手和提高工人工资来保障产量。俄国国防部专门派遣专家深入了解生产流程,双方代表还在圣彼得堡进行了交流。

1863 年 7 月 10 日,俄国军事机构代表正式访问克虏伯公司,双方达成协议,共同在俄国建立工厂,且俄方给予财政帮助。但是俄国政府政策多变,加上克虏伯公司认为俄国此时建厂的条件不足,所以双方谈判一直停滞不前,即便如此,克虏伯公司在俄国的工厂的生产仍在进行,只不过产量波动较大。1887 年,A.克虏伯去世,其继承者 Ф. 克虏伯继承了公司。1898 年,他在爱沙尼亚同俄国财政大臣维特会晤,维特曾问及公司在俄国生产波动较大的原因,公司领导人认为是资金不足,人员不足,且投资环境较为复杂。虽然克虏伯公司也尽量做出让步,但没有得到维特的肯定答复,所以公司产量也继续呈现较大波动。“一战”和十月革命期间,因投入的资金有限,公司在俄国的损失较小。

德国资本大量涌入俄国对其社会经济发展产生了深刻影响,在新兴工业部门建立过程中作用最大。

第二节　德国资本的社会经济影响

德国资本对俄国经济的影响十分显著,一是德国资本涌入俄国,直接推动了俄国大工业的发展,以电力和化学工业最具代表性;二是其社会影响毋庸置疑,除推动部分工业部门大型垄断集团成立外,在俄国城市化进程中的作用也不容忽视;三是德国资本涌入促使俄德两国贸易进一步繁荣,也促进俄国金融市场进一步完善。

一、新兴工业部门迅速崛起

“一战”前俄国境内共有32家德国股份制公司,固定资本达2亿卢布,此外,加上德国资本参与的企业187家,“一战”前投入俄国的德国资本总额为7.2亿卢布。德国资本投入俄国电力领域的数额最多,仅1900年投入俄国电力工业的德国资本就达1210万卢布。[①]

(一)电力工业

凭借着先进生产技术,19世纪末20世纪初,涌入俄国的德国资本大幅增加,俄国部分工业中德国资本的影响力较高,电力工业最具代表性。19世纪末,德国电力工业发展十分迅速,1891年、1898年、1906年和1909年电力企业的产值分别为4500万马克、2.3亿马克、5亿马克和8亿马克。[②] 随着电力工业的快速发展,大型垄断组织形成。德国电力企业凭借先进技术和优质的产品,占领了广阔的世界市场。据统计,1899年,欧洲市场上91%的有轨电

---

① Ионичев Н. П. *Иностранный капитал в зкономике России (XVIII – начало XX в.)*. М., МГУП, 2002. С. 174; Оль П. В. Иностранные Капиталы в Народном Хозяйстве довоенной России. Л., Изд-во академии СССР, 1925. С. 38; Дякин В. С. *Германские капиталы в России. Электроиндустрия и электрический транспорт*. Л., Наука, 1971. С. 40.

② Киселев В. А. *Электропромышленность в ее прошлом на настоящем*. М., Т-во тип. А. И. Мамонтова, 1915. С. 21.

车由德国生产,德国电工产品的输出量占欧洲市场的25%。①

19世纪80年代,俄国的生产技术明显落后于欧洲诸国,电工技术则更为落后。此时欧洲诸国均建立了大型电力企业,德国和法国已纷纷建立大型电气公司,俄国政府也亟须改变该状况,只能借助外资发展该工业部门。俄国第一家大型电工企业是西门子公司,该公司在俄国建立的时间较早,上文已提及。从19世纪80年代开始,除西门子公司外,其他电力公司的资本也渗入俄国,1880年末,里加建立了俄国波罗的海工厂;1892年,电力总公司成立;等等。1880—1890年,俄国电力工业诞生了很多股份制企业,其中最具代表性、规模最大的是1886年成立的圣彼得堡电力照明公司,其他还有1893年在基辅和波尔塔瓦分别成立的萨夫尼茨和斯特拉乌斯股份制公司,以及基辅城市铁路公司,等等。

俄国第一家电力照明公司是1881年成立的电力技术集团,西门子公司的俄国分公司就曾注资该集团。为保障涅瓦大街的照明,该集团还打算建立发电站,西门子公司虽然入资该公司,但并未给予资金扶持,由于经营不善,1883年该集团因资不抵债被清算,最终被西门子公司收购。

1886年,卡尔·西门子在该集团的基础上创建了股份制企业即电力照明公司,圣彼得堡私人银行也曾入股该公司。1888年,公司资本由100万卢布增加至300万卢布,卡尔·西门子持有新公司的大多数股票。值得一提的是,该公司最初的业务主要集中于莫

① Дякин В. С. *Германские капиталы в России. Электроиндустрия и электрический транспорт*. Л., Наука, 1971. С. 25.

斯科和圣彼得堡。1888 年,公司租赁了格奥尔吉耶夫斯基修道院,在此处安装了发电站,准备为城市供电。

19 世纪末,俄国工业迎来了新一轮的经济提升,铁路建设成为此时经济提升的重要推动力。1893—1900 年,政府用在铁路建设上的资金共 22.3 亿卢布。[①] 在铁路建设的推动下,俄国煤炭、机器制造和冶金等工业部门快速发展,其中关税保护政策和政府订单是俄工业发展的重要因素。据统计,1891 年俄国铸铁的关税增长了 10 倍,钢轨的关税增长了 4.5 倍,生铁、机车和金属制品的关税也大幅提高。[②] 在政府政策的扶持之下,俄国工业产品总值从 1892 年的 12.2 亿卢布增长至 1899 年的 21.2 亿卢布,同期工人数量由 110.5 万人增长至 156.3 万人。[③] 其中,重工业的增长速度最快,19 世纪 90 年代铸铁的产量增长了 3 倍,采煤量增长了 2.5 倍,俄国工业资本由 1890 年的 7.6 亿卢布增长至 18.8 亿卢布。[④]

随着资本原始积累的不断深化,俄国国内统一市场日渐形成,为外资大量涌入创造了条件。因俄国劳动力成本较低,所以外国投资者的利润更高,维特货币改革之后,卢布的牌价逐步稳定,大量外资涌入俄国。外资主要流入俄国的重工业部门,因俄国电力工业刚刚起步,利润空间很大,很多国外投资者开始关注该工业部

---

① Зак. С. С. *Промышленный капитализм в России*. М., Типо-литогр. Русского товарищества печатн. и издательского дела, 1908. С. 47.

② Погребинский А. П. *Очерки истории финансов дореволюционной России*. М., Госфиниздат, 1954. С. 76.

③ Яковлев А. Ф. *Экономические кризисы в России*. М., Госполитиздат, 1955. С. 169.

④ Струмилин С. Г. *Очерки советской зкономики*. М., Государственное издательство, 1930. С. 69.

门,电力工业开始快速发展。

19 世纪 90 年代末,俄国很多电力公司也完成整改。俄国企业主 M. M. 波多别达夫的电力公司已转变为股份制企业,改组后于 1899 年在雷瓦尔成立沃里塔公司。毫无疑问,俄国电力工业中,德国资本具有决定性作用,在德国银行的支持下,俄国西门子公司进行了改组,圣彼得堡国际商业银行也参与了公司改组,公司改组后利润明显提升。1897 年 8 月,成立西门子股份公司的协议正式签订,预计公司注册资本为 400 万卢布,卡尔 · 西门子和西门子家族出资 150 万卢布;次年,银行注资 175 万卢布,新公司正式成立。[①] 与此同时,柏林和圣彼得堡的西门子公司签署了为期 10 年的合同,根据该合同,圣彼得堡西门子公司必须优先购买柏林公司的产品,俄国法律规定的特殊商品除外。

在西门子公司于俄国成立子公司的同时,德国联合公司也开始关注俄国市场,1897 年其负责人 И. 列维和里加俄国波罗的海电气工厂负责人 Г. 捷特马诺姆签订了建立合资公司的协议,列维获得了购买合资公司股份的许可。1898 年夏天,协议付诸实施,联合公司下属的俄国电力公司成立(下文仍称联合公司),在这一新公司创立过程中,德累斯顿银行和国际银行发挥了重要作用。联合公司管理机构的代表就是国际银行经理 Г. И. 捷尔涅,他开始在里加组织建立新公司的事宜。1899 年,俄国波罗的海蓄电池工厂成立,为了建立代理机构,联合公司还购买了克片公司电力处。

德国通用电力公司(AЭГ)对俄国业务也十分感兴趣,也打算

① Дякин В. С. *Германские капиталы в России. Электроиндустрия и злектрический транспорт.* Л., Наука, 1971. С. 32.

创建子公司。1898 年 1 月，成立了通用电力公司圣彼得堡分公司，注册资本为 100 万马克，按照德国公司规章进行经营。1899—1901 年，通用电力公司圣彼得堡分公司先后在圣彼得堡、莫斯科、里加、罗斯托夫、敖德萨、哈尔科夫和其他城市成立代理处，负责销售德国通用电力公司的产品。1902 年，通用电力公司圣彼得堡代理处重新组织俄国公司的成立事宜，打算成立电力总公司，公司注册资本 100 万卢布。电力总公司由通用电力公司控股，但新公司在俄国并没有建立自己的工厂。

1897 年 8 月，柏林的都德蓄电池工厂集团控股了两家圣彼得堡蓄电池工厂，并在此基础上于俄国创立了都德蓄电池工厂的生产基地，公司注册资本为 60 万卢布，为获得资金和技术扶持，公司会将一部分利润支付给德国公司。

俄国电力工业也吸引了比利时和法国的资本，1896 年比利时国际电力公司和利耶热信贷银行创建了莫斯科中央电力公司，1899 年，该公司的资本由 150 万法郎增加至 1000 万法郎，并在莫斯科创立了工厂。

基于此，至 1899 年，俄国已有 10 家电力公司，注册资本达 2060 万卢布，其中俄国资本的数量不多，只有 547 万卢布，德国资本数量最多，其总投入量超过 1000 万卢布，共有 6 家公司，还有 1 家比利时公司，其余 3 家为俄国公司，即波多别达夫的电力公司、维伊赫里特公司和沃里塔公司，它们的规模均不大。① 各大电力公司为开展相关业务也展开了博弈。

① Дякин В. С. *Германские капиталы в России. Электроиндустрия и электрический транспорт*. Л., Наука, 1971. С. 36.

外资对俄国水电站建设工作也颇感兴趣。1890 年末,俄国打算建立第一座水电站,其倡导人是工程师 B. Φ. 多布罗特沃尔斯基。1894 年,他向财政部提交成立圣彼得堡电力输送公司的申请,打算使用水能发电。为顺利开展工作,多布罗特沃尔斯基打算向政府申请特别优惠,包括零关税从国外进口设备,给予相关津贴,以及获得伊马特拉瀑布附近铜矿的开采权,等等。因他的要求很多,所以其方案讨论的时间很长。此时英国人 A. 菲尼、多布罗特沃尔斯基的合伙人 A. A. 科库什金、著名的百万富翁 A. Э. 斯卡拉马尼格也打算创建新公司(伊马特拉电力公司),瑞典公司也欲注资该公司。多布罗特沃尔斯基要求俄国财政部赋予其水电站建设的垄断权,但财政大臣没有同意,而是希望他们彼此竞争,也没有赋予他们使用伊马特拉瀑布的特权。多布罗特沃尔斯基开始寻求其他方案解决问题,为此他找到了美国人维里雅姆·巴里,他们还与瑞典公司寻求合作以期共同建立公司,1898 年,还与英俄电力公司建立了联系,但进展不大。

第聂伯石滩的竞争状况也类似。1896 年,第聂伯石滩的所有人与多布罗特沃尔斯基和安特卫普中央银行进行谈判。两个竞争者提出的条件基本一致,申请租赁期限为 99 年,但必须先从政府那里获得第聂伯石滩的使用权。政府对其垄断水路运输心有余悸,虽然此处矿场资源丰富,但却是重要的煤炭和冶金基地,所以并未给予相关支持。

外国资本对城市电力运输领域也极有兴趣。俄国的城市电力运输系统远远落后于欧洲其他国家,19 世纪 80 年代,连作为俄国首都的圣彼得堡也没有有轨电车,基于此,俄国电力运输系统的利润空间很大。俄国第一条较短的电车线路由基辅城市铁路公司于1892年建成。1899年末,俄国先后成立了13家有轨电车股份有限公司,但只有3家为俄国企业,即基辅城市铁路股份公司、俄国电车道和电力照明公司(1896年于下诺夫哥罗德成立,隶属于基辅叶丽萨维塔电力公司)和罗兹城市铁路公司,其余均是外资企业。

比利时资本家对俄国有轨电车业务也兴趣盎然。1897年,比利时人创立了电力牵引总公司,后期更名为有轨电车和电力应用总公司。公司的投资者包括银行、资本家和其他电力公司等,除比利时银行和银行家外,法国巴黎—荷兰银行和巴黎国际银行也投资该公司。该公司与德国大公司保持长期的业务往来,还共同在塞瓦斯托波尔和克列缅丘格等地建立了有轨电车线路。1900年,该公司在克拉斯诺达尔和雅罗斯拉夫尔也开展了相关的有轨电车建设工作。

德国银行家和企业主也关注电力运输领域,他们还成立了拉梅伊耶尔公司,1899年,该公司获得许可后在卢布林正式成立。1901年,该公司修好了基辅和斯瓦托西尼镇之间的电车道路。20世纪初经济危机期间,为应对危机,一些电力公司开始了广泛合作。辛格尔电力公司和涉足电力工业的波兰银行联合比利时公司组建有轨电车联盟,共同管理哈尔科夫、梯弗里斯、奥廖尔和维捷布斯克等城市的电车线路。西门子公司也成立了城市和地下线路公司,其中一项业务就是修建有轨电车线路,负责人是银行家Л. 波良科夫。

因莫斯科和圣彼得堡城市规模大,所以各电力公司对两个城市的有轨电车线路业务势在必得。莫斯科的有轨电车线路由两家马拉铁路公司经营,即俄国第一公司和比利时第二公司。为占领更大的市场份额,1891 年它们签订合同,联合经营线路。联合后的公司的技术管理业务由俄国公司负责,而财务由比利时公司负责。1895 年,俄国第一公司向莫斯科市政局建议修建第一条电力线路,并打算修建发电站为电车供电。但市政局并未立即同意该方案,方案搁置了 3 年。

1897 年夏,圣彼得堡国际商业银行对莫斯科的轨道建设投资十分感兴趣。7 月份,银行讨论在莫斯科修建电车线路的可能性。为此,银行开始和持有莫斯科轨道公司大量股票的尤尼克尔谈判。尤尼克尔建议成立辛迪加公司,最后他将其股票交给圣彼得堡国际商业银行,尤尼克尔银行和巴黎技术人员则负责产品销售。因该公司与圣彼得堡国际商业银行关系密切,所以德国银行在公司创立时也加入谈判,并就相关内容达成了一定协议,西门子公司也决定进行投资。后来,马拉铁路公司管理机构决定由圣彼得堡国际商业银行代表担任公司负责人,取代了尤尼克尔。因拒绝和法国电力公司合作,公司与德国银行、西门子公司和圣彼得堡国际商业银行共同参与辛迪加的组建工作,共同持有莫斯科马拉铁路公司和城市铁路股份公司的股票。所以正式的改组合同只提及德国银行、P. O. 西门子和两家马拉铁路公司。合同中指出上述各方立即赎买第一家马拉铁路公司,在获得相关许可后从 1903 年开始赎买第二家,因持有之前公司持有人的股票和债券,莫斯科新电力公司必须承担之前公司的相关义务。

最终辛迪加由德国银行掌控,但它并不是莫斯科市政道路的唯一债权人。银行也积极与德国联合公司开展合作,因该公司是西欧有轨电车线路的主要创始人之一，还持有美国公司的大量股票，所以辛迪加除与德国银行和西门子公司开展合作外，还寻找机会与德国联合公司展开合作。

圣彼得堡的状况也一样复杂。城市马拉铁路由两家公司掌控，即马拉铁路集团（由瑞士人创立）和俄国马拉铁路公司。虽然这两家公司改组股份制公司的过程没有取得预期的成果，但却发行了 60 万卢布的债券。从 1896 年开始，圣彼得堡市政局开始研究购买电力牵引装置的问题，但并不打算将有轨电车的管理权收归自己手中，而是想将其租赁给电力公司，很多公司积极响应租赁业务。其中最知名的公司是 M. M. 波多别达夫的电力公司和芬兰轻型蒸汽机车公司，这两家公司在圣彼得堡均已开始经营有轨电车的相关业务，它们在组建新公司的同时，也竭力保持自己企业的竞争优势。

从 1897 年开始，西门子公司涉足圣彼得堡有轨电车修建工作，1886 年 10 月 12 日，俄国电力公司也加入其中，共同制定了马拉铁路公司租让合同规划，建议修建 4 条新线路，预计利润超过 10%。此时，圣彼得堡的状况对西门子公司十分不利，当时格里奥斯公司和什马采尔公司垄断了城市照明业务，通用电气公司还购买了大量马拉铁路公司的股票。为此，德国银行、西门子公司，以及此时与圣彼得堡国际商业银行相关联的公司和个人共同制定了圣彼得堡有轨电车的修建方案。

1897 年 11 月，西门子公司在给圣彼得堡城市杜马的方案中提到，由圣彼得堡国际商业银行为城市发行 2000 万卢布的债券，期限为 50 年，年利率为 4.5%，用于赎买有轨电车和电力照明企业。西门子公司还建议城市杜马建立和扩展城市铁路线路,建立功率为7500千瓦的电站,以便保障整个城市的电力供应。[①] 西门子公司甚至准备租赁有轨电车和照明企业,租期不低于7年。经过多次博弈,最后主要负责圣彼得堡城市道路修建工作的企业仍是西门子公司。

总体而言,19世纪末,俄国工业快速发展,外资大量流入俄国电力工业。1899年末,该领域的外资数额约为4710万卢布,或占1895—1899年俄国外资总投入的9.5%。这一时期,俄国本国资本投入量仅为1355万卢布,只占电力工业总投入量的22.3%,其余均由外资掌控。[②] 因俄国电力公司资金薄弱,竞争力不强,所以只能依靠外资。因此,在俄国电力工业中,外资具有决定性作用,而外资主要通过改组本土公司投入俄国电力工业,因而很多公司均改为股份制公司。在俄国电力工业,子公司数量最多的外资公司是欧洲电力公司。在电力运输领域,外资的作用也不容忽视,俄国企业主占主导的只有两个城市,即基辅和罗兹。

在俄国电力和电力运输工业中,主要投资者为德国和比利时的银行和企业主,其占比分别为42.5%和30.3%。[③] 德国资本主要流入的方向是电力和电工工业,在该领域中占据绝对地位。因19世纪末俄国政府关税大幅提高,德国企业主认为在俄国创建子公

① Дякин В. С. *Германские капиталы в России. Электроиндустрия и злектрический транспорт.* Л., Наука, 1971. С. 57.

② Дякин В. С. *Германские капиталы в России. Электроиндустрия и злектрический транспорт.* Л., Наука, 1971. С. 81.

③ Дякин В. С. *Германские капиталы в России. Электроиндустрия и злектрический транспорт.* Л., Наука, 1971. С. 82.

司可获取更多的利润。比利时资本主要关注俄国有轨电车和电力照明工业，但这些行业所需的电力设备均来自德国公司，主要原因是相对于比利时和法国的电力工业而言，德国公司的产品更有优势。值得一提的是，在俄国，德国和比利时的资本更为关注本国母公司产品的销售，所以大部分外资关注的并不是电力产品的生产，而是照明和电车业务。据统计，1899 年，俄国半数以上的电力设备均从国外进口。

另外，在俄国电力工业发展过程中，银行具有重要作用，而且垄断趋势日强。俄国电力工业的很多企业的业务都与银行密切相关，所以电力、照明和有轨电车相关的企业完全受欧洲金融资本的影响，其中受德国、法国和比利时资本的影响最为显著。俄国银行对电力工业发展的影响也不容忽视，所有大银行或多或少都与电力企业相关，其中最重要的两家银行是圣彼得堡国际商业银行和私人银行。为此，在俄国国内外银行的共同倡导下，电力工业辛迪加集团也逐步形成，除上述两家银行外，其他俄国银行的作用并不大。

在外资的作用下，俄国电力工业发展迅速，其主要表现有二：一是发电量大幅提高；二是电力运输系统逐步完善，诸多城市都建立了有轨电车线路。19 世纪末 20 世纪初，俄国电力工业成绩斐然，巴库电力工业发展最为迅速。1897 年，巴库地区建立第一家发电站，为油田和工业企业供电，至 1900 年该地区已有 5 个电站，专门为石油企业供电。[①] 20世纪初,电力能源更广泛地应用于石油工业。1903年,格罗兹尼油田的阿赫维尔多夫工厂也开始使用发电机采油;1906年、1910年和1911年,巴库油田的电力消耗量分别为2038万、3746万和1.4亿千瓦时,1911年使用电力发动机采油的比例已达26%。[②]

19世纪末,发电机已广泛用于俄国工业企业。1897—1908年,俄国发电站的数量从21个增至46个,工人数量由717人增至3134人,发电量价值由195.5万卢布增至1463万卢布;1908年,发电站内发动机的功率已达13万马力。[③] 1908年,俄国50个发电站的供电量达17.5亿千瓦时,圣彼得堡5个发电站加上莫斯科1个发电站的发电量就有8.6亿千瓦时,几乎占全国总发电量的一半。巴库3个发电站的发电量为3.5亿千瓦时,其余发电站的发电数量有限。[④] 20世纪初世界经济危机期间,俄国电力工业虽经历短暂的停滞期,但电力工业仍有所发展。具体而言,电动机、变压器和其他电力设备的产值由1913年的448.0万卢布增至1916年的764.6

---

① Ахундов В. Ю. *Монополистический капитал в дореволюционной бакинской нефтяной промышленности.* М., Изд-во социально-экономической литературы, 1959. С. 12.

② Лисичкин С. М. *Очерки по истории развития отечественной нефтяной промышленности (пореволюционный период).* М., Государственное научно-техническое издательство, 1954. С. 151, 156.

③ Кафенгауз Л. Б. *Эволюция прошмышленного производства России(последняя треть XIX в. −30-е годы XX в).* М., Эпифания, 1994. С. 81.

④ Кафенгауз Л. Б. *Эволюция прошмышленного производства России(последняя треть XIX в. −30-е годы XX в).* М., Эпифания, 1994. С. 82.

万卢布。[①]

在外资的带动下，俄国城市交通系统逐步完善，有轨电车成为大城市的主要交通工具之一。

19世纪末，莫斯科地方自治局也开启了有轨电车的修建工作。第一条有轨电车从普希金广场的斯特拉斯特修道院始发，终点是布特尔哨卡。莫斯科的有轨电车系统建立时间明显晚于其他大城市，但发展很快，1904年，莫斯科市投入使用的有轨电车的线路长度为14俄里，1905年为33俄里，1907年为68俄里，1908年为108俄里。[②] 有轨电车因价廉、安全以及速度快等优势，成为莫斯科市最重要的交通方式，更是繁华的都市生活的重要标志，在城市居民的日常生活中不可或缺。莫斯科人还给一些电车线路取绰号，比如沿花园环线行驶的2号线被称为"小甲虫"，沿林荫环路的1号线为"小安娜"。[③]

1907年，圣彼得堡市拥有涅夫斯基、瓦西里和萨多维夫3条电车线路，1908年又新增8条新线路投入运营。有轨电车公司成为圣彼得堡市盈利最多的企业之一，1909年的净利润达450万卢布。[④] 有轨电车公司的利润很高，其财政报告足以证明，据俄国《电

---

① Кафенгауз Л. Б. *Эволюция прошмышленного производства России(последняя треть XIX в. –30-е годы XX в)*. М., Эпифания, 1994. С. 188.

② Серженло И. Н. *Развитие городского транспорта и политика миниципальных властей в москве в конце XIX–начале XX вв. //* Исторический журнал: научные исследования, 2014. № 5. С. 541.

③ Паустовский К. Г. *Повесть о жизни.* М., Синергия, 2007. С. 397.

④ Народова В. А., Кручковская В. М., Купайгородская А. П., Сухорукова А. С., Чистиков А. Н. *Петербургская городская дума 1846–1918.* СПб., Лики России, 2005. С. 239–240.

力》杂志公布的数据,有轨电车公司的年利润以每年10%的数据增长。①

"一战"前,俄国有22个城市有马拉电车、3个城市有蒸汽电车(莫斯科、圣彼得堡和敖德萨)、2个城市有基于汽油发动机的电车,还有42个城市有有轨电车。电车车厢主要从比利时、德国、奥地利进口,俄国部分城市也能生产电车,如里加、尼古拉耶夫和科洛姆纳等地。

(二)化学工业

在德国资本的推动下,俄国化学工业迅速崛起。19世纪下半叶,俄国新建诸多大型化工厂,奠定了化学工业的基础。1883年,俄国第一家纯碱厂建立,使用氨气加工纯碱。1890年,在卡姆区的邦久格镇建立使用勒布朗工艺生产纯碱的工厂,还附带生产其他化学产品。1900年,俄国生产的化学产品已基本能满足国内市场的需求。纯碱工厂主要集中于内陆各省份,硫酸和化肥生产则以波罗的海和波兰地区最多。② 19世纪末俄国化学工业的生产规模见表4-6③。

---

① *По руссским городам//* электричество, 1910. № 12. С. 6; По руссским городам// электричество. 1911. № 12. С. 6.

② Кафенгауз Л. Б. *Эволюция проwмышленного производства России(последняя треть XIX в. −30-е годы XX в)*. М., Эпифания, 1994. С. 47.

③ Кафенгауз Л. Б. *Эволюция проwмышленного производства России(последняя треть XIX в. −30-е годы XX в)*. М., Эпифания, 1994. С. 46.

表 4-6　19 世纪末俄国化学工业发展规模　（单位:吨）

产品名称	1888 年	1893 年	1897 年	1900 年
硝酸	491	262	426	1654
盐酸	4996	5881	8747	47 897
铅室硫酸	—	19 427	34 956	89 060
接触法(制)硫酸	38 740	—	—	5012
粗硫酸	—	9222	14 448	40 427
碳酸钠	12 285	38 340	49 076	75 939
苛性钠	377	11 057	13 760	28 093
过磷酸钙	868	360	737	2834
硫酸钠	2129	4062	8289	31 745
漂白粉	197	1966	4750	6208
硫化氧化铝	—	—	3587	5389

早期俄国的硫酸多由国外进口，因利润较高，大公司纷纷从国外进口设备建立硫酸工厂。1894 年，诺贝尔兄弟集团下属硫酸厂、希巴耶夫硫酸厂、杜巴耶夫硫酸厂和加里德留斯特硫酸厂的硫酸产量分别为 25 万、18 万、3 万和 2 万普特。[①] 1895 年，巴库地区已有 6 家硫酸工厂，年均产量达 100 万普特以上，还有 4 家苛性钠生

① Наниташвили Н. Л. *Экспансия иностранного капитала в закавказье(конец XIX–начало XX вв.)*. Тбилисск., Издательство Тбилисского университета, 1988. С. 68.

产厂家,年生产量为 20 万普特。①

20 世纪初,硫酸主要产区为波兰和波罗的海地区,该地区硫酸产量从 1900 年的 27.8 万普特增至 1908 年的 384.9 万普特。② 20 世纪初,涂料工业也快速发展,1912 年俄国境内人工涂料产品的产值约为 1157.8 万卢布。③ 1908—1913 年俄国化学产品的产量详见表 4-7④。

表 4-7　1908—1913 年俄国化学产品的产量　(单位:吨)

产品名称	1908 年	1910 年	1911 年	1912 年	1913 年
碳酸钠	110 552	123 247	139 578	153 665	159 873
苛性钠	42 098	46 897	48 486	46 422	49 338
硝酸	2146	5897	6585	8665	9992
盐酸	47 847	47 815	51 959	59 527	60 737
铅室硫酸	92 239	89 601	103 836	125 933	132 786
接触法(制)硫酸	1966	6585	6143	7797	32165

① Ахундов Б. Ю. *Монополистический капитал в дореволюционной бакинской нефтяной промышленности*. М., Изд-во социально-экономической литературы, 1959. С. 18.

② Наниташвили Н. Л. *Экспансия иностранного капитала в закавказье(конец XIX–начало XX вв.)*. Тбилисск., Издательство Тбилисского университета, 1988. С. 68; Кафенгауз Л. Б. Эволюция прошмышленного производства России (последняя треть XIX в. –30-е годы XX в). М., Эпифания, 1994. С. 98.

③ Кафенгауз Л. Б. *Эволюция прошмышленного производства России(последняя треть XIX в. –30-е годы XX в)*. М. , Эпифания, 1994. С. 148.

④ Кафенгауз Л. Б. *Эволюция прошмышленного производства России(последняя треть XIX в. –30-е годы XX в)*. М., Эпифания, 1994. С. 149.

续表

产品名称	1908 年	1910 年	1911 年	1912 年	1913 年
粗硫酸	28 649	45 816	53 646	59 314	51 142
过磷酸钙	12 072	39 690	42 589	55 202	62 868
硫酸钠	41 819	45 816	53 237	62 606	70 649
漂白粉	17 871	28 633	32 384	35 890	—
爆炸物	3179	4832	5422	8157	—

除电力和化学工业外，德国资本还涌入俄国的采矿、冶金和机器制造等工业部门，因篇幅有限，加上部分工业部门上文已有所涉及，此处不再多说。

二、两国贸易愈发繁荣

19 世纪下半叶，随着德国资本不断涌入俄国，俄德两国贸易往来日渐频繁，德国取代英国成为俄国第一大国际贸易伙伴。因此，德国资本涌入造成的影响，除推动了俄国大工业发展之外，其背后稳定的投资环境也为两国贸易提供了保障。

随着资本主义生产关系的逐渐普及，俄国对外贸易额快速增加。1841—1913 年，俄国对外贸易的规模详见表 4-8①。

① Томпстон С. Р. *Российская внешняя торговля XIX－начала XX в.: организация и финансирование*. М., РОССПЭН, 2008. С. 27.

表 4-8　1841—1913 年俄国对外贸易的规模　(单位:百万卢布)

年份	出口额	进口额	收支状况
1841—1845	132.3	119.9	12.4
1846—1850	151.8	131.6	20.2
1851—1855	133.2	130.0	3.2
1856—1860	225.6	205.9	19.7
1861—1865	225.9	206.7	19.2
1866—1870	317.3	317.8	—0.5
1871—1875	470.6	565.8	—95.2
1876—1880	527.3	517.8	9.5
1881—1885	549.9	494.3	55.6
1886—1890	630.9	392.4	238.5
1891—1895	621.4	463.5	157.9
1896—1900	698.2	607.3	90.9
1901	761.6	593.4	168.2
1902	860.3	599.1	261.2
1903	1001.2	681.7	319.5
1904	1006.4	651.4	355.0
1905	1007.3	635.1	442.2
1906	1099.9	800.7	294.2
1907	1053.0	847.4	205.6
1908	998.3	912.7	85.6
1909	1427.7	906.4	521.3

续表

年份	出口额	进口额	收支状况
1910	1449.1	1084.5	364.6
1911	1591.4	1161.6	429.8
1912	1518.8	1171.8	347.0
1913	1520.1	1379.0	141.1

1896—1898 年，俄国进出口贸易总额中，德国出口至俄国货物的占比为 28%。[①] 20 世纪初，俄国进出口商品结构发生变化，但德国仍是俄国最大的贸易伙伴，虽然两国曾发动“关税战”，但两国间的贸易所受影响较小。

19 世纪末，德国率先开展了第二次工业革命，电力和机器等工业部门迅速崛起，工业品大量出口至国外，成为俄国最大的贸易伙伴。与 19 世纪末一样，20 世纪初，俄国进口货物中工业品的比重仍最高，所以英德两国仍是其主要的贸易伙伴，具体数据详见表4-9[②]。

---

① Томпстон С. Р. *Российская внешняя торговля XIX–начала XX в.: организация и финансирование.* М., РОССПЭН, 2008. С. 16.

② Россия 1913 год. *Статистико-документальный справочник.* СПб., Блиц, 1995. С. 215–216.

表 4-9　20 世纪初俄国进口货物价值和比例

国家	1899—1903 年		1904—1908 年		1909—1913 年		1914 年	
	价值(百万卢布)	比例(%)	价值(百万卢布)	比例(%)	价值(百万卢布)	比例(%)	价值(百万卢布)	比例(%)
德国	221.8	35.2	290.6	37.8	497.1	43.6	652.2	47.5
英国	114.5	18.2	108.3	14.1	150.4	13.2	173.0	12.6
中国	48.9	7.8	78.7	10.2	79.2	7.0	84.1	6.1
美国	45.2	7.2	57.2	7.4	80.3	7.0	79.1	5.8
法国	28.5	4.5	29.4	3.8	56.1	4.9	57.0	4.1
波斯	23.5	3.7	24.9	3.2	36.5	3.2	43.6	3.2
印度	8.2	1.3	13.0	1.7	26.8	2.4	34.6	2.5
奥匈帝国	26.7	4.2	22.6	2.9	33.0	2.9	35.7	2.6
荷兰	10.2	1.6	12.0	1.6	19.3	1.7	21.4	1.6
意大利	9.8	1.6	11.3	1.5	15.8	1.4	16.8	1.2
日本	1.9	0.3	9.1	1.2	4.7	0.4	4.8	0.3
瑞典	4.6	0.7	7.6	1.0	10.5	0.9	16.9	1.2
土耳其	7.6	1.2	7.3	0.9	12.9	1.1	18.4	1.3
埃及	13.7	2.2	12.7	1.7	7.4	0.6	5.9	0.4
丹麦	4.7	0.7	6.4	0.8	8.5	0.7	12.9	0.9
挪威	6.0	1.0	7.5	1.0	8.8	0.8	9.8	1.7
其他国家	33.3	5.3	42.7	5.5	51.8	4.6	56.8	4.3
芬兰	21.1	3.3	28.2	3.7	40.5	3.6	51.0	3.7
总计	630.2	100	769.5	100	1139.6	100	1374.0	100

由此可知，19 世纪末 20 世纪初，德国是俄国主要进口国，进口大量的设备、化学燃料和电子产品，俄国出口至德国的粮食也不容忽视，成为促进俄国农业发展的推动力之一。

19 世纪下半叶至 20 世纪初，俄国的粮食出口量大增，成为国际粮食市场上最大的粮食供应国之一。虽然德国本国的粮食生产规模也不容忽视，但一直是俄国粮食主要出口国之一，因资料有限，仅以 19 世纪末 20 世纪初俄国各类粮食的收获量和出口量为例简要分析，具体数据详见表 4-10①。

① Давыдов М. А. *Всероссийский рынок в конце XIXX - начале XXX вв.* и железнодорожная статистика. СПб., Алетейя, 2010. С. 161.

表 4-10 1893—1913 年俄国各类主要粮食的收获量和出口量 （单位:千普特）

年份	黑麦			小麦			大麦			燕麦		
	收获量	出口量	出口量占比(%)	收获量	出口量	出口量占比(%)	收获量	出口量	出口量占比(%)	收获量	出口量	出口量占比(%)
1893	1 114 720	37 053	3.3	709 718	160 455	22.6	421 166	111 228	26.4	6 734 044	56 801	8.4
1894	1 341 087	85 671	6.4	697 675	209 762	30.1	351 272	153 139	43.6	673 910	94 395	14.0
1895	1 203 995	95 541	7.9	626 017	242 752	38.8	327 682	108 319	33.1	648 948	66 739	10.3
1896	1 181 142	83 717	7.1	606 512	224 633	37	324 955	81 605	25.1	645 948	67 512	10.5
1897	962 730	78 837	8.2	475 589	218 327	45.9	306 308	89 441	29.2	527 772	43 617	8.3
1898	1 097 484	71 418	6.5	678 029	183 564	27.1	397 797	106 320	26.7	556 332	25 264	4.5
1883—1898	1 150 193	75 373	6.6	632 257	206 582	32.7	354 863	108 342	30.5	620 992	59 055	9.5
1899	1 356 886	67 097	4.9	653 989	112 224	17.2	289 865	74 849	25.7	805 157	28 463	3.5
1900	1 393 641	104 063	7.5	657 550	122 979	18.7	309 358	53 676	17.4	720 215	80 047	11.1
1901	1 137 353	92 692	8.1	667 132	143 853	21.6	313 397	77 631	24.8	527 812	83 017	15.2
1902	1 378 534	109 395	7.9	931 437	190 701	20.5	442 096	104 165	23.6	786 122	63 333	8.1
1903	1 354 909	94 273	7	916 675	262 372	28.6	465 857	145 619	31.3	645 135	59 517	9.2
1899—1903	1 324 265	93 504	7.1	765 357	166 426	21.7	364 115	91 128	25	696 888	62 335	8.9

续表

年份	黑麦			小麦			大麦			燕麦		
	收获量	出口量	出口量占比(%)	收获量	出口量	出口量占比(%)	收获量	出口量	出口量占比(%)	收获量	出口量	出口量占比(%)
1904	1 506 805	73 377	4.9	1 033 855	289 368	28	451 541	151 838	33.6	943 773	54 062	5.7
1905	1 090 758	67 588	6.2	944 168	301 726	32	450 371	138 263	30.7	754 674	127 327	16.9
1906	982 671	73 725	7.5	749 260	228 184	30.5	408 430	148 810	36.4	561 168	69 544	12.4
1907	1 193 880	52 213	4.4	727 345	147 065	20.2	459 972	132 665	28.8	728 461	26 137	3.6
1908	1 168 799	31 775	2.7	812 723	94 127	11.6	491 060	161 389	32.8	739 477	29 374	4.0
1904—1908	1 188 583	59 736	5	853 470	212 094	24.9	452 384	146 593	32.4	745 511	61 289	8.2
1909	1 351 606	43 288	3.2	1 182 093	322 154	27.3	622 676	219 202	35.2	946 088	74 623	7.9
1910	1 299 405	47 758	3.7	1 162 046	383 683	32.8	602 788	244 702	40.6	856 205	83 947	9.8
1911	1 151 182	64 420	5.6	742 738	250 348	33.7	537 236	262 638	48.9	702 598	85 130	12.1
1912	1 567 736	37 258	2.4	1 036 356	169 511	16.4	606 045	168 708	27.8	864 424	51 799	6.0
1913	1 507 246	47 226	3.1	1 391 966	216 540	15.6	627 336	239 718	38.2	979 677	36 604	3.7
1909—1913	1 375 435	47 990	3.5	1 103 040	268 447	24.3	599 216	226 994	37.9	869 798	66 421	7.6

三、德国资本的社会影响

德国资本的社会影响有二:一是在其影响下,俄国电力工业垄断趋势日强;二因德国是第二次工业革命的发起国之一,所以其先进技术经验也随之传入俄国,推动了俄国技术革命进程;三是俄国城市有轨电车的大规模建设,促进了城市化规模的进一步扩大;四是同样推动了俄国金融市场的进一步完善。

(一)电力工业垄断趋势日强

在外国资本的作用下,俄国电力工业的垄断趋势逐步增强,其中西门子公司的作用最为显著,超过通用电气公司和联合公司。1899 年,德国人赫兹曾写道:"西门子公司在俄国成立已超过 40 年,俄国半数以上的电力商品都由该公司供应。"随着俄国商品进口关税的大幅提高,德国各大公司均在俄国建立分公司,为占领更大的市场份额,打击俄国竞争者,德国各大电力公司决定建立垄断组织。1898 年 5 月,罗特施泰因决定促成通用电气公司和联合公司谈判,谈判内容包括为圣彼得堡公司和"1886 年公司"供货,赫兹也在柏林与相关公司进行谈判,借机确定西门子公司在"1886 年公司"中的决定性作用,还与通用电气公司签订协议确定建立马拉铁路公司的股票事宜。但西门子公司的主要业务在莫斯科,不希望其他竞争者向该地供货,但为占领更多市场份额,西门子公司与通用电气公司和联合公司达成协议,协议规定了它们在莫斯科供应货物的比例分别为 2∶1∶1。赫兹也与德国银行进行谈判,决定划分圣彼得堡的市场份额。三家公司最终确认了之后"1886 年公司"

成为圣彼得堡有轨电车电力能源和相关设备的主要供货人，但因通用电气公司的条件没有得到满足，协议持续的时间不长。

1898 年末，西门子公司和联合公司签署协议，借机增强公司的竞争力，为促成协议，西门子公司负责人赫兹和圣彼得堡国际商业银行相关负责人进行谈判。1899 年 1 月，柏林的很多银行都参与了相关谈判。最终，德累斯顿银行、圣彼得堡国际商业银行、西门子公司和联合公司达成协议，它们为圣彼得堡和莫斯科轨道公司提供三分之二的产品供货、为华沙公司和里加公司分别提供 75%和 25%的产品供货，还共同提高联合公司的供货比例——其在圣彼得堡和圣彼得堡的供货比例可达 40%。① 在确定两个参加者的份额后，它们开始考虑是否允许通用天气公司签署协议，借机占领更多的市场份额。此外，西门子公司和联合公司还达成在巴库建立发电站的协议。1898 年 3 月，西门子公司负责人打算在巴库建立发电站为石油工业主供电，并开始与巴库石油公司开展合作。此后西门子公司设计了功率为 1.25 万千瓦的电站。

为占领俄国市场份额，罗特施泰因还与通用电气公司、瑞士、法国和比利时的公司签订协议、开展合作。因罗特施泰因与圣彼得堡国际商业银行关系密切，国际银行与巴库石油业主有较频繁的业务往来，圣彼得堡国际商业银行也建议其加强与通用电气公司开展合作。后期经过多次博弈，在西门子公司让出自己部分产品份额给通用电气公司和联合公司后，德国电力公司产品销售辛迪加也最终成立。1899 年 1 月，西门子公司、通用电气公司和联合

① Дякин В. С. *Германские капиталы в России. Электроиндустрия и электрический транспорт*. Л., Наука, 1971. С. 64.

公司签订了技术合作协议,决定扩大辛迪加集团规模,扩大产品销售市场,下文对该辛迪加的建立简要分析。

在各大电力公司进行谈判的同时,各银行之间的合作也推动了辛迪加的形成。西门子公司、通用电气公司和联合公司三家公司达成合作意向之后,与上述公司关系密切的商业银行也加入了投资者行列,辛迪加的规模得以扩大。为获得更多的利润,德国各大电力公司和银行之间也进行了频繁的谈判。

按罗特施泰因最初的方案,辛迪加的注册资本为2000万卢布,罗特施泰因(巴黎)银行持股10%,圣彼得堡国际商业银行和其分支机构的占比分别为5%和7.5%,巴黎的其他参加者持股5%,西门子公司、通用电气公司和联合公司各持股10%,俄国参与者共持股20%,外国企业和银行持股12.5%,剩余股份由一些本国银行和外国资本掌控。① 因各参与者之间的部分矛盾不可调和,该协议最终未能达成,各公司和银行只能重新进行谈判。

在多次谈判之后,各参加者之间最终达成协议,罗特施泰因银行的持股比例增加至16.5%,圣彼得堡国际商业银行持股比例增加至18.5%,俄国工业总公司的持股增加至7%,西门子公司、通用电气公司和联合公司各持股12%,法国瑞士电力工业公司持股10%,瓦尔沙乌埃尔公司持股3%,俄国对外贸易银行、信贷银行、顿河—亚速银行、私人银行和其他银行机构持股1%。后来又经过多次谈判之后,各国银行家和企业主的占比最终确定,辛迪加集团的注册资本之中,德国参与机构持有的股份为47.5%,法国参与者、俄国参

① Дякин В. С. *Германские капиталы в России. Электроиндустрия и злектрический транспорт.* Л., Наука, 1971. С. 70.

与者和其他参与者的持股占比分别为36%、12.5%和4%。[①] 1899年大辛迪加集团最终成立。

大辛迪加成立之后的第一项业务，也是唯一的业务是在巴库建立发电站。三家德国电力公司在圣彼得堡国际商业银行代表的力主下开始了合作，并决定成立电力股份公司。电力股份公司注册资本为400万卢布，一半股票由辛迪加持有，另外一半由巴库石油业主持有。电力股份公司与西门子公司、通用电气公司和联合公司签署协议，期限为5年。在该辛迪加的推动下，巴库电力工业快速发展，大型发电站纷纷建立，这些发电站专门为巴库石油业主供电。前文已提及巴库油田的发电量，此处不再多说。

辛迪加内部成员之间也有矛盾。如1899年5月，圣彼得堡电车修建引起了很多公司的关注。此前，市政局决定修建穿行涅瓦大街的电车，比利时丘列和诺托姆布公司、M. M. 波多别多夫集团和西门子公司均参加了招标工作。辛迪加内部关于圣彼得堡轨道股份公司的股票持有量也出现了分歧，通用电气公司决定增加圣彼得堡轨道股份公司的股票，联合公司和西门子公司主张减少购买该公司股票。

1899年春，就莫斯科轨道建设事宜，辛迪加集团内部成员在股份持有量问题上也发生了分歧。1899年秋天，世界经济危机开始，大辛迪加内部成员的竞争就此开启。为应对比利时和德国其他公司的竞争，西门子公司决定采取措施，保护本公司产品的市场份

① Дякин В. С. *Германские капиталы в России. Электроиндустрия и электрический транспорт.* Л., Наука, 1971. С. 71.

额。此时,各公司为摆脱危机,开始寻找出路。因莫斯科有轨电车问题,辛迪加成员间矛盾愈发突出。虽然在德国银行、西门子公司和“1886 年公司”的帮助下,莫斯科第一轨道公司解决了部分线路的电力供应问题,但受经济危机影响成效不大。

1900—1903 年,俄国经济危机爆发,其中冶金工业遭遇的危机最为严重。在此期间,俄国年均铸铁产量降低 15.2%,轨道建设长度年均降低 32%,蒸汽机车年均产量降低 25%。① 受经济危机的影响,政府订单大幅减少,很多大型工业企业和银行濒临倒闭。

经济危机对电力工业造成了较大的影响,电车、铁路和相关电气设备的供货量大幅降低。1901—1903 年西门子公司和沃里塔等公司亏损严重,为了减少损失,西门子公司不得已采取了各种措施,甚至注销了公司 20%的注册资本。日俄战争开始之后,各地电力公司的状况有所改善,军事设备订单的数量又大幅增加。

值得一提的是,经济危机期间,电力照明和电力运输工业的外资流入量不减反增。19 世纪 90 年代经济提升时期,上述工业部门年均外资流入量为 750 万卢布,经济危机期间反而增加至 990 万卢布。整个俄国经济危机期间(1900—1903),电力工业的外资投入量增加了 2490 万卢布,萧条时期(1904—1909)为 7410 万卢布。如果说 19 世纪末工业提升时期该工业部门外资投入量的增长率为 6.1%,那么经济危机时期其增长率为 10.5%,1904—1909 年则增长

① Яковлев А. Ф. *Экономические кризисы в России.* М., Государственное издательство политической литературы, 1955.С.269.

至31.4%。①

据统计,19世纪末工业提升时期电力工业中外国垄断集团的投入量为1.5亿卢布,占所有外资投入总量的3.1%,1900—1903年,电力工业中外资垄断集团的投入量为956万卢布,或占外资总投入量的4.4%。经济危机时期,新增外国资本主要用于购买联合公司股票,最终其他德国公司控制了该公司40%的股票,还有一部分资金用于购买该公司的债券,以及莫斯科中央公司的债券。1904—1909年,投入电力工业的外资增加了450万卢布。②

在经济危机时期,为摆脱财务危机,各大电力集团的政策各异,西门子公司和塞内加尔股份公司重新改组扩大了企业规模,通用电气集团改组为圣彼得堡通用电气公司,其他垄断组织的举措也各不相同。书克尔特公司也积极开展相关业务,之前该公司曾创建华沙电力公司,但后期因经营不善被迫清理,还签订了为期35年的租让合同。

经济危机期间赫利俄斯和联合公司仍积极开展业务,联合公司的资本增加了8倍,就外资投资额而言,占据各大公司第一位。赫利俄斯也积极开展业务,在俄国的投资量大增。

在经济危机之前,莫斯科中央电力公司对俄投资就大幅增加,公司规模进一步扩大,还积极参与其他公司的业务。1902年,该公司创建了南俄电力公司,但后期出售给了比利时企业主。同年,列

---

① Дякин В. С. *Германские капиталы в России. Электроиндустрия и злектрический транспорт*. Л., Наука, 1971. С. 89.

② Дякин В. С. *Германские капиталы в России. Электроиндустрия и злектрический транспорт*. Л., Наука, 1971. С. 90.

日(比利时)公司下属罗斯托夫铁路轨道公司开始开展轨道建设工作,该公司还参与了高加索电力轨道和照明公司的创建,后因开展业务需要大量的资金,加上缺少订单,公司最终亏损严重。

1900—1903 年经济危机期间,虽然俄国各工业部门均遭遇了不同程度的损失,但这一时期却是俄国垄断资本主义快速发展的时期。在此之前俄国大工业的生产集中程度就不断加强,19 世纪 90 年代俄国工厂数量增长了 18%,工人数量增加了 1.5 倍,产值增长了 2 倍。主要工业部门生产集中化程度大幅度增加,冶金、采煤和石油等工业部门表现得最为明显,其首要表现为股份公司的数量增加,1894—1899 年其数量增长了 35%。[①] 经济危机和萧条时期,俄国各工业生产集中化程度愈发突出。

经济危机和萧条时期俄国电力工业和电力运输工业的生产结构发生了变化,该工业部门的发展速度明显增加,与欧洲其他国家具有明显区别,主要表现如下:一是俄国电力工业发展的规模明显逊色于其他国家;二是俄国电力工业主要依靠外资,其他欧洲国家大多依靠自身投资和技术发展;三是与欧洲诸国不同的是,银行资本对俄国电力工业的影响十分显著。

1899 年年末,俄国有 7 大德国垄断组织,即西门子公司、通用电气公司、联合公司、书克尔特公司、赫利俄斯公司、辛格尔公司和拉梅伊耶尔公司,3 家比利时公司,即塞内加尔股份公司、列日银行集团和安培康采恩(垄断组织)。除此之外,法国和其他国家的资本也进入俄国电力工业。西门子公司规模巨大,它主导俄国西门

① Дякин В. С. *Германские капиталы в России. Электроиндустрия и злектрический транспорт.* Л., Наука, 1971. С. 97.

子—加利斯基公司、1886年公司、城市和地下线路公司，并注资秋多尔电力公司和塞内加尔股份公司（后面4家公司分别属于比利时圣彼得堡照明公司、俄国电力运营公司、喀山天然气和电力公司、库尔斯克有轨电车公司）。此外，还有一些大规模公司，像掌管中央电力公司的列日银行集团，在经济危机时期，德国大型垄断组织费尔滕·吉约姆公司也开始投资俄国电力工业。

经济危机期间，通用电气公司击溃了联合公司。1902年，两家公司签署成立因杰列谢·格迈因沙弗特公司的协议，此后通用电气公司的影响力明显加强。1903年，德国通用电气公司与美国通用电气公司签署协议瓜分世界市场。根据此协议，德国通用电气公司获得德国、奥地利、俄国、荷兰、瑞士、斯堪的纳维亚半岛和巴尔干半岛国家的市场，其他欧洲国家市场则由美国通用电气公司掌控。1904年之后，两家公司合作进一步深入，还在俄国成立电力总公司，其注册资本由100万卢布增加至700万卢布。新公司成立之后就与俄国西门子—加利斯基公司开始了竞争，为获取更高的市场份额，通用电气公司和联合公司合作在俄国建立了里加无轨电车公司和基辅发电站。

即便如此，俄国西门子—加利斯基公司的情况不容乐观，该公司最初打算击垮联合公司，并打算在德国银行支持下将其和书克尔特公司兼并，但因书克尔特公司的拒绝该计划最终“流产”，银行也因此停止给予相关的资金支持。1903年，因通用电气公司和联合公司开展合作，为对其进行制衡，书克尔特公司开始和俄国西门子—加利斯基公司开展合作。由于书克尔特公司财务状况不佳，所以俄国西门子—加利斯基公司没有与其展开全面的合作，只是兼并了书克尔特公司在华沙和里巴耶夫的分公司。此外,1903 年,西门子公司还掌控了赫利俄斯公司所属的电力设施公司。

因此,19 世纪末 20 世纪初,8 家德国康采恩合并后成立了 3 家大型康采恩集团,其中菲里捷—吉约姆—拉梅伊耶尔集团设计了基辅—斯瓦托西尼斯克轨道,并入股联合电缆工厂。其余两家大型德国康采恩为通用电气公司和西门子公司,它们垄断了俄国电力工业。

1906 年,俄国电力工业出现了全新的竞争者,美国人乔治·威斯汀豪斯购买了莫斯科中央公司,还在其基础上建立了俄罗斯威斯汀豪斯电气公司,注册资本为 2000 万法郎。法国威斯汀豪斯电气公司还曾入股巴黎塞内加尔股份公司,公司融入了美国、法国和比利时资本,一定程度上而言,俄国塞内加尔股份公司也有美国资本的身影。

经济危机和萧条时期,外国的康采恩纷纷在俄国建立子公司,垄断了俄国电力工业。俄国电力企业并不能打破外国资本的垄断,很多企业亏损严重,在竞争中纷纷落败。19 世纪 90 年代,投入俄国电工工业的资金增加了 1430 万卢布,增长了 65%;投入俄国电力工业和无轨电车领域的资金为 1 亿卢布,增长了 2.05 倍;投入有轨电车企业的资金增加了 5.8 倍。外资的大量投入使俄国民族资本遭到排挤,1899 年和 1909 年俄国电力工业中本国资本的占比分别为 22.3%和 8.5%。据统计,10 年间俄国资本的总投入量不超过 150 万卢布,而同期外国资本的总投入量则为 1.1 亿卢布。在此期间,俄国有轨电车企业的数量降低了 40%,基辅的大型有轨电车公司也被比利时公司兼并。[①]

1900—1909 年，俄国电力工业的垄断特征十分显著，很多大公司纷纷倒闭或联合起来应对经济危机。至此，俄国西门子—加利斯基公司和通用电气公司几乎掌控了俄国电力工业。此时，不被德国公司资本掌控的俄国企业只有修建基辅—斯瓦托西尼斯克轨道的菲里捷—吉约姆—拉梅伊耶尔公司。俄国电力工业中比利时公司的作用也十分显著，其中最著名的是塞内加尔股份公司，该公司掌控了俄国境内一半以上的比利时电力资本。1909 年上述三大资本投入量占俄国电力工业资本总投入量的 66%，而 1903 年其占比仅为 34%。[②] 俄国境内电力工业还有其他大型卡特尔组织，主要有二：一是圣彼得堡照明公司，该公司创建于 1901 年。尽管与西门子公司、通用电气公司和比利时电力公司规模相比，该公司规模稍显小，但 1909 年仍与上述公司签订了长期合同；二是有轨电车设备供货辛迪加，该领域有三家大型公司，即俄国西门子—加利斯基公司、电力总公司和威斯汀豪斯电气公司。除此之外，1908 年俄国还建立了铁路电工设备供货辛迪加。

1909—1910 年，俄国经济长期萧条的情况发生改变，开启了新一轮的工业提升，一直持续至“一战”之前。“一战”前俄国大银行的作用明显增长，且垄断趋势日渐增强。“一战”前的工业提升时期，欧洲银行和垄断组织直接将大量资金投入俄国工业，但大部分

---

① Дякин В. С. *Германские капиталы в России. Электроиндустрия и злектрический транспорт.* Л.， Наука， 1971. С. 131.

② Дякин В. С. *Германские капиталы в России. Электроиндустрия и злектрический транспорт.* Л.， Наука， 1971. С. 134.

外国资本都经过俄国银行投入俄国工业之中。

“一战”前,俄国电力工业规模继续扩大。1909—1914 年,电工工业中股份公司的数量由 12 家增加至 22 家,注册资本由 3490 万卢布增至 6050 万卢布;电力工业中股份公司数量由 13 家增加至 24 家,注册资本由 7080 万卢布增至 1.4 亿卢布;有轨电车股份公司数量由 25 家增加至 29 家。①

德国企业主竭力巩固自身在电力工业中的垄断地位,为达到这一目的,他们采取了两个措施:一是拓宽技术基地,二是加强与俄国银行和企业之间的联系。1913 年初,俄国书克尔特公司更名为俄国西门子—书克尔特公司,公司资本也从 300 万卢布增加至 1500 万卢布,并在市场上发行公司股票和证券。几个月后波兰西门子工厂成立,该工厂的前身为俄国西门子—加利斯基公司的华沙和塞内加尔公司。此外,西门子公司下属的加尔德里奇卡公司和斯塔梅罗夫斯基公司关系密切,并持有波兰西门子公司 25%的股票,注册资本总额为 100 万卢布。②

随着俄国经济形势的逐步好转,投入电工、电力和电力运输工业的资金逐步增加,与 1909 年相比,1914 年资本投入量增加了 1.2 亿卢布,与 19 世纪 90 年代第一次工业提升时期相比多了 6070 万卢布。1910—1914 年,俄国电力工业中外资投入量约为 9120 万卢布,与 1909 年相比增长了 63%,俄国资本投入量为 2650 万卢布,增

---

① Дякин В. С. *Германские капиталы в России. Электроиндустрия и электрический транспорт.* Л., Наука, 1971. С. 138-139.

② Дякин В. С. *Германские капиталы в России. Электроиндустрия и электрический транспорт.* Л., Наука, 1971. С. 139.

加了1.76倍。此时,电力工业中俄国资本的投入量占比已近三分之一,已与德国垄断集团开始竞争,电力和电力运输工业均出现该趋势。①

尽管俄国资本的投入量逐年增加,但在电力和电力运输工业中资本大头仍是外资,当时德国资本投入占比为39.7%,电工技术占比更是高达60.4%,电能工业的占比为48.7%。此时期比利时资本的投入量占比约为34.4%,但主要投入有轨电车企业,法国资本占比为6%,其他国家资本投入量的占比为5.6%。② 因此,俄国电力工业中德国资本占比最高,其次为比利时资本,二者垄断了俄国电力工业。

需要强调的是,为占领更多市场份额,20世纪初,各大外资集团也展开了合作,三家大型垄断集团(即西门子公司、通用电气集团和塞内加尔股份公司)也签署了合作协议。

(二)推动了技术革命进程

19世纪下半叶至20世纪初,由于德国工业发展迅速,在世界工业总产值中的比重一度超过法国和英国,仅次于美国,位居世界第二位。这一时期各国工业产值的具体占比详见表4-11③。

---

① Дякин В. С. *Германские капиталы в России. Электроиндустрия и электрический транспорт*. Л., Наука, 1971. С. 206.

② Дякин В. С. *Германские капиталы в России. Электроиндустрия и электрический транспорт*. Л., Наука, 1971. С. 207.

③ 关勋夏:《十九世纪末二十世纪初德国经济发展的特点与德帝国主义的特征》,《历史教学》1957年第8期,第17页。

表 4-11　1860—1913 年世界工业生产总产值中英国、美国、德国和法国的占比（%）

年份	英国	美国	德国	法国
1860	36	17	16	12
1870	32	23	13	10
1880	28	28	13	9
1890	22	31	14	8
1900	18	31	16	7
1910	14	35	16	7
1913	14	36	16	6

因德国工业世界领先,又是第二次工业革命的发起国,所以大量德国资本和外资集团进入俄国,推动了俄国技术革命进程。1887 年,德国通用电气公司在柏林成立后,和西门子公司很快控制了德国九成以上的电气行业,并在国外建立了众多的分支机构,对俄国电气行业产生重要影响的也是上述几家公司,它们对俄国技术革新进程的影响表现在如下几个方面。

首先,国外相关技术为技术革命开展提供了理论基础,推动俄国自然科学研究迅速发展,并成为技术革命开启的重要推力。19 世纪末,莫斯科大学教授雅·格·斯托列托夫主要从事电磁学和光电原理研究,发现了光电效应的基本规律。物理学家亚·斯·波波夫发明了无线电报,为俄国最早研究电磁波的科学家之一,制成了俄国第一部无线电报机。这些理论成果直接推动了俄国物理学的发展,部分成果迅速转化为生产力。化学领域最杰出的化学家为圣彼得堡大学教授德米特里·门捷列夫,他发现了化学元素周期表,并预测一系列新的化学元素。就航天学而言,康斯坦丁·齐奥尔科夫斯基是现代宇宙航天学的奠基人,被称为“航天之父”。此时,俄国知名学者众多,自然科学研究的快速发展推动了技术革命的进程,科学与技术的结合度更高,最终带动了产业革命的到来。

其次,外资直接推动了俄国技术革新进程。上文已提及技术革命的内容,此处仅对交通运输领域技术革命的内容进行分析。俄国交通运输领域的革命主要表现如下:一是蒸汽机船的广泛普及和蒸汽轮船制造业的发展;二是铁路大规模建设热潮开启,铁路长度迅速增加;三是交通运输工具所使用的燃料以矿物燃料为主,推动了燃料结构矿物化进程。

19 世纪初,俄国所有使用的大部分轮船都从国外进口,伏尔加轮船公司的第一艘拖轮“伏尔加号”就从荷兰进口,船只功率为 250 马力。① 俄国造船业最为发达的地区为伏尔加河流域,巴拉赫纳、戈罗杰茨、下诺夫哥罗德、切博克萨雷、尤里耶韦茨、喀山、索利卡姆斯克、拉波特卡等地都有大型造船厂分布。19 世纪中叶,随着蒸汽机船的普及,俄国蒸汽轮船制造业快速发展,轮船数量大幅增加,1852—1861 年伏尔加河流域轮船数量增加 2 倍。1853 年,俄国各河流共有 83 艘轮船,功率为 7229 马力,1861 年轮船达 405 艘,功

① Марухин В. Ф. *История речного судоходства в России.* М., Орехово-Зуевский педагогический институт, 1996. С. 163.

率为 2.7 万马力。[①] 19 世纪下半叶,俄国蒸汽造船业发展更为迅速,1856 年,伏尔加河流域航行船只中进口轮船的占比仅为 20.5%。[②] 1860 年,伏尔加河流域共有蒸汽轮船 400 艘,几乎都由俄国制造。[③] 1895 年和 1912 年,俄国轮船数量分别为 2500 艘和 5556 艘。[④]

20 世纪初,伏尔加河流域的蒸汽船只的数量增加 8 倍,功率增长 4 倍。[⑤] 虽然俄国蒸汽造船业快速发展,但非蒸汽动力船只仍是河运的主角。19 世纪末,约 6%的货物由蒸汽轮船运输,94%的货

---

① Истомина Э. Г. *Водный транспорт России в дореформенный период.* М., Наука, 1991. С. 58; Халин А. А. *Система путей сообщения нижегородского поволжья и ее роль в хоциально-экономическом развитим региона(30–90 гг. XIX в.)*. Нижний Новгород., Изд-во Волго-вятекой академии государственной службы, 2011. С. 179.

② Фурер. Л. Н. *К Истории развития волжского пароходства//* История СССР. 1959. №2. С. 156.

③ Сметанин С. И., Конотопов М. В. *Развитие промышленности в крепостной России.* М., Изд-во «Академический проект», 2000. С. 410.

④ Халин А. А. *Система путей сообщения нижегородского поволжья и ее роль в Социально-экономическом развитим региона (30 – 90 гг. XIX в.)*. Нижний Новгород., Изд-во Волго-вятекой академии государственной службы, 2011. С. 170.

⑤ Истомина Э. Г. *Водный транспорт России в ДореФорменный Период.* М., Наука, 1991. С. 58; Халин А. А. *Система путей сообщения нижегородского поволжья и ее роль в Социально-экономическом развитим региона(30–90 гг. XIX в.)*. Нижний Новгород., Изд-во Волго-вятекой академии государственной службы, 2011. С. 174 – 175, С. 179; Сметанин С. И., Конотопов М. В. *Развитие промышленности в крепостной России.* М., Изд-во « Академический проект », 2000. С. 410; Марухин В. Ф. *История речного судоходства в России.* М., Орехово-Зуевский педагогический институт, 1996. С. 227.

物仍由传统的非蒸汽船运输。[①] 涅瓦河、伏尔加河和第聂伯河的非蒸汽船只货运量占比分别为 66%、61%和 49%。[②]

铁路是交通运输革命的代表。早期俄国铁路建设与世界同步，1835 年，俄国开始修建第一条铁路之时，英国铁路的总长度仅为 894 俄里，法国和比利时的铁路长度分别为 64 俄里和 23 俄里，奥地利和普鲁士还未修建铁路。1845 年，欧洲的铁路里程已达 9900 俄里，俄国铁路长度仅为 158 俄里；克里米亚战争结束之时，欧洲各国铁路的总长度已达 3.7 万俄里，俄国铁路长度仅为 1100 俄里，只为欧洲铁路总长度的 3%。[③] 俄国政府意识到铁路的重要作用后，在政府政策扶持下，铁路建设规模不断扩大。

19 世纪下半叶，俄国出现两次铁路建设热潮，铁路网络不断扩大。到 1898 年，俄国铁路网已覆盖欧俄地区 64 省、芬兰地区 8 省和俄国亚洲部分 7 省。20 世纪初，俄国的 949 个城市中已有 418 个城市修通铁路。[④] 1900 年末，俄国铁路长度达 5.1 万俄里。至 1913 年，俄国铁路的总长度已超 6.3 万俄里。[⑤] 随着交通运输革命

---

① Халин А. А. *Система путей сообщения нижегородского поволжья и ее роль в Социально-экономическом развитим региона (30 – 90 гг. XIX в.)*. Нижний Новгород., Изд-во Волго-вятекой академии государственной службы, 2011. С. 175.

② *Экономическая история россии с древнейшихвремен до 1917 г* . Том первой. М., РОССПЭН, 2009. С. 524.

③ Сучков Н. Н. *Внутрение пути сообщения России.* // Федоров В. П. Россия в ее прошлом и настоящем (1613–1913) . Типография В. М. Саблина, 1914. С. 15.

④ Соловьева А. М. *Железнодорожный транспорт России во второй половине XIX в.* М., Наука, 1975. С. 272, 275.

⑤ Соловьева А. М. *Железнодорожный транспорт России во второй половине XIX в.* М., Наука, 1975. С. 247, 249, 254.

的不断深入,铁路打破了俄国部分地区的闭塞状态,各地区的联系日趋紧密,社会经济蓬勃发展。

技术革命是俄国现代化的重要组成部分,工业领域的技术革新直接推动了工业革命的进程,轻重工业都蓬勃发展,俄国一跃成为工业强国;交通运输革命开始后,俄国交通运输设施逐步完善,水路运输的工具和方式逐步完善,铁路更是社会经济发展的重要推力,大力兴修铁路成为生产力发展的助推器,蒸汽轮船的逐渐推广为水路的崛起提供了良机。

(三)推动了俄国城市化进程

德国等国资本推动了俄国城市化进程,其主要表现为推动了城市基础设施的逐步完善。

俄国第一条有轨电车线路首先在基辅建立。1891 年 9 月,基辅市有轨电车线路开工,为筹集资金城市杜马大举借债,1892 年 6 月该线路正式通车。继基辅之后第二个开通有轨电车的城市是下诺夫哥罗德。早在 1895 年,P. K. 加尔特曼代表芬兰轻型轮船公司与下诺夫哥罗德城市管理局签订有轨电车建设和运营合同,但展览会结束后却是德国西门子公司获得了下诺夫哥罗德有轨电车线路的建设许可。不久后,下诺夫哥罗德有轨电车线路正式通车。1910 年,拥有 12 万居民的下诺夫哥罗德已有 11 俄里有轨电车线路。

叶卡捷琳诺斯拉夫是俄国第三个建设有轨电车线路的城市。1895 年,城市杜马邀请巴黎铁路和轨道公司与比利时阿诺尼姆公司代表洽谈建立有轨电车的系统方案。第二年,所有公司的股份出售给比利时阿诺尼姆公司,有轨电车线路很快建成。继叶卡捷琳诺斯拉夫之后,20世纪初之前,比利时阿诺尼姆公司还在俄国6个城市建立有轨电车线路,分别是伊丽莎白格勒、库尔斯克、维捷布斯克、塞瓦斯托波尔、奥廖尔和克列缅丘格。萨拉托夫城市杜马和比利时阿诺尼姆公司就有轨电车线路建设事宜进行讨论,到1909年,萨拉托夫有轨电车线路长度已超30俄里。莫斯科和圣彼得堡有轨电车线路规模最大,上文已提及,此处不再多说。

(四)俄国金融市场愈发繁荣

19世纪80年代之前,德国自身工业发展规模有限,此时金融业发展稍显滞后,所以进入俄国的资本不多,但在此之前很多俄国的有价证券在德国市场上销售。很多学者认为,德国银行的活动具有明显的爱国特征。И. И. 列温就曾指出,德国金融机构总是履行自己对祖国的义务,银行是德国对外贸易扩张的主要手段之一,德国银行家仔细研究市场,力求推动出口业务发展,成为德国工业品进入国际市场的保障。所以,德国银行的工作一直都与祖国的政治利益交织在一起。法国历史学家也支持该观点,A. 奥杰在《德国工业扩张方法》(1916年于巴黎出版)一书中写道,德国工业主和银行家可以获得政府的官方信息,还可通过使馆获得相关数据。

基尔希纳曾指出,19世纪末20世纪初德国银行的资本数额有限,但与其他国家大型金融集团一样,拥有很大的政治影响力。德国投资者投资时总是能权衡利弊,抱团取暖,注重各国平衡发展。据统计,投入俄国企业的外资之中,法国资本的占比约为三分之一,英国资本的占比为三分之一,德国资本的占比约为五分之一。[①]

在俄国实业界最具影响力的是德国银行组成的“俄国财团”,维特担任俄国财政大臣之后该财团成立。该财团成员包括德国贴现清算银行、门德尔松私人银行、勃兰史坦私人银行、罗伯特·瓦尔沙乌耶尔银行,以及柏林罕杰里斯清算银行等等。

门德尔松私人银行始创于1805年,由门德尔松家族创建,该家族十分富有,在金融领域拥有丰富的经验,主要购买俄国政府债券,投资俄国金融业和工业,有从事国际业务的丰富经验。

勃兰史坦私人银行始建于1803年,经过多年经营,成为欧洲大型银行之一,影响不容小觑。与门德尔松私人银行和勃兰史坦私人银行相比,罗伯特·瓦尔沙乌耶尔银行成立较晚,于1849年成立,但在国内外金融市场上广泛开展相关业务。1905年罗伯特·瓦尔沙乌耶尔银行与丹施塔斯基银行合并。

德国贴现清算银行成立于1851年,该银行业务范围十分广泛,与西门子公司有多年的业务往来,也积极地投资石油工业,还和德国采矿和钢铁工业的业务往来十分密切。

在俄国,德国杰伊特奇银行的作用十分突出,该银行于1870年在柏林成立。1886年,该银行在法兰克福创建了分行,其业务范围十分广泛,利润甚至超过法兰克福银行。从1887年开始,杰伊特奇银行、德国贴现清算银行和勃兰史坦私人银行联合瑞士和英国银行共同开展工作。

德国历史学家列姆克认为,德国银行对俄国投资始于1872年,

---

① *Иностранное предпринимательство и заграничные инвестиции в России*. Очерки. М., РОССПЭН, 1997. С. 146.

埃尔兰格尔兄弟银行(1904 年)、德累斯顿银行、柏林罕杰里斯清算银行、杰伊特奇银行和罗伯特·瓦尔沙乌耶尔银行等纷纷开展了相关工作。“俄国财团”的成员众多,在俄国的投资方式也略有不同,如门德尔松私人银行等直接参与俄国工业,于1895 年接纳了圣彼得堡国际商业银行建议,打算在俄国建立股份制机器制造公司“加特曼”。1895 年夏天,圣彼得堡国际商业银行经理特施泰因商业写信给门德尔松,就创建加特曼公司的事宜进行讨论,按照双方协议公司注册资本为 400 万卢布,其中一半属于圣彼得堡国际商业银行,另一半属于德累斯顿银行。在门德尔松的建议下,罗伯特·瓦尔沙乌耶尔银行和门德尔松私人银行也参与了公司组建工作。门德尔松还建议俄国的合作伙伴参与 A. 莱辛的企业,即共同创办俄国科伦缅斯基机器制造厂。杰伊特奇银行在俄国主要投资电力和电工工业,所以该公司与西门子公司联系密切。

在德国资本和诸多外国资本作用下,俄国金融业发展迅速,其主要表现如下。

一是俄国商业银行数量大增。俄国第一家商业银行始建于 1864 年,至 1873 年俄国商业银行的数量增至 36 家,1917 年其数量达53家①,但大多集中于大城市,其中 15 家位于圣彼得堡,8 家位于莫斯科。②

二是大型商业银行大规模投资实业。对此上文已提及,此处

---

① Саломатина С. А. *Комерческие ванки в России: динамика и структура операций, 1864-1917.* М., РОССПЭН, 2004. С. 107-108.

② Грегори П. *Поиск истины в исторических панных* // Экономическая история. Ежегодник. М., РОССПЭН, 1999. С. 478.

不再多说,但圣彼得堡国际商业银行、圣彼得堡核算及信贷银行为俄国商业银行的龙头。1880 年起俄国境内和国际金融市场上所有的国有、铁路和抵押证券业务几乎都被二者垄断。圣彼得堡国际商业银行、圣彼得堡核算及信贷银行、圣彼得堡私人商业银行、圣彼得堡—莫斯科银行和圣彼得堡—亚速银行为俄国规模较大的商业银行,19 世纪末上述银行都开始进军工业。

三是在外资作用下,俄国证券市场逐步完善。19 世纪 90 年代有价证券业务交易量不断增加,证券产品种类不断增加,在维特力主之下,1900 年圣彼得堡交易所证券部成立,俄国证券交易所翻开全新篇章。1894—1914 年俄国发行 49 期无期公债,总金额为 38.4 亿卢布,铁路债券所占比重较高,达 13.5 亿卢布。[①]“一战”前夕俄国股份公司的股票价值由 5 亿卢布增加至 13.2 亿卢布,股份公司注册资本由 9 亿卢布增加到 19.6 亿卢布。[②]

“一战”前,银行对电力工业的影响增强,但各大银行间也开始了博弈。此时大部分外国银行都与西门子和通用电气公司支持的银行往来密切,布鲁塞尔的塞内加尔股份公司也是如此。而俄国银行也开始参与俄国电力工业,一部分银行直接参与企业建设,一部分银行通过购买公司有价证券来染指电力工业。以俄亚银行为代表,它领导两大辛迪加,即盐水蒸馏电能传送公司和电力道路公司。此外,俄亚银行还与圣彼得堡私人银行共同提供资金,保障高

---

① Денисов А. Е. *Государственные займы российской империи 1798-1917 Годов*. ИД "Финансы и кредит", С. 73-74, 144-147.

② Бородкин Л. И., Коновалова А. В. *Российский фондовый рынок в начале XX века.* СПб., Алетейя, 2010. С. 37-38.

加索、乌拉尔和阿尔泰地区电力轨道的勘探工作，还包括中亚无轨电车线路的勘探工作。

圣彼得堡国际商业银行也参与三家俄国银行辛迪加的创建，并与俄亚银行和圣彼得堡私人银行开始广泛合作，共同商讨圣彼得堡城市电气化计划。圣彼得堡私人银行与西门子公司和德国康采恩的比利时公司关系密切，虽然其没有参与电力输送公司的组建工作，却积极参与伊马特尔公司的组建工作。在其他电力辛迪加中，俄国银行的作用也不容忽视，俄国对外贸易银行、西伯利亚银行和联合银行也纷纷参与电力输送辛迪加、电力道路公司、萨穆尔—巴库辛迪加的组建工作。

20 世纪初，大多数俄国银行对电力工业颇感兴趣，希望借机获取高额利润。因电力工业是德国康采恩的主要阵地，所以俄国这些新成员们都想挤占德国公司的市场份额，取代它们的地位，但效果不大。

与其他国家资本不同的是，德国资本更为关注俄国实业。因德国大工业于 19 世纪 80 年代才迅速发展，所以其资本大规模投资于俄国工业的时间略晚于其他欧洲大国。即便如此，德国资本在推动俄国重工业，尤其是电力、化学和机器制造等工业部门中的作用十分突出，在金融业、贸易和交通运输业中的作用亦不容忽视。

第五章　其他主要国家的资本规模和作用

除英、德、法的资本外，在俄国经济发展过程中美国、比利时和瑞典资本的作用也不容忽视，与其他国家一样，上述三国资本流入俄国的方式有三：一是直接投资俄国实业，如美国的缝纫机和农机制造公司一方面在俄国建立庞大销售网络，一方面在当地建立生产企业以便获得高额利润；二是利用本国雄厚的资金建立股份制公司，然后投资俄国大工业；三是购买俄国工业企业的股票和债券，间接地投资俄国工业和银行业部门。上述几国外资在俄国社会经济发展过程中的作用虽逊色于其他欧洲大国，但其社会和经济影响仍不容小觑。

第一节　美国资本的规模及其作用

19 世纪下半叶，美国工业迅速发展，很多产品大量出口至国外，其缝纫机和农机产品就颇受俄国居民的青睐。美国企业主最初采取建立庞大销售网络的方式来维系公司利润，但后来俄国政府提高了产品进口关税后，加上其他国家产品的竞争，美国投资者只能改变经营策略——在俄国建立工厂直接销售产品，借机获取高额利润。

一、19 世纪末美国经济发展规模概述

南北战争结束后，美国统一的国内市场最终形成，直接推动了俄国大工业的发展。这一时期，美国重工业发展速度超过轻工业，在国民经济机构中重工业占主导。据统计，1860—1913 年，美国棉纺织工业总产值增长约 6 倍，但煤炭和钢铁等工业部门的产值增长高达数十倍。

19 世纪初，美国煤炭工业发展十分落后，煤炭产量很低。19 世纪上半叶，美国煤炭工业初具规模。据统计，1822—1850 年，美国的采煤量增长了 118.7 倍，1851—1900 年，又增长了 21.8 倍。① 19 世纪末，美国采煤量发展最为迅速。1871—1899 年，美国的采煤量增长 4.4 倍。至 1900 年，美国的采煤量达到 2.45 亿吨，已高于英国的煤炭产量，1850—1914 年美国的采煤量详见表 5-1②。

① Дьяконова И. А. *Нефть и уголь в энергетиге царской России в международных сопоставлениях.* М., РОССПЭ, 1999. С. 41.

② ［苏］尤·瓦尔加主编：《世界经济危机：1848—1935》，戴有振等译，世界知识出版社 1958 年版，第 440—442 页。

表 5-1 1850—1914 年美国的煤炭产量 (单位:百万长吨)

年份	煤产量	年份	煤产量	年份	煤产量
1850	6.3	1872	45.9	1894	152.4
1851	7.8	1873	51.4	1895	172.4
1852	8.8	1874	47.0	1896	171.4
1853	9.4	1875	46.7	1897	178.8
1854	10.7	1876	47.6	1898	196.4
1855	11.5	1877	54.0	1899	226.6
1856	12.1	1878	51.7	1900	240.8
1857	11.9	1879	60.8	1901	261.9
1858	12.5	1880	63.8	1902	269.3
1859	14.0	1881	76.7	1903	319.1
1860	13.0	1882	92.5	1904	314.1
1861	14.7	1883	103.3	1905	350.6
1862	15.6	1884	107.3	1906	369.8
1863	19.0	1885	99.3	1907	428.9
1864	21.1	1886	101.5	1908	371.3
1865	21.2	1887	116.7	1909	411.4
1866	25.9	1888	132.7	1910	447.9
1867	27.4	1889	126.1	1911	443.2
1868	29.3	1890	140.9	1912	477.2
1869	29.4	1891	150.5	1913	508.9
1870	29.5	1892	160.1	1914	458.5
1871	41.9	1893	162.8		

注:1 长吨=1.016046909652 吨

19 世纪末，美国的采煤量跃居世界首位，俄国采煤量虽然逐年增加，但世界总采煤量中其占比仍非常低，19 世纪下半叶至 20 世纪初俄美两国采煤量增速详见表 5-2①。

表 5-2　19 世纪下半叶至 20 世纪初俄美两国采煤量增速一览表（与上一年产量之比）

年份	俄国	美国
1859	—	112%
1860	—	93%
1861	129%	113%
1862	90%	106%
1863	104%	122%
1864	111%	111%
1865	96%	101%
1866	119%	122%
1867	96%	106%
1868	103%	107%
1869	134%	100%
1870	115%	100%
1871	120%	142%
1872	131%	110%

① Дьяконова И. А. *Нефть и уголь в энергетиге царской России в международных сопоставлениях.* М., РОССПЭ, 1999. С. 42-44.

续表

年份	俄国	美国
1873	107%	112%
1874	110%	91%
1875	132%	99%
1876	107%	102%
1877	98%	96%
1878	141%	118%
1879	116%	105%
1880	113%	120%
1881	106%	122%
1882	108%	112%
1883	106%	104%
1884	98%	104%
1885	109%	93%
1886	107%	102%
1887	99%	115%
1888	115%	114%
1889	120%	95%
1890	97%	112%
1891	104%	107%
1892	111%	106%
1893	110%	102%

续表

年份	俄国	美国
1894	115%	94%
1895	104%	113%
1896	103%	99%
1897	119%	104%
1898	110%	110%
1899	113%	115%
1900	116%	106%
1901	102%	109%
1902	100%	103%
1903	108%	118%
1904	110%	98%
1905	95%	112%
1906	116%	105%
1907	123%	116%
1908	100%	87%
1909	100%	111%
1910	96%	109%
1911	114%	99%
1912	110%	108%
1913	115%	107% *

除煤炭工业外,19 世纪末,美国石油工业蓬勃发展,其采油量

曾跃居世界首位,除个别年份外,美国采油量一直独占鳌头。1859—1914年,美国的采油量规模详见表5-3①。

表5-3　1859—1914年美国采油量规模　(单位:千桶,每桶为42加仑)

年份	产量	年份	产量	年份	产量
1859	0.2	1875	878.8	1891	5429.3
1860	50.0	1876	913.3	1892	5051.5
1861	211.4	1877	1335.0	1893	4843.1
1862	305.7	1878	1539.7	1894	4934.4
1863	261.1	1879	1991.1	1895	5289.2
1864	211.6	1880	2628.6	1896	6096.0
1865	249.8	1881	2761.1	1897	6047.6
1866	359.8	1882	3035.0	1898	5536.4
1867	334.7	1883	2345.0	1899	5707.1
1868	364.6	1884	2421.8	1900	6362.1
1869	421.5	1885	2185.9	1901	6938.9
1870	526.1	1886	2806.5	1902	8876.7
1871	520.5	1887	2828.3	1903	10 046.1
1872	629.3	1888	2761.2	1904	11 703.1
1873	989.4	1889	3316.4	1914	24 840.0
1874	10 927	1890	45 824		

① [美]杰拉尔德·冈德森:《美国经济史新编》,杨宇光等译,商务印书馆1994年版,第396页;[美] H. N. 沙伊贝、H. G. 瓦特、H. U.福克纳:《近百年美国经济史》,彭松建等译,中国社会科学出版社1983年版,第34页。

虽然美国的总采油量超过俄国,但19世纪末20世纪初俄国的采油量增速曾一度超过美国跃居世界首位,具体数据详见表5-4①。

表5-4　19世纪下半叶至20世纪初俄美两国采油量增速一览表（与上一年产量之比）

年份	俄国	美国
1859	99%	200%
1860	95%	25000%
1861	100%	423%
1862	100%	147%
1863	154%	85%
1864	158%	81%
1865	103%	118%
1866	125%	144%
1867	144%	93%
1868	74%	109%
1869	229%	116%
1870	101%	125%
1871	81%	99%
1872	112%	121%
1873	262%	157%

① Дьяконова И. А. *Нефть и уголь в энергетиге царской России в международных сопоставлениях.* М., РОССПЭ, 1999. С. 44-46.

续表

年份	俄国	美国
1874	123%	110%
1875	121%	109%
1876	205%	76%
1877	128%	146%
1878	133%	115%
1879	114%	129%
1880	105%	132%
1881	165%	105%
1882	126%	110%
1883	116%	77%
1884	149%	103%
1885	129%	90%
1886	107%	128%
1887	130%	101%
1888	114%	98%
1889	105%	127%
1890	118%	130%
1891	121%	118%
1892	105%	93%
1893	113%	96%
1894	92%	102%
1895	127%	107%

续表

年份	俄国	美国
1896	102%	115%
1897	109%	99%
1898	115%	91%
1899	108%	103%
1900	114%	111%
1901	112%	109%
1902	95%	126%
1903	94%	113%
1904	103%	116%
1905	67%	115%
1906	109%	94%
1907	116%	131%
1908	102%	107%
1909	106%	103%
1910	104%	114%
1911	96%	105%
1912	101%	101%
1913	99%	111%

除上述工业部门外，19 世纪末，美国生铁和炼钢工业也迅速发展。至 1904 年，大型冶铁业工厂的数量为 190 个，从业人员为 3.5

万人,总产值达 2.3 亿美元。① 在冶铁业的带动下,美国炼钢业也快速发展,1890 年、1900 年和 1914 年钢产量分别为 430 万、1000 万吨和 2350 万吨。② "一战"前,美国的钢铁产量已跃居世界首位。

1860 年,美国的工业产值为 19.1 亿美元,1870 年其工业产值占世界工业总产值的比率已达 23%,仅次于英国、法国和德国;1894 年,美国工业产值跃居世界第一,达 94.9 亿美元;③1900 年,美国工业产值占世界工业总产值的 31%,同期英国、德国和法国的占比分别为 22%、16%和 7%;1910 年,美国工业产值占世界总产值的 35%,1913 年增至 38%,成为世界头号工业强国。具体数据详见表 5-5④。

表 5-5 1860—1913 年美、英、德、法四国工业产值在全球所占比重(%)

国家	1860 年	1870 年	1880 年	1890 年	1900 年	1910 年	1913 年
美国	17	23	28	31	31	35	38
英国	36	32	28	22	22	14	14
德国	16	13	13	14	16	16	16
法国	12	10	9	8	7	7	6

① [苏]列·阿·门德尔逊:《经济危机和周期的理论与历史》(第二卷),吴纪先等译,生活·读书·新知三联书店 1976 年版,第 753 页。

② 刘淑兰主编:《主要资本主义国家近现代经济史》,中国人民大学出版社 1987 年版,第 141 页。

③ [苏]列·伊·祖波克:《美国史纲:1877—1918》,庚声译,生活·读书·新知三联书店 1962 年版,第 6 页。

④ 中国科学院经济研究所世界经济研究室编:《主要资本主义国家经济统计集(1848—1960)》,世界知识出版社 1962 年版,第 2 页。

续表

国家	1860 年	1870 年	1880 年	1890 年	1900 年	1910 年	1913 年
四国合计	81	78	78	75	72	72	74

1890—1899 年美国居民数量增长 3 倍，工业品产量增长 12 倍，1900 年工业企业的数量达 20.5 万家，工人数量达 500 万。与 1860 年相比，工人数量增长了 5 倍，工业投入量增长了 10 倍，产值增长 6.5 倍。① 随着俄国大工业快速发展，工业品的出口量大增，且俄国关税大幅提高，很多美国企业主赴俄国建厂，从事相关工商业活动。

二、美国企业主在俄国的活动历程

据史料记载，俄美两国最初的贸易联系始于 1783 年，此后 50 年间双方仅保持贸易往来，虽然双方签订的第一份贸易条约是在 1811 年，但直到 1830 年初，俄美两国的贸易结构均未发生变化，农产品占据主导地位，但此时美国出口至俄国的商品结构已悄然发生了变化。此时美国的工业革命已开启，机器产品数量大增，从 19 世纪六七十年代开始，建筑机械、农机、蒸汽机、缝纫机等产品就大量出口国外，许多美国人在俄国从事上述产品的贸易。

19 世纪三四十年代俄国建设铁路时，俄国政府试图直接引进美国的技术和经验，从美国邀请工程师直接参与圣彼得堡—莫斯科铁路建设工作。1843 年末，圣彼得堡国有亚历山大铸铁和机械

① Лебедев В. В. *Русско-американские отношения(1900－1917 гг.)*. М., Международные отношения, 1964. С. 19－20.

工厂租赁给美国乔治·哈里松公司,开始生产铁轨和相关铁路设备。

在美国人的帮助下,俄国工厂规模逐步扩大,除生产相关设备外,美国乔治·哈里松公司还可零关税从国外进口零件后组装机车和车厢。从1860年开始,该公司遭遇了危机。1868年,因俄国铁路总公司提供的产品亏损,公司濒临倒闭,但仍是尼古拉铁路的主要维修公司,所以还可勉强维持。美国企业主大多以该公司为例参与俄国工业,此状况一直持续至1880年。

1861年农奴制改革前,因技术落后,俄国的铁路零件特别是机车等主要设备均需从国外进口。著名的美国蒸汽机车公司鲍德温蒸汽机制造厂在1874—1877年就为库尔斯克—哈尔科夫和奥廖尔—格利亚斯克铁路提供火车机车。19世纪90年代,索尔莫夫斯克制铁、炼钢和机械工厂成立了蒸汽车生产车间,专门为铁路部门提供相关产品。

1860年3月,俄美橡胶手工工场集团建立时,美国人P.斯托里购买了大量股票,但后来该集团与美国关系不大。P.斯托里是该集团股票持有人,也是集团创立者之一,但他不是发明家,没有特许证和工艺生产资质,所以只能将手中股票出售。因美国诸多工业部门生产工艺先进,而俄国政府大幅提高商品进口关税,于是很多美国人打算赴俄国建厂,生产当时俄国工厂无法生产的工业产品。1880年9月,俄美两国关系更为紧密,美国人还在圣彼得堡建立了蒸汽铁钉厂,该工厂一直持续至1887年,按照股东的决议被迫清理,当时负责人和经理均为美国人。

除直接建厂外,美国的公司还在俄国建立官方代表机构,主营业务是销售本公司产品。若条件允许亦可在俄国直接生产相关产品,这类公司的代表是贝尔电话国际公司。

亚历山大·贝尔是美籍英国人,他在美国获得了电话专利。专利获得认可后,贝尔在美国建立了电话公司,后来该公司在多国建立分公司,因电话在军事和政治领域作用十分显著,俄国政府对此颇感兴趣。1881 年,俄国邮政和电话部部长请求贝尔公司赴俄国建立分支机构或分公司,双方还签订了租让合同。俄国政府赋予该公司 20 年在俄国经营电话线路的权利,期满 7 年后,政府有权赎回租让企业,除贝尔公司外,俄国政府也和其他相关企业有业务往来,它们在圣彼得堡、莫斯科、里加、敖德萨和华沙建立了公司。

1888 年 10 月,俄国政府明确规定了美国贝尔公司的业务范围,公司主营业务有二:一是在圣彼得堡、莫斯科、里加、敖德萨和华沙五个大城市设置电话线路;二是维护上述城市的电话线路。俄国政府要求,公司建立之后立即开展相关业务,1892 年 7 月 1 日,莫斯科电话站建设工程正式开始。后来还在圣彼得堡和莫斯科间建立了城市间电话通讯线路。1900 年 11 月,邮政和电话总局执行了早期协商好的条款,并对大城市电话网络的所有权进行了招标,最后圣彼得堡电话线路的所有权归属城市管理局,莫斯科和敖德萨电话线路的所有权归属于股份制公司,里加的电话线路的所有权归属于私人企业主。

1888 年 7 月 8 日,俄国大臣委员会颁布了在俄外国公司的行动规划,除特殊领域外,国外公司的活动均受到了限制。政府在报刊上刊登了该规范,因此很多美国公司的活动受到了限制,其中受影响最大的公司是在俄国销售缝纫机的基尼格尔公司,是一家掌握农机收割技术的国际收割机公司。

国内经济行情不好是大多数美国企业在俄国注册登记的主要原因,该状况一直持续至1909年。除个别公司为获取高额利润或占领更广阔的国际市场外,大部分公司赴俄建厂的目的是摆脱国内同类工厂的竞争,缓解公司财务危机。需强调的是,大部分在俄美国工商业公司都集中于圣彼得堡、莫斯科和莫斯科周边地区。

以贝尔公司为例,它在19世纪70年代就在欧洲部分国家内开展相关业务,也在诸多国家成立子公司,但在德国和俄国成立类似机构的时间明显晚于其他欧洲国家。俄国威斯汀豪斯制动器公司创立于1898年3月,是美国威斯汀豪电气公司的子公司,准备在俄国生产和出售制动器、电控制气压信号设备和车厢供暖系统等产品。它在圣彼得堡工厂内安装了大量机械设备,但并未按照美国标准生产产品,因俄国火车的重量低于美国,所以该公司在俄国生产空气制动器并非十分成功,因没有提前了解市场行情,公司曾一度亏损。虽然威斯汀豪斯制动器公司于美国成立,但是其在欧洲诸国子公司的所有人却发生了变化,1899年,威斯汀豪斯电气公司的分公司就由英国资本掌控,该公司不但在英国成立子公司,还在德国、法国、俄国和加拿大成立了子公司。

1906年8月,威斯汀豪斯电气公司在俄国工商业部的许可下在俄国创建了子公司俄国威斯汀豪斯电气公司,注册资本为2000万英镑,工厂总部设在莫斯科,之前在俄国生产制动器和电控制气压信号设备的威斯汀豪斯制动器公司也归属于该公司,其股票由美国和英国公司共同持有。公司65%的股票归属于英属俄国威斯汀豪斯电气公司和美国威斯汀豪斯制动器公司。①

1909 年之前,莫斯科威斯汀豪斯电气公司的管理人是威斯汀豪斯电气公司的圣彼得堡工厂经理威斯汀豪斯 · B. Э. 斯密特。莫斯科工厂主要生产电力制动器、发电机、变压器和其他电力装置,甚至包括石油发电机。1907—1912 年,公司还参与圣彼得堡和莫斯科的有轨电车建设公司的相关业务,但遭受巨大损失。据统计,公司损失金额为 750 万卢布,为弥补损失,1913 年召开了股东大会,并对公司债务进行清理,最终以 400 万卢布的价格出售。1913 年,俄国基纳莫电工公司成立。②

1900 年 5 月,俄美金属公司成立,公司所有者为俄国籍工程师 B. B. 希弗菲尔(伦敦商号所有人)和美国人乌伊亚穆 · 加尔洛(在圣彼得堡有含铅轧钢、管道和巴比合金工厂)。公司成立不久俄国政府就停止进口铅和含铅管道,于是转而生产专门合金。后来公司因经营不善进行清算,改组为股份公司之后,英国股东掌握了大部分股份。

1900 年春,多家生产空气制动器公司经过长时间谈判后,决定购买莫斯科附近相关工厂,为俄国威斯汀豪斯电气公司生产空气制动器。因空气制动器销路不好,这些公司又转而生产煤油发动机、煤油白炽灯和小型升降机等设备。后因经营不善,1909 年,这些工厂最终被出售给收割机国际公司。

---

① *Иностранное предпринимательство и заграничные инвестиции в России.* Очерки. М., РОССПЭН, 1997. С. 247.

② *Иностранное предпринимательство и заграничные инвестиции в России.* Очерки. М., РОССПЭН, 1997. С. 247.

1902 年 12 月,在获得俄国政府许可后沃尔金格托蒸汽泵公司成立,该公司于 1891 年在纽约成立,主营业务是生产和销售泵、计算器、管道系统等相关装置。公司业务涵盖 20 多个国家,在俄国建立了圣彼得堡机械制造厂,主要生产泵体和压缩机,后因经营不善倒闭。后来制造厂被出售给英国人,1911 年公司改组为沃尔金格托蒸汽泵有限责任公司。

在国外最具盛名的美国公司是标准石油公司,1880 年,该公司就已成为世界石油工业的领袖。1870 年,它以有限公司的形式在美国俄亥俄州成立,约翰·洛克菲勒是它的创立人、主席与大股东。1882 年,该公司下辖专门从事石油开采和加工业务的子公司 40 余家,其中很多子公司从事国际业务。1890 年,俄美两国开始在欧洲争夺国际市场,美国标准石油公司竭力打击俄国石油产品,还和很多国家签订了协议,但部分欧洲国家的市场仍被俄国煤油占领,甚至一度掌控了部分亚洲国家的石油市场。因俄国石油工业发展迅速,19 世纪 80 年代后美国煤油被赶出了俄国市场,标准石油公司也不再向俄国出口煤油。

瓦库乌姆标准公司在法国、奥匈帝国、意大利、葡萄牙、德国、英国、瑞典和加拿大都有石油蒸馏厂,专门生产润滑油,甚至在印度、非洲、澳大利亚和新西兰也成立了润滑油加工厂。1907 年,该公司也在俄国注册登记,随后在莫斯科开展相关业务,后期还在圣彼得堡购买土地、建厂、生产润滑油。至 1913 年,公司资产增加了 2 倍,增至 120 万卢布,利润很高。

1912 年,奇兹博罗公司进入俄国,次年开展了相关活动,还建立了石油加工厂,实际上该公司并不关注石油加工业务,更青睐贸易业务。

俄国的美国多美尼公司业务最为繁多,下属生产缝纫机的基尼格尔公司和生产收割机的收割机国际公司业绩最为突出。基尼格尔公司于 1851 年在美国纽约成立,随后公司规模不断扩大。1854 年,为保护专利,基尼格尔公司决定次年于欧洲市场销售自己的产品,最早在法国,后来在伦敦和汉堡成立公司总代理处。

1867 年,基尼格尔公司已成为世界大型缝纫机生产企业,随后开始了迅速扩张。为开拓更广阔的产品销售市场,基尼格尔公司在世界各地销售产品和成立代理处,各地代理处除销售产品外,还负责产品的维修事宜。俄国的市场十分广阔,基尼格尔公司也颇为关注,但最初只通过设立代理处方式销售产品。1856 年之前,公司采用传统方法即增加产品销量来获取高额利润;1856—1875 年,基尼格尔公司决定建立和扩充自己的产品销售网络,在二级市场上仍采用寄售的方式。从 1873 年开始,公司改变销售策略,采取新型营销手段,将市场营销理论用于公司经营。至 1890 年,公司的生产和销售业务已完全分开,并占领了全球 80%的市场,但主要业务集中于北美和西欧经济发达地区。① 对于基尼格尔公司而言,俄国市场有很大吸引力。

基尼格尔公司第一批机器于 1859—1861 年出售至俄国。随后 10 年间在俄国市场上出现了 20 多个美国、英国、德国和法国的缝纫机品牌,共有 15 家商号和代销公司从事此类产品的销售业务。1865—1867 年,基尼格尔公司在俄国的代销人是马克斯·菲德勒。

① *Иностранное предпринимательство и заграничные инвестиции в России*. Очерки. М., РОССПЭН, 1997. С. 251.

从1870年中期开始,各公司的价格逐渐统一,因技术优势,马克斯·菲德勒甚至成为商界名流,基尼格尔公司的产品也十分畅销,为占领更多市场份额,菲德勒还为消费者提供了一些额外服务。值得一提的是,菲德勒所有销售业务都处于公司监管之下,从1877年开始,基尼格尔公司在俄国的所有商业组织都由Г. 涅伊德林格尔负责,公司先后在圣彼得堡、莫斯科、华沙、里加等地成立办事处。

从1880年开始,北美和西欧市场逐渐饱和,基尼格尔公司需要开辟新市场,俄国市场备受关注。至1895年,基尼格尔公司的俄国机构包括4个中央代理处,44个省城的大型分支机构,每1—2个小县城还设立了小型代理机构,同时在莫斯科有4个仓库,在基辅有2个仓库。19世纪90年代俄国经济快速发展时期,基尼格尔公司还允许其他公司参与竞争,但经济危机期间公司开始采取各种措施占领市场份额,打击竞争者,至1905年,基尼格尔公司贸易网络已深入俄国各地,有1200多个销售网点。"一战"前,公司销售网络更大,在俄国设有50个中央代理处,其中欧俄地区38个,西伯利亚地区6个,中亚和高加索地区各3个。巴库和塔什干代理处还负责波斯和中国的相关业务。因此,基尼格尔公司的代理业务已深入西伯利亚的各个角落,其作用不言而喻。

随着俄国法律的变更,加上关税的不断提高,基尼格尔公司决定在俄国建立缝纫机生产厂家。1897年6月25日,基尼格尔手工工场公司成立,公司注册资本为500万卢布,其中246.7万归属于涅伊德林格尔贸易组织,公司创立者和大部分管理者来自英国和德国的分公司。1901 年，基尼格尔公司更名为基尼格尔股份公司。①

1906 年，基尼格尔股份公司在波多利斯克建立了工厂，工厂管理机构事务繁多，一方面需要保障产品的供应，另一方面还需维系庞大的销售网络，提供相关售后服务。除此之外，该公司还需处理与美国、英国和其他国家分公司的业务往来，所有这些业务均由波多利斯克工厂经理瓦里杰尔·基科松完成。1899—1909 年，公司受美国总部的直接监督，但后期俄国公司的业务逐渐受荷兰分公司监管。基尼格尔股份公司不仅负责缝纫机的生产和销售，还需负责装配，所以每个代理处除负责本区域产品销售外，还负责产品的维修事宜。为防止各地代理人滥用权力，损害总公司利益，代理人需要提供相关担保。

因俄国居民收入较低，所以部分客户以贷款方式购买机器，公司销售额大增。为了吸引更多客户，以及应对俄国和美国竞争者压力，公司一方面划拨资金在俄国市场上销售运来的新产品，另一方面进口一些旧型号机器，这些产品的型号和规格老旧，但价格较低，所以公司产品销售状况一直较好。1900—1914 年，产品的销量增长了 5.16 倍。19 世纪末 20 世纪初俄国基尼格尔股份公司产品销量和销售额详见表 5-6②。

---

① *Иностранное предпринимательство и заграничные инвестиции в России.* Очерки. М., РОССПЭН, 1997. С. 252.

② *Иностранное предпринимательство и заграничные инвестиции в России.* Очерки. М., РОССПЭН, 1997. С. 279.

表 5-6　19 世纪末 20 世纪初俄国基尼格尔股份公司的产品销量和销售额

年份	机器销量(台)	销售额(百万卢布)
1895	68 788	4.13
1900	110 316	8.32
1905	310 881	23.51
1910	505 086	42.70
1914	679 986	6351

为占领更广阔的市场份额,增加销量,1896 年,基尼格尔股份公司决定在俄国建立工厂,以保证各销售网点产品的供应量,在经过长时间的调研后,公司决定于波多利斯克建立工厂。1900 年初,工厂购买了土地,1901 年,开始建立工厂,并安装从美国运来的设备。因经济危机,工厂一切工作停止。1906 年,工厂才正式投产。基尼格尔股份公司下属工厂的运营可划分为三个时期:1900—1902 年是工厂的筹建阶段,并没有从事商品生产,仍销售总公司的产品;1906—1909 年,波多利斯克工厂逐步投产,但仍不具有独立性,其生产规模和业务仍受国外公司左右;从 1910 年开始,波多利斯克工厂逐渐独立,外国投资者的作用降低,工厂产品直接在各销售网点销售。

美国基尼格尔股份公司建立波多利斯克工厂的主要目的是占领更广阔的市场份额,降低生产成本,所以波多利斯克工厂在一定程度上可称之为组装工厂,它直接从美国总部运来零件进行组装。即便如此,波多利斯克工厂业务仍取得了较大成就,因生产成本大幅降低,销售价格开始回落,基尼格尔股份公司产品的市场份额占比由三分之一增加至四分之三。19 世纪末 20 世纪初，俄国基尼格尔股份公司波多利斯克工厂的工人数量和生产规模详见表 5-7①。

表 5-7　19 世纪末 20 世纪初俄国基尼格尔股份公司波多利斯克工厂的工人数量和生产规模

年份	工人和服务人员数量（人）	生产规模（台或个）		
		车床	机械头	缝纫机
1904	—	133 735	—	—
1905	398	—	5430	450
1906	—	155 745	42 322	—
1907	—	190 000	100 000	—
1908	1300	—	—	—
1911	2824	200 000	300 000	—
1912	—	244 253	423 083	430 000
1914	5634	320 000	—	500 000

据统计，1900 年基尼格尔股份公司的利润为 24.3 万卢布，1901 年、1902 年和 1903 年的利润分别为 41.9 万、33.8 万和 46.9 万卢布，1903 年 12 月 31 日公司的注册资本达 1000 万卢布。② 总体而言，1905—1907 年，流入俄国的外资数额明显降低，美国资本流入

① *Иностранное предпринимательство и заграничные инвестиции в России*. Очерки. М., РОССПЭН, 1997. С. 280.

② Лебедев В. В. *Русско-американские отношения（1900－1917 гг.）*. М., Международные отношения, 1964. С. 68.

量也是如此。即便如此,1904—1907 年基尼格尔股份公司的利润进一步增加,1906 年达 83.8 万卢布。[①] 1911 年,公司利润增至152.6 万卢布,1913 年和 1914 年利润分别为 207.5 万和 224.2 万卢布。[②]

多美尼公司下属企业还生产农机,主要由马克拉克公司完成。在 1860 年之前,因美国农业发达,农机需求量很高,马克拉克公司产品十分畅销,所以对开发国际市场兴趣不大。南北战争之后,公司的经营战略发生了变化,一方面积极开拓本国市场,另一方面关注国际市场以期扩大产品销量。因距欧洲市场较远,运费较高,加上很多国家提高产品机器进口关税,为获取高额利润,该公司开始在欧洲诸国建立机械加工厂。和基尼格尔公司一样,马克拉克公司也在法国、德国和波兰等国设立销售机构,以便占领更多的国际市场。

从 1860 年下半年开始,马克拉克公司农机产品的出口量大幅降低,1870 年初,公司出口业务全部停止,主要是美国南北战争和经济危机所致。1878—1884 年,马克拉克公司与南美的国家、英国、奥地利和南非等国签订了一系列合同,产品的出口量大幅增加。公司西欧出口业务的负责人是 E. K. 巴特列尔。即便如此,马克拉克公司全方位开发西欧市场始于 1886 年,最先在英国,随后在法国、德国,1895 年在俄国、澳大利亚、墨西哥和新西兰等国建立了

---

① Лебедев В. В. *Русско-американские отношения(1900–1917 гг.)*. М., Международные отношения, 1964. С. 82.

② Лебедев В. В. *Русско-американские отношения(1900–1917 гг.)*. М., Международные отношения, 1964. С. 140.

销售机构,该公司的销售模式与美国基尼格尔股份公司类似。1899—1902年,马克拉克公司在欧洲市场的销售额增加了三分之一,1902年末达430万卢布,欧洲市场销售额占公司销售总额的五分之一。[①]

与基尼格尔股份公司不同的是,马克拉克公司和其他美国收割机生产厂家并不为消费者提供贷款,也不设立过多的代理机构,反而由公司直接创立分公司负责相关业务。1850年,美国的收割机产品就已出现在俄国市场上,当时负责销售马克拉克公司产品的是别尔德热斯·科伊公司。1856年,该公司获得在波兰销售产品的许可证,随后其他美国公司的农机产品也进入了俄国市场。1870年末,马克拉克公司在莫斯科和哈尔科夫成立代理处,很快在敖德萨等地也建立了代理处,专门负责该公司产品在俄国的销售业务。1881年末,代理处增加至17个;19世纪末经济提升时期,农机代理处的数量进一步增加,1896年增加至59家;1894—1898年,公司在俄国的产品销量增加了3倍,销售额约占马克拉克公司国外产品销售总额的五分之一。[②] 此时该公司农机产品销售额大增的主要原因有二:一是传统生产方式在俄国农业中虽占主导,但在工业化的推动下,农业现代化也逐步开启,农机需求量大增;二是俄国政府大幅降低国外农机产品的进口关税,客观上促进了此类产品销量增加。

---

① *Иностранное предпринимательство и заграничные инвестиции в России.* Очерки. М., РОССПЭН, 1997. С. 258.

② *Иностранное предпринимательство и заграничные инвестиции в России.* Очерки. М., РОССПЭН, 1997. С .258.

俄国政府大幅降低进口关税后,马克拉克公司在敖德萨成立了代理处,1902 年,该公司在俄国的销售额在其全球销售额中占据首位。为扩大产品销售额,马克拉克公司在俄国的分公司也成立了垄断组织,它们几乎垄断了俄国农机产品销售总额的三分之二。①

1903 年,该公司在俄国的代理处数量达 7000 家,近一半的代理处分布于农业发达地区,如北高加索、顿河流域和西伯利亚等地区。随着销售网点的逐步扩大,该公司产品销售额占全俄同类产品销售额的五分之四。② 1909 年公司在俄国的产品销售额达 1330 万卢布,与 1904 年相比,增长了 80%。③

值得一提的是,1904 年俄国从美国进口农机的数量已超过从德国进口的,俄国市场上美国和德国进口的农机产品的占比分别为 37.1%和 38.1%,该状况一直持续至 1907 年。④

20 世纪初经济危机期间,美国农机产品在俄国的需求量停滞不前,马克拉克公司更加关注国际市场。公司管理者认为,俄国经济危机和萧条时期结束之后农机需求量会更大,但俄国政府为保护本国农机工业一定会提高此类产品的进口关税,出口至俄国农

---

① *Иностранное предпринимательство и заграничные инвестиции в России.* Очерки. М., РОССПЭН, 1997. С. 260.

② *Россия. Бюро по сельскохозяйственной меанике. Адресная книга заводов, мастерских и складов сельскохозяйственных машин и орудий.* СПб., 1912. С. 145–484.

③ *Иностранное предпринимательство и заграничные инвестиции в России.* Очерки. М., РОССПЭН, 1997. С. 262.

④ Лебедев В. В. *Русско-американские отношения(1900–1917 гг.)*. М., Международные отношения, 1964. С. 79.

机产品的利润会大幅降低，因此，直接从事生产业务利润会更高。为此，1909 年，马克拉克公司相关负责人开始和俄国政府官员进行谈判，当时工商业部大臣就建议该公司在圣彼得堡建立农机生产厂。同年，马克拉克公司以 225 万美元的价格购买了莫斯科郊区的柳别尔齐工厂。①

对马克拉克公司而言，柳别尔齐工厂最重要的问题是合法性。为兼顾俄国法律和公司利益，1910 年马克拉克公司在俄国成立了子公司，注册资本为 800 万美元，其目的是尽可能降低税费，增加公司利润。根据新公司营业执照，公司主营业务为进口或生产和销售农机产品、备件，以及铁路车厢、设备和汽车等等。新公司成立之后，1911 年末，扩大了中部工业区和东欧地区的销售队伍，所有业务均由 T. A. 科斯杰尔斯负责。20 世纪初，柳别尔齐工厂生产规模详见表 5-8②。

表 5-8　20 世纪初柳别尔齐工厂生产规模　（单位：台）

年份	生产规模		
	割草机	割捆机	收割机
1911	5507	—	11 949
1912	11 513	—	32 974
1913	7126	2634	34 390
1914	6221	2174	13 840

① *Иностранное предпринимательство и заграничные инвестиции в России.* Очерки. М., РОССПЭН, 1997. С. 262.

② Лебедев В. В. *Русско-американские отношения (1900–1917 гг.)*. М., Международные отношения, 1964. С. 138.

20世纪初,俄国农机需求量很高。据统计,1900年俄国农机产品需求价值为2790万卢布,1908年和1913年其需求价值分别为6130万卢布和1.1亿卢布。[①] 俄国半数以上的复杂农机产品由国外供应,主要从美国进口,也从德国和瑞士进口部分农机产品。柳别尔齐工厂建立后,美国总公司向俄国出口大量机器和部件,德国和加拿大的销售机构遭遇了危机。

值得一提的是,马克拉克公司与俄国地方自治机构、农业合作社和信贷集团关系密切。20世纪初,马克拉克公司已成为俄国最大的农机产品销售组织,为各大托拉斯的主要订货方,当时农机产品的年均需求总价值为540万卢布,而该公司产品的供应价值为150万—200万卢布。借助庞大的农机销售网络和巨大的工厂销售额,工厂利润非常高,年均收益率达8%。[②] 因此,20世纪初,美国出口至俄国的农机产品数量大幅增加,具体数据详见表5-9[③]。

表5-9　美国出口至俄国的农机产品规模　(单位:千普特)

年份	普通农机产品	高级农机产品
1908	409	380
1909	574	910

① Лященко П. И. *История народного хозяйства в СССР*. Т. 2. М., Госполитиздат, 1952. С. 279.

② *Иностранное предпринимательство и заграничные инвестиции в России. Очерки*. М., РОССПЭН, 1997. С. 263.

③ Лебедев В. В. *Русско-американские отношения (1900–1917 гг.)*. М., Международные отношения, 1964. С. 127.

续表

年份	普通农机产品	高级农机产品
1910	713	1618
1911	1134	3101
1912	1261	2824
1913	825	640

在第一次世界大战之前，美国对外投资总额为 350 亿美元，不但投资至英国和法国，部分资金还投至德国，上述投资中四分之三为直接投资，在各国家或地区的投资金额如下：加拿大、墨西哥、欧洲（包括俄国）、中美、南美、亚洲、太平洋区域和非洲的金额分别为 6.2 亿、5.9 亿、5.7 亿、3.7 亿、3.2 亿、1.2 亿、1700 万和 1300 万美元。①

因资料有限，很难确认美国投资至俄国的具体数额，但部分学者也对其进行过核算，Л. 波兹沃里斯基和 X. 莫乌尔托认为，1914 年 1 月 1 日，俄国外债总额为 4.3 亿卢布，其中美国债务占比为 6%，约为 2537.4 万卢布。“一战”前美国投资至俄国的总额为 1.3 亿美元（约 2.4 亿卢布），投入 11 家公司的金额为 7920 万美元（约 1.5 亿卢布），主要投资领域为采矿工业、城市轨道和其他工业部门。② 据 П. В. 奥里的统计，1880 年，在俄投资中并未发现美国资

① *Иностранное предпринимательство и заграничные инвестиции в России.* Очерки. М., РОССПЭН, 1997. С.277.

② *Иностранное предпринимательство и заграничные инвестиции в России.* Очерки. М., РОССПЭН, 1997. С. 278.

本;1890年,其金额为230万卢布;1900年,达800万卢布;1915年1月为1.1亿卢布,占外资总额的5%。[①]

"一战"之前,大部分美国公司都关注国外贸易业务,美国公司在国外直接建厂的数量不多,其规模和数量远逊色于英国和德国等国家。即便如此,很多美国公司仍在国外建立分支机构。据统计,此时共有37家美国公司在国外建立企业,除在加拿大外,还在欧洲、亚洲、拉丁美洲、南非和澳大利亚等地建立公司。其中在加拿大建立的公司数量最多,为34家,随后是英国、德国、法国、俄国、奥匈帝国、意大利,其数量分别为25家、22家、14家、6家、4家、3家。[②] 虽然美国资本在俄国创建的企业不多,但仍产生了非常重要的影响。

三、美国资本的社会经济影响

首先,美国资本直接推动了俄国机器制造业发展。

美国资本涌入俄国的首要影响是农机制造业。19世纪下半叶,俄国农机需求量大增,因本国农机产量有限,只能从国外进口。具体而言,与1869—1872年相比,1896—1898年俄国农机产品的进口数量增长5倍,国内农机产量也大幅度提高。[③] 19世纪末,农机制造业逐渐发展为独立的工业部门,1914年俄国已有514家农

① Оль П. В. *Иностранные капиталы в народном хозяйстве довоенной России.* М., Изд-во Всесоюз. акад. Наук, 1925. С. 15.

② *Иностранное предпринимательство и заграничные инвестиции в России.* Очерки. М., РОССПЭН, 1997. С. 279.

③ Хромов П. А. *Экономичесое развитие России.* М., Наука, 1967. С. 70.

机制造厂，产值达6050万卢布。据统计，进口农机产品占俄国农机产品需求总量的一半左右，1879—1912年，农机产品销售额增长了14倍，国外农机设备进口额增长近16倍。① 20世纪初，俄国农机产品进口数量迅速增加，1906—1912年，农机产品的进口额由1830万卢布增长至6362万卢布，增长了2.5倍。②

在农机制造业和缝纫机等工业部门的影响下，美国先进技术和管理经验开始传入俄国，一定程度上扩大了俄国机器制造业的整体规模。俄国铁路建设之初，所有的机器均从英国进口，后期其他国家的机器制造品也输入俄国，如1825—1844年，美国公司共为俄国生产200台蒸汽机、253节载人车厢和2700节载货车厢。③ 19世纪末，俄国机器制造业发展更为迅速，1890年，俄国共有大型机器制造厂331家，其中俄国企业主和外国企业主所有的企业数量分别为221和100家。④ 19世纪末，车厢和蒸汽机车产量增长最快，1890—1900年，平均增长6倍。20世纪初，俄国已有7家蒸汽车制造厂，年产火车机车1200台；此时法国境内火车机车的年产量为500台，德国为1400台，美国为3153台，俄国机车产量已超过法国，追赶上德国，但远逊色于美国。19世纪末，俄国蒸汽机车产量

---

① Измайлова Е. И. *Русское сельскохозяйственное машиностроение*. М., Высш. сов. нар. хозяйства, 1920. С. 13.

② Чаянов А. В. *Капиталы крестьянского хозяйства и его кредитование при аграрной реформе*. М., Типо- литогр. Н. Желудковой, 1918. С. 7.

③ *Фабрично-заводская промышленность и торговля России*. СПб., Тип. В. С. Балашева и Ко, 1893. С. 145.

④ *Фабрично-заводская промышленность и торговля России*. СПб., Тип. В. С. Балашева и Ко, 1893. С. 152.

已能满足国内半数以上的需求量。①

此外,美国企业主对俄国东部边疆区的采金业兴趣盎然。20世纪初,俄国境内美国淘金者的数量达300人。为获得更多黄金,美国探险家还赴西伯利亚考察。1895年,美国工程师就向俄国政府财政部请求在彼尔姆地区开采矿场,最终获得了许可,随后美国学者也获得了赴西伯利亚勘察矿产资源的许可。后来,美国人也获得了在西伯利亚地区从事采金工业的许可。美国人和英国企业主一起从事采金工业,关于该工业部门的发展规模,上文已提及,此处不再多说。

其次,外资推动了俄国垄断组织的形成。1873年俄国经济危机之后,部分生产部门中就出现了早期的垄断组织——简单的卡特尔组织。1882年,俄国再次爆发经济危机,俄国各工业部门遭受严重打击,卡特尔协议在各工业部门中已十分普遍。后续随着俄国工业的快速发展,银行和外资纷纷投资工业,生产集中化程度不断增强,卡特尔组织逐渐向辛迪加组织转化。1900—1909年,卡特尔和辛迪加组织广泛发展。1900—1905年,俄国32个主要工业部门中有23个出现卡特尔组织,辛迪加形式的垄断联盟也逐渐增多,涵盖所有工业部门,能源、机器制造、冶金和纺织工业垄断程度较高。1906年,辛迪加垄断了南俄三分之二的采煤量;石油卡特尔组织集中了俄国77%的石油销售业务;1907年,车厢制造厂辛迪加

① Кафенгауз Л. Б. *Эволюция прошмышленного производства России(последняя треть XIX в. −30-е годы XX в.)*. М., Эпифания, 1994. С. 40.

占了俄国车厢订单总额的93.7%。[①] 1910—1914年,托拉斯和康采恩垄断组织出现。此时,卡特尔和辛迪加等中低级垄断组织难以满足市场需求,高级垄断组织出现。俄国石油工业三大托拉斯集团为俄国石油总公司、诺贝尔兄弟集团和英荷壳牌石油公司;纺织工业也出现托拉斯集团,最具影响力的是科诺普公司。康采恩是实力雄厚的垄断企业联合而成的高级垄断组织,其中最具代表性的是纺织工业中的孔申公司等企业。上述工业部门的垄断组织中也可看到美国资本的身影。

再次,加剧了俄美两国石油产品的竞争。

虽然19世纪70年代以前俄国石油工业发展缓慢,但19世纪上半叶俄国石油开采量占据世界第一位,1821年、1831年、1840年、1850年石油开采量分别为20万、25万、33.7万和22.1万普特。1859年,俄国石油开采量为3900吨,而美国为2800吨。其他国家的石油开采量几乎为零,荷兰和罗马尼亚也少量开采石油,但相对俄国和美国几乎可以忽略不计。[②] 1850年,巴库地区仍使用油井采油,1859年美国已出现了第一台石油钻井机,1860年其开采量达69万吨,采油量增长了246倍,俄国采油量开始逊色于美国。[③] 1870年,俄国进口煤油数量为179万普特,而国内石油产量仅为40

① Бовыкин В. И. *Формирование финансового капитала в России. конец XIX в. - 1908 г.* М., Наука, 1984. С. 234 - 237; Лившин Я. И. *Монополии в экономике России*. М., Изд-во Социально-экономической литературы, 1961. С. 26-31.

② Дьяконова И. А. *Нефть и уголь в энергетике царской России в международных сопоставлениях*. М., РОССПЭН, 1999. С. 47, 165.

③ Иголкин А. А. *Источники энергии: экономическая история (до начала XX века)*. М., Институт российской истории РАН, 2001. С. 181.

万普特。[1] 1871年俄国石油产量已不只是美国的十三分之一,而是三十六分之一。1872年,美国石油产量占世界总产量的81%,为俄国石油产量的34倍。[2] 美国煤油从19世纪60年代初起进入欧洲市场,俄国石油工业举步维艰。

虽然俄国石油开采量逐年增加,但巴库地区石油仍不能满足国内市场需求,1865—1875年每年进口美国煤油150万—250万普特,1876—1882年年均进口美国煤油量约为200万普特,但从1884年起煤油进口量大幅度降低,当年俄国煤油进口量只有25万普特。[3] 从19世纪80年代开始,俄国石油产品开始出口国外,在国际市场上与美国石油产品竞争。1870年俄国石油产量只为美国的二十分之一,1892年两国石油开采量几乎持平,1893年两国采油量的占比分别为46%和51%,1898年巴库地区石油产量超越美国,跃居世界第一位,直至1901年。[4] 1890—1900年,世界石油市场上俄国石油产品的占比由38%增加至51%,相应地,美国石油产品的占

① Першке С. и Л. *Руссская нефтяная промышленность, ее развитие и современное положение в статистических данных*. Тифлис., тип. К. П. Козловского, 1913. С. 189; Иголкин А. А. *Источники энергии: экономическая история(до начала XX века)*. М., Институт российской истории РАН, 2001. С. 181.

② Дьяконова И. А. *Нефть и Уголь в энергетике царской России в международных сопоставлениях*. М., РОССПЭН, 1999. С. 50.

③ Першке С. и Л. *Руссская нефтяная промышленность, ее развитие и современное положение в статистических данных*. Тифлис., тип. К. П. Козловского, 1913. С. 29; Наниташвили Н. Л. *Экспансия иностранного капитала в закавказье(конец XIX-начло XX вв.)*. Тбилисск., Издательство Тбилисского университета, 1988. С. 260.

④ Наниташвили Н. Л. *Экспансия иностранного капитала в закавказье(конец XIX-начло XX вв.)*. Тбилисск., Издательство Тбилисского университета, 1988. С. 47.

比由 60.1%降至 43%。[①]

20 世纪初的经济危机对俄国石油工业影响巨大，1900 年，俄国、美国、土耳其哈兰、印尼和罗马尼亚的石油开采量占比分别为 50.8%、42.7%、1.6%、1.5%和 1.1%。经济危机来临之后俄国石油开采量急剧降低，而美国石油开采量却逐年提高。1905 年，俄国石油开采量比例降至 25.6%。1901—1905 年，俄国石油开采量几乎降低了 10%，美国石油开采量占比增长了 22%。[②]

俄国石油产品出口地大多是美国煤油未成功渗透的国家，或者美国石油并未占据主导地位的国家。就英国石油市场而言，19 世纪 90 年代之前，美国石油一直占主导，1888 年，英国进口俄国煤油产品价值为 80 万卢布，[③]19 世纪 90 年代，英国市场上俄国煤油的数量大增。1892 年，英国市场上俄国石油产品的占比已达 32%。1899 年，英国市场上俄美两国石油产品占比分别为 64%和 36%，除煤油外，俄国重油大量出口至英国。20 世纪初，俄国石油工业遭遇了严重危机，石油产品出口量大跌，1904 年，英国市场上俄美两国煤油的比例分别为 50.04%和 49.6%。1908 年，美国煤油已占主导，

---

① Ахундов В. Ю. *Монополистический капитал в дореволюционной бакинской нефтяной промышленности.* М., Изд-во социально-экономической литературы, 1959. С. 13; Иголкин А. А. *Источники энергии: экономическая история (до начала XX века)*. М., Институт российской истории РАН, 2001. С. 188.

② Иголкин А. А. *Источники энергии: экономическая история (до начала XX века)*. М., Институт российской истории РАН, 2001. С. 189.

③ Лисичкин С. М. *Очерки по истории развития отечественной нефтяной промышленности (дореволюционный период)*. М., Государственное научно-техническое издательство, 1954. С. 209.

此时俄美两国煤油的占比分别为12.4%和78.2%①19世纪末20世纪初英国市场上从俄美两国进口石油产品的规模详见表5-10②。

表5-10 19世纪末20世纪初英国市场上从俄美两国进口石油产品的规模(单位:千桶)

年份	美国煤油进口数量	俄国煤油进口数量
1889	1365	771
1890	1357	887
1891	1648	831
1892	1711	808
1893	2210	743
1894	2736	578
1895	2730	603
1896	2993	634
1897	2755	494

① Лисичкин С. М. *Очерки по истории развития отечественной нефтяной промышленности (дореволюционный период)*. М., Государственное научно-техническое издательство, 1954. С. 211; Ахундов Б. Ю. *Монополистический капитал в дореволюционной бакинской нефтяной промышленности*. М., Изд-во социально-экономической литературы, 1959. С. 172; Наниташвили Н. Л. *Экспансия иностранного капитала в закавказье (конец XIX – начло XX вв.)*. Тбилисск., Издательство Тбилисского университета, 1988. С. 195.

② Лисичкин С. М. *Очерки по истории развития отечественной нефтяной промышленности (дореволюционный период)*. М., Государственное научно – техническое издательство, 1954. С. 211;邓沛勇:《俄国能源工业研究(1861—1917)》,科学出版社2019年版,第116页。

续表

年份	美国煤油进口数量	俄国煤油进口数量
1898	2844	915
1899	2702	1340
1900	2658	1300
1901	2619	1200
1902	2515	1732
1906	2084	2202
1904	2027	2030

很多欧洲国家的石油市场均由美国掌控。以德国为例，19 世纪末至 20 世纪初，俄国出口至德国的煤油数量仍持续增加，1901 年其数量为 1159 万普特，但此时德国从美国进口的煤油量为 5287 万普特，德国市场上俄美两国煤油的占比分别为 18.2% 和 81.8%。① 19 世纪末，世界市场上俄美两国煤油的占比详见表 5-11②。

① Ахундов Б. Ю. *Монополистический капитал в дореволюционной бакинской нефтяной промышленности.* М.，Изд-во социально-экономической литературы, 1959. С. 172; Лисичкин С. М. *Очерки по истории развития отечественной нефтяной промышленности（дореволюционный период）*. М.，Государственное научно-техническое издательство, 1954. С. 213.

② Ахундов Б. Ю. *Монополистический капитал в дореволюционной бакинской нефтяной промышленности.* М.，Изд-во социально-экономической литературы, 1959. С. 160.

表 5-11　19 世纪末世界市场上俄美两国煤油的占比　(单位:百万普特)

年份	欧洲市场总进口量	其中包括				亚洲市场总进口量	其中包括			
		美国煤油	占比(%)	俄国煤油	占比(%)		美国煤油	占比(%)	俄国煤油	占比(%)
1888	68.0	57.3	84.3	10.7	15.7	28.5	24.5	86.0	4.0	14.0
1889	86.4	62.2	72.0	24.2	28.0	31.4	22.6	71.9	8.8	28.1
1890	90.5	65.5	72.4	25.5	28.2	37.9	25.3	66.8	12.6	33.2
1891	100.7	72.5	72.0	28.2	28.0	41.1	27.1	65.9	14.2	36
1892	101.1	73.4	72.6	27.7	27.4	41.2	23.3	56.6	17.8	43.2
1893	113.4	86.5	76.3	26.9	23.7	46.8	25.5	54.5	21.3	45.5
1894	119.7	93.0	77.7	26.7	22.3	50.8	35.9	70.7	14.9	29.3
1895	130.2	102.2	78.5	28.0	21.5	44.5	21.7	48.8	22.8	51.2
1896	136.7	112.3	82.2	24.4	17.8	49.8	25.7	51.6	24.1	48.4
总计	946.7	724.9		222.3		372.0	231.6		140.5	

亚洲市场上的情况也大致如此。1895 年以前,亚洲石油市场上俄美两国煤油占主导,1895 年之后状况发生了变化,这一年亚洲石油市场上俄美两国煤油的占比分别为 49%和 51%。① 1895 年,俄国煤油在东方石油市场上十分畅销,它在印度、中国和埃及市场上的占比分别为 45.8%、54.5%和 99.4%。总体而言,亚洲市场上俄

① Наниташвили Н. Л. *Экспансия иностранного капитала в закавказье(конец XIX-начло XX вв.)*. Тбилисск., Издательство Тбилисского университета, 1988. С. 197.

国煤油比例已达 51%。[①] 19 世纪末，俄国煤油在亚洲市场上的份额还逐年提高。20 世纪初，因经济危机打击，俄国石油工业开始衰落，美国煤油取代俄国占据亚洲石油市场上的主导地位。19 世纪末，俄国煤油出口量逐年提高，至 1901 年达最高点，但从 1904 年起出口量逐年降低。[②] 20 世纪初美国已主导世界石油市场，俄国石油产品在竞争中最终落败。

最后，俄美两国的贸易规模逐步扩大。

因数据有限，仅能对 20 世纪初俄美两国贸易规模作简要分析。1900 年，美国出口至俄国的商品数量远超从俄国运至美国市场的商品数量。1901—1903 年，美国出口至俄国的商品价值为 4601.3 万卢布，从俄国出口至美国的商品价值为 458 万卢布。[③] 俄国出口至美国的商品主要是农产品，如亚麻、大麻和毛皮等货物，而从美国运至俄国的主要是农机机器产品及其配件、棉花和传统商品，但这些产品也遭遇到德国和英国同类产品的竞争。1896 年，俄国从德国进口农机产品的重量约 78.3 万普特，从英国和美国进口的重量分别为 78.3 万普特和 22.5 万普特，1900 年从上述三国进口至俄国的农机产品重量分别为 109.万、61.3 万和 43.2 万普特。

---

① Карпов В. П., Гаврилова Н. Ю. *Курс истории отечественной нефтяной и газовой промышленности.* Тюмень., ТюмГНГУ, 2011. С. 61; Наниташвили Н . Л. *Экспансия иностранного капитала в закавказье (конец XIX – начло XX вв.)*. Тбилисск., Издательство Тбилисского университета, 1988. С. 200.

② *Монополистический капитал в нефтяной промышленности России 1883 – 1914. Документы и материалы*, М., Изд-во Академии наук СССР, 1961. С. 19.

③ Лебедев В. В. *Русско-американские отношения(1900 – 1917 гг.)*. М., Международные отношения, 1964. С. 42.

此外,俄国从美国进口其他机器和冶金制品的重量为 4.7 万普特,价值约 43.4 万卢布,包括缝纫机、电气设备、蒸汽机、纤维、金属和木材加工机器等等。大部分美国船只都在圣彼得堡港口停靠,1900 年俄国波罗的海流域(主要是圣彼得堡)共停靠美国船只 23 艘,总吨位为 3.1 万吨,白海港口、黑海和亚速海港口停靠美国船只的数量分别为 1 艘和 3 艘,其吨位分别为 1178 吨和 5000 吨。①

1901—1903 年俄美两国贸易额进一步增加,美国出口至俄国的产品数量大幅增加。以机器产品为例,1898—1902 年,俄国年均农机进口量占全部机器产品进口量的 19.2%,1903 年其占比达 41.5%,在俄国所有农机产品进口量中,美国、德国、英国和奥匈帝国的占比分别为 32%、34.3%、22.2%和 7.7%。与此同时,美国出口至俄国的化学产品数量大幅增加,其中鞣酸的数量占据美向各国出口量的第一位,占比达 36%,染色木头出口量也占据第一位,占比为 33%;此外,木焦油的出口量甚至也逐渐追赶甚至超过英国,英美两国的占比分别为 28.4%和 31.6%。②

20 世纪初,俄国出口至美国的产品仍以原材料和工业半成品为主,未加工毛皮的出口量也大幅增加。"一战"前,俄国商品在美国的作用并不突出,1910 年前,俄国商品在美国进口贸易额中占据第四位,落后于德国、英国和中国,1911 年跃升至第三位。"一战"前俄美两国贸易愈发繁荣,20 世纪初俄美两国贸易规模占比详见

① Лебедев В. В. *Русско-американские отношения(1900–1917 гг.)*. М., Международные отношения, 1964. С. 44.

② Лебедев В. В. *Русско-американские отношения(1900–1917 гг.)*. М., Международные отношения, 1964. С. 46.

表 5-12。[①]

表 5-12　20 世纪初俄美两国贸易规模占比

年份	俄国出口至美国商品在美国进口贸易额中占比	美国出口至俄国商品在俄国进口贸易额中占比
1901—1905	0.5%	7.6%
1906—1910	0.6%	6.9%
1910	0.7%	6.9%
1911	0.8%	8.8%
1912	1.2%	7.5%
1913	0.9%	5.8%

19 世纪下半叶，在俄国政府大幅提高产品进口关税，政府引进外资政策的推动下，美国资本大量进入俄国。1865—1892 年，美国投资者更多关注如何拓宽本国产品的市场销售网络，从而获取高额利润。美国对外投资可分为两个方向：一是发达国家，二是发展中国家。在发达国家的主要业务方向是建立完善的营销网络和生产复杂的技术产品；在发展中国家的主要业务是采矿工业，直接建立本国公司的分支机构。在发达国家，美国公司的市场定位是针对大众需求，因而受当地工业行情、政府订货的影响较小，而这些国家机器制造业相对成熟，所以美国公司销售产品的工艺相对复

① Лебедев В. В. *Русско-американские отношения（1900-1917 гг.）*. М., Международные отношения, 1964. С. 123.

杂;对于发展中国家,美国公司的定位更加复杂,而这些国家生产技术落后,可以凭借先进技术和管理经验,利用当地政府提供的各类优惠政策获取高额利润。俄国政府对于美国投资颇感兴趣,在建设铁路时就试图引进美国的技术和经验,农奴制改革之后美国资本投入俄国机器制造业和化学工业等部门,产生了非常重要的影响。

第二节　比利时资本及其社会经济影响

1836—1837 年,修建皇村铁路时,俄国政府购买的铁路机车和设备并不是从英国进口,而是从比利时进口。此后,比利时企业主认为俄国土地广袤,资源丰富,投资可获取高额利润,为此,比利时资本开始投资俄国大工业,主要投资冶金、煤炭、机器制造业和城市交通运输等部门。

一、俄国境内比利时企业主的活动范围

19 世纪末,比利时工业快速发展,以炼钢业为例,1879 年托马斯炼钢法迅速推广,比利时钢产量达 10 万吨,1910 年则达 350 万吨。[①] 随着工业发展,比利时企业主积累了大量资金,纷纷开始向国外投资,1896—1900 年,俄国境内比利时公司的数量超过 100

① [比]让·东特:《比利时史》,南京大学外文系法文翻译组译,江苏人民出版社 1973 年版,第 138 页。

家。[①] 比利时企业主在俄国建立工厂、采矿场、发电站和建设城市铁路线路,涉及范围甚广。

(一)比利时资本规模概述

1839年,比利时企业主在俄国购买了濒临倒闭的约翰·考克利尔冶金工厂和机器制造厂。从此时开始,比利时企业主就开始关注俄国市场,1842年,上述公司转变为股份制公司。公司所产的冶金产品和机器主要供给军工厂,用于生产船只。1864年,比利时公司和俄国政府签署合同为军舰供货,甚至还在圣彼得堡建立了小型造船厂。1869年,按照当初签署的合同,造船厂出售给大公B. H. 捷舍夫。其他比利时公司也以约翰·考克利尔冶金工厂和机器制造厂为榜样在俄国投资。为了生产机器和机械装置,比利时企业主于布鲁塞尔成立了康斯金奥尼公司,但该公司没有参与圣彼得堡—莫斯科铁路的建设工作。50年代,比利时公司为俄国市场提供了各种机械装置,以及修建电报线路的各种设施,还建立了制糖厂。克里米亚战争时期,列日军工厂还为俄国军队供货。

1875—1894年是比利时企业主在俄国活动的第一阶段。19世纪70年代中期,比利时已成为欧洲大陆工业最发达的国家之一,在大工业快速发展的同时,铁路建设也蓬勃发展,遂开始了对外投资之路。

1874—1883年,比利时国内创建了107家股份公司,这些公司

---

① *Иностранное предпринимательство и заграничные инвестиции в России*. Очерки. М., РОССПЭН, 1997. С. 183.

专门负责在国外创建和经营公司,它们在法国、德国和荷兰创建企业的数量共50家,在意大利、西班牙和葡萄牙创建企业的数量共32家,在中欧和巴尔干地区也创建了10家,在俄国建立企业的数量为5家,在其他国家还创建了10家企业。1884—1894年,比利时企业在国外创建此类企业的数量为118家,在法国、德国和荷兰建立企业数量为30家,在意大利、西班牙和葡萄牙创建企业数量为39家,在拉丁美洲创建企业数量为13家,在俄国创建企业数量为12家,还在其他国家创建了24家。但并不是所有创建的公司都立即开展了相关业务,1894年,正常运营的公司仅有7家。① 比利时公司为获取高额利润,不但在俄国创建公司,还通过购买当地公司的证券和股票染指俄国工业。

比利时在俄国创建工业企业的创始方是索杜阿尔公司,该公司是比利时炼铜工业的知名企业。1876年,索杜阿尔公司所有人之一乔治在圣彼得堡创建了金属加工厂,专门生产喷烟器管道。随后该公司与巴黎 Ж. Ж. 拉维西耶尔公司共同在俄国开展相关业务。入股该公司的还有考克利尔公司在俄国的买办之子列涅和伊万。1877年,22岁的列涅被任命为比利时驻圣彼得堡的副领事。1881年,乔治·索杜阿尔和 Ж. Ж. 拉维西耶尔公司代表埃米里·拉维西耶尔在俄国创建了炼铜和管道工厂,还购买了圣彼得堡的罗杰尼科拉涅茨工厂。1890年,索杜阿尔公司和拉维西耶尔

① Иностранное *Предпринимательство и заграничные инвестиции в России.* Очерки. М., РОССПЭН, 1997. С. 185; Бовыкин В. И., Бабушкина Т. А., Крючкова С. А., Погребинская В. А. *Иностранные общества в России в начале XX в.* //Вестник Московского университета. История. 1968. № 2. С. 56.

公司在俄国创建了俄国管道工厂集团,其管理人员包括乔治·索杜阿尔、埃米里·拉维西耶尔、P. 沙尔里耶和 M. П. 伊格纳茨乌斯,公司的规模远超圣彼得堡的索杜阿尔公司。不久之后,新公司还在叶卡捷琳诺斯拉夫创建了第二工厂,专门生产喷烟器管道和天然气管道。

1887 年末,俄国出现了两家由比利时企业主创建的大公司,即生产纯碱的柳比莫夫和索里维公司、南俄第聂伯彼得罗夫斯克冶金公司。第一家公司由知名的比利时索里维公司和两家俄国贸易公司共同创建,还包括别列兹尼亚科苏打工厂的所有人。第二家公司由考克利尔公司和波兰王国冶金和金属加工工厂集团所有人共同创建。

19 世纪 80 年代,部分在比利时创建的股份制公司已在俄国开展相关活动。此时,法国、德国和英国的股份制公司也同样在开展相关业务。这些公司或在俄国设立分支机构,或在俄国直接成立股份制公司,也有一些人专门从事有价证券业务。比利时梅尔普·列·沙托公司获得了许可,可在俄国开采和出售大理石、石头和沙土。至 1896 年,比利时企业主在俄国创建了 7 家比利时公司。与梅尔普·列·沙托公司不同的是,这些公司在俄国从事业务的专业性较强。这些公司均从事城市马拉铁路的建设和运营业务,他们分别在华沙(1884 年)、敖德萨(1885 年)、哈尔科夫(1888 年)、莫斯科(1888 年)、梯弗里斯(1888 年)、罗斯托夫(1889 年)和喀山(1894 年)等地开展业务。此时的俄国共有 8 家国有马拉铁路公司,分别位于莫斯科、圣彼得堡、里加、萨拉托夫、基辅和巴库。

1895—1904 年是比利时企业主在俄国活动的第二阶段。此时期俄国境内比利时资本的影响力开始降低。

19 世纪 90 年代下半期,俄国境内比利时公司的数量大幅增加,至 1901 年,达 117 家,5 年内比利时公司股份资本数额增加至 1.7 亿卢布。此时,比利时资本主要投入的工业部门是煤炭工业和城市交通运输业,这两个领域中比利时资本掌控的公司数量为 15 家,股份资本额为 2630 万卢布。与此同时,比利时资本也关注黑色冶金、金属加工和机器制造业、建筑材料生产和城市运输行业。在上述工业部门中,比利时人创建的企业数量分别为 15 家、27 家、19 家和 25 家,股份资本数额分别为 5030 万、3220 万、1480 万和 2960 万卢布。①

19 世纪 90 年代下半期,俄国和比利时企业主也共同开展相关业务,其中规模较大的是 1895 年成立的俄比冶金公司、顿涅茨克石煤和工厂工业公司,以及 1896 年成立的俄比玻璃镜生产公司等。此时,在比利时也成立了各类商业企业,它们专门负责在俄国成立工业企业。据奥里统计,1900 年,俄国境内所有比利时股份资本的数额达 2.2 亿卢布,因此,投入俄国的比利时股份资本占该国外资投资总量的五分之四。②

1899—1903 年,俄国境内的比利时公司业务十分惨淡。

---

① *Иностранное предпринимательство и заграничные инвестиции в России.* Очерки. М., РОССПЭН, 1997. С. 187; Бовыкин В. И., Бабушкина Т. А., Крючкова С. А., Погребинская В. А. *Иностранные общества в России в начале XX в.//* Вестник Московского университета. История. 1968. № 2. С. 57.

② Бовыкин В. И., Бабушкина Т. А., Крючкова С. А., Погребинская В. А. *Иностранные общества в России в начале XX в.//* Вестник Московского университета. История. 1968. № 2. С. 57.

1901—1904 年，俄国只成立了 11 家新比利时公司，由于资不抵债，部分公司倒闭，1905 年俄国境内比利时企业的数量仅 87 家。1905—1910 年只成立了 8 家比利时企业，但有 24 家公司停止了相关业务，最终比利时企业的总数量只有 71 家。1901—1910 家，俄国境内共有 46 家比利时公司终止了相关业务。①

总体而言，1899—1903 年，共有 17 家比利时公司停止了公司相关业务，包括数家大公司，如俄国普罗维达尼斯公司，图拉高炉公司，唐波夫采矿和冶金公司，叶卡捷琳诺斯拉夫制铁和炼钢工厂，顿涅茨克模压冶金公司，塔甘罗格阿里别尔特 · 涅夫 · 维里杰机器制造和锅炉工厂集团，尼古拉耶夫造船、机械和铸造工厂，等等。

1901—1904 年，俄国境内比利时公司所属股份资本的金额从 1.82 亿卢布降至 1.2 亿卢布，减少了近三分之一。大多数公司的股票价值持续降低，只有三分之一的公司股票价值上涨。1908 年，俄国经济行情逐渐好转，比利时资本的流入量又变多。据统计，1905—1910 年，尽管比利时公司的数量减少，但股份资本的数量却增加至 12.6 亿卢布。②

1908—1913 年是比利时资本在俄国投资的第三阶段，此时比利时

① Бовыкин В. И., Бабушкина Т. А., Крючкова С. А., Погребинская В. А. *Иностранные общества в России в начале XX в.* // Вестник Московского университета. История. 1968. № 2. С. 57; Абрамова Н. Г. *Из истории иностранных акционерных обществ в России (1905 - 1914 гг.)*// Вестник Московского университета. История. 1968. № 2. С. 84-85.

② *Иностранное предпринимательство и заграничные инвестиции в России*. Очерки. М., РОССПЭН, 1997. С. 189.

资本的影响力进一步提升。1911—1913 年,俄国比利时公司的数量并未变化,股份资本额却增长了 10%,达 13.9 亿卢布。据统计,此时期比利时公司的数量约占俄国境内外国公司总量的三分之一,股份资本的占比约为四分之一。①

20 世纪初,大量比利时公司在俄国各地开展相关业务,主要分布于石煤、黑色冶金、金属加工和机器制造、建材以及城市建筑等领域,此类公司的数量分别为 6 家、5 家、15 家、8 家和 22 家,股份资本额分别为 1680 万、2590 万、1990 万、1010 万和 4190 万卢布。②

由以上数据可知,比利时资本不但在本国创建公司开展投资业务,还在俄国直接创建工业企业。“一战”前夕,布鲁塞尔交易所已有 20 家俄国工业企业的股票在交易,其中包括 2 家煤炭公司,11 家冶金、金属加工和机器制造公司,这些公司的股票均很抢手。③ “一战”前,比利时资本仍继续流入俄国,但主要投入两个工业部门,即黑色冶金业和城建领域。

(二)俄国冶金业中的比利时资本

冶金业一直是俄国重要的工业部门,18 世纪俄国的冶金工业曾辉煌一时。17 世纪末,乌拉尔地区已建立了涅夫亚尼斯克、卡梅什、乌科杜斯和阿拉巴耶夫国有手工工场。18 世纪,俄国乌拉尔冶

① *Иностранное предпринимательство и заграничные инвестиции в России.* Очерки. М., РОССПЭН, 1997. С. 189.

② Абрамова Н. Г. *Из истории иностранных акционерных обществ в России(1905–1914 гг.)*// Вестник Московского университета. История. 1968. № 2. С. 84–85, 88.

③ *Иностранное предпринимательство и заграничные инвестиции в России.* Очерки. М., РОССПЭН, 1997. С. 189.

金工业发展最为迅速。18 世纪 20 年代中期，乌拉尔地区已建成 23 家大型冶金工厂。1725 年，乌拉尔地区的铸铁和生铁产量分别为 59.5 万普特和 27.6 万普特，占全俄同类产品总产量的 73%和 73.4%。① 1740 年，乌拉尔地区的铸铁和生铁产量分别为 109.7 万普特和 76.5 万普特。② 1741—1800 年，乌拉尔地区共建成 116 家新冶金手工工场，主要为铸铁、生铁冶炼和炼铜手工工场，其中 4 家为国有手工工场，其余 112 家为私人手工工场。③ 1750—1800 年，乌拉尔地区铸铁产量由 142.4 万普特增加至 793.9 万普特，生铁产量从 98.7 万普特增加至 543.4 万普特，增长 4.5 倍。1800 年，乌拉尔地区的铸铁、生铁和铜产量分别占全俄总产量的 80.1%、88.3%和 100%。④

19 世纪上半叶，俄国的铸铁产量停滞不前，19 世纪 40 年代前其产量低于 1100 万普特，50 年代末该行业停滞不前，达 1600 万普特。⑤ 1861 年农奴制改革前俄英黑色冶金业的发展规模对比详见

① Гаврилов Д. В. *Горнозаводский Урал XVII－XVIII вв.* Екатеринбург., УрО РАН, 2005. С. 45; Алексеев В. В., Гаврилов Д. В. *Металлургия Урала с древнейших времен до нашей дней.* М., Наука, 2008. С. 323.

② Гаврилов Д. В. *Горнозаводский Урал XVII－XVIII вв. Екатеринбург.*, УрО РАН, 2005. С. 47.

③ Алексеев В. В., Гаврилов Д. В. *Металлургия Урала с древнейших времен до нашей дней.* С. 338.

④ Струмилин С. Г. *История черной металлургии в СССР.* М., Изд-во АН СССР, 1954. С. 201, 203.

⑤ Туган-Барановский М. И. *Русская фабрика в прошлом и настоящем: Историко-экономическое исследование.* Т. 1. *Историческое развитие русской фабрики в XIX веке.* М., Кооперативное издательство "Московский рабочий", 1922. С. 65.

表5-13①。

表5-13　1800—1860年俄英黑色冶金业发展规模对比

年	乌拉尔		全俄		英国	
	高炉数(台)	生铁产量(千普特)	高炉数(台)	生铁产量(千普特)	高炉数(台)	生铁产量(千普特)
1800	87	7974	142	9971	150	9836
1860	106	14 500	145	18 198	565	241 900
增长率	21.8%	81.8%	2.1%	82.5%	276.7%	2359.3%

19世纪上半叶,乌拉尔冶金工业迅速衰落,导致俄国铸铁产量降至世界第七位。1800—1860年,世界市场上俄国铸铁比重已从30.7%降至3.76%;18世纪末至1860年,铜的比重从27%降低至3.9%。② 因俄国冶金业迅速衰落,不得已从国际市场上进口冶金产品。为扶持本国冶金工业发展,俄国政府提高了产品进口关税。因俄国资源丰富,各国企业主纷纷在俄国建立冶金企业,比利时企业主开始关注俄国冶金工业。因比利时资本染指公司众多,仅举例说明。

比利时资本尤为关注南俄冶金和煤炭工业,上文提及的南俄第聂伯彼得罗夫斯克冶金公司实际上是比利时考克利尔公司和拉

---

① Струмилин С. Г. *История черной металлургии в СССР*. М., Изд-во АН СССР, 1954. С. 16.

② Алексеев В. В., Гаврилов Д. В. *Металлургия Урала с древнейших времен до нашей дней*. М., Наука, 2008. С. 398.

乌集团的子公司，于1886年12月4日建立，1887年12月正式投产。新公司股份资本数额为500万卢布，其占比如下：华沙炼钢公司约占一半股份，约250万卢布；考克利尔公司持股80万卢布，占比约16%；列伊尼谢·沙塔里维尔克公司持股24万卢布，占比4.8%；其他公司持股146万卢布，占比29.2%。①

1889年，南俄第聂伯彼得罗夫斯克冶金公司的股息为5%，之后两年的股息达10%，1896—1900年，公司利润率达40%。因公司业绩显著，吸引了大量比利时资本流入南俄冶金和煤炭工业。1900—1912年，南俄第聂伯彼得罗夫斯克冶金公司股份资本增加至1000万卢布；1914年，达1500万卢布。② 因南俄第聂伯彼得罗夫斯克冶金公司下属煤矿距工厂距离较远，为给工厂提供充足的燃料，公司决定购买新煤矿。

比利时资本颇为关注南俄煤炭工业，1896年1月26日，阿尔马兹石煤股份公司成立，股份资本额为600万法郎，共有1.2万股股票在股东中分配，其中马耶斯公司持股2000股，考克利尔公司持股1000股，南俄第聂伯彼得罗夫斯克冶金公司持股1000股，公司创立者持股2000股，其他股票归属于考克利尔公司。公司成立后立即开展相关业务，当年开始生产焦炭，第二年就成为顿巴斯煤田内大型采煤集团之一。1897年，公司股份资本金额达1200万法

① *Иностранное предпринимательство и заграничные инвестиции в России.* Очерки. М., РОССПЭН, 1997. С. 199.

② *Иностранное предпринимательство и заграничные инвестиции в России.* Очерки. М., РОССПЭН, 1997. С. 200.

郎;1899 年达 1500 万法郎。①

依照创建协议,阿尔马兹石煤股份公司为南俄第聂伯彼得罗夫斯克冶金公司供应三年的焦炭,因此焦炭产量较大,该公司还为当地其他比利时公司提供焦炭。为获取更高利润,阿尔马兹石煤股份公司还打算涉足冶金工业,1898 年公司安装了 2 台高炉,打算建立炼铁厂,随后购买铁矿进行炼铁。因公司业务较广,1900 年公司股息增加了 1 倍。1900 年经济危机之后,上述两家公司都进行改组,其他国家的资本也大量注入。

至 1915 年,南俄第聂伯彼得罗夫斯克冶金公司股份资本增加至 1500 万卢布,据奥里统计,其中 800 万卢布由比利时工厂主掌控,400 万卢布由法国工厂主掌控,200 万卢布由德国资本掌控。② 因公司利润较高,南俄第聂伯彼得罗夫斯克冶金公司的股票在圣彼得堡、布鲁斯尔和巴黎金融市场上销售,且十分畅销,值得一提的是,与之前所述其他国家的资本一样,很多国内外商业银行也参与相关业务。

1895 年,在比利时资本的推动下,俄比冶金公司成立,与南俄第聂伯彼得罗夫斯克冶金公司不同的是,该公司直接有银行资本进入。1897 年,公司股份资本已达 1000 万卢布,1914 年达 2000 万卢布,各国企业主或银行家均持有该公司股票,比利时资本持股 4 万股、法国资本持股 2 万股,德国资本持股 1.2 万股,俄国资本持股

---

① *Иностранное предпринимательство и заграничные инвестиции в России.* Очерки. М., РОССПЭН, 1997. С. 201.

② *Иностранное предпринимательство и заграничные инвестиции в России. Очерки.* М., РОССПЭН, 1997. С. 203.

8000股。基于此，该公司虽然名义上是合资公司，但俄国资本作用不大。①

南俄第聂伯彼得罗夫斯克冶金公司和南俄俄比冶金公司是俄国资本与外国资本融合的样例，塔甘罗格冶金公司的主要状况也大致如此。1896年7月，塔甘罗格冶金公司成立，比利时资本在该公司成立时的作用不容小觑，其中比利时乌格尔埃公司注资最多，作用最显著。除此之外，法国公司和俄国公司也参与该公司的建设事宜。

1897年，塔甘罗格冶金公司股份资本增加至112.5万卢布，次年达225万卢布。公司成立之后，就在国内外金融市场上发行股票和债券，1900年银行和私人持有该公司的债务额为250万—300万卢布，1902年达380万卢布。俄国当时知名的大部分商业银行也都参与该公司业务。② 至1914年1月1日，塔甘罗格公司的股份资本增加至2100万卢布，比利时资本染指的股票价值1290万卢布，法国资本染指的股票价值为600万卢布，俄国资本则低于200万卢布。③

(三)俄国城市运输领域的比利时资本

俄国城市道路运输领域一直是比利时资本关注的方向之一，

① Бовыкин В. И. *Французский капитал в акционерных предприятиях в России накануне Октября*// История СССР. 1991. № 4. С. 167.

② *Иностранное предпринимательство и заграничные инвестиции в России. Очерки*. М., РОССПЭН, 1997. С. 216.

③ Бовыкин В. И. *Французский капитал в акционерных предприятиях в России накануне Октября*// История СССР. 1991. № 4. с. 168.

1890 年,三分之二以上的比利时资本均关注该领域,19 世纪 90 年代,投入采矿、冶金工业的资金占据第一位;20 世纪初,投入城市运输领域的资金占了主导。1914 年对外城市铁路建设投资约占比利时资本国外投资额的 30%。[①] 很多国家的城市铁路建设中都有比利时公司的身影,俄国也不例外。"一战"前夕,俄国拥有有轨电车的 55 个城市中,25 个城市均有比利时公司。

比利时城市运输和电力照明公司均是控股公司,受比利时和其他国家子公司监管,"一战"之前,25 家比利时城市交通运输公司中的 22 家属于 6 大集团。因材料有限,仅能对这六大集团的状况简单分析。

一是阿普拜尼集团,该公司于 1881 年在布鲁塞尔成立,由阿普拜尼银行倡导建立,是法国、西班牙和埃及等国家城市铁路建设的奠基者。在俄国,它也负责基什涅夫、阿斯特拉罕、塔什干和别尔季切夫等城市的有轨电车建设。

二是基斯集团。19 世纪 90 年代初于安特卫普成立,该公司的核心是列博尔特银行、公共基金和抵押银行、安特卫普有轨电车和电力企业联盟。基斯集团成立的控股公司在各国开设业务,其下属的有轨电车公司在基辅、萨拉托夫和圣彼得堡等地建立了大量有轨电车线路,直接推动了俄国城市公共运输的发展。

三是有轨电车联盟。该公司在布鲁塞尔埃杜阿达有轨电车集团基础上成立,始建于 19 世纪八九十年代,在敖德萨、哈尔科夫、莫斯科、喀山、别洛斯托克、奥廖尔、维捷布斯克和圣彼得堡等地成

---

① *Иностранное предпринимательство и заграничные инвестиции в России.* Очерки. М., РОССПЭН, 1997. С. 229.

立城市运输企业，但最终只有哈尔科夫、莫斯科和圣彼得堡等地的公司正常运营，值得一提的是，它还在梯弗里斯建立了有轨电车公司。

四是1897年成立的有轨电车和电力应用总公司，由列日集团控股。19世纪90年代末，它在俄国塞瓦斯托波尔、雅罗斯拉夫和克列缅丘格建立了有轨电车公司，随后又在尼古拉耶夫和列维里建立了电车公司，公司的领导人与俄国冶金企业的关系十分密切，所以公司业务发展迅速。

五是比利时电力企业总公司。该公司建立于1895年，主要在世界范围内投资电力工业。在俄国，该集团控制着敖德萨和辛菲罗波尔的有轨电车企业，1911年，上述两家公司合并为俄国有轨电车和电力公司。

六是有轨电车互助公司，它始建于1895年，由比利时企业主沙尔列姆·沙尔列伊和俄国工程师И. А. 里哈切夫创建，它积极参与各国城市道路建设，尤为关注俄国城市运输业务，监管包括喀山、库尔斯克、别罗斯托夫和奥廖尔等地的城市运输企业，还参与了敖德萨、基辅和萨拉托夫有轨电车公司的组建工作。值得一提的是，有轨电车互助公司与基斯集团和阿普拜尼集团关系密切，它们共同开展相关业务。

上述六家公司均与布鲁塞尔、安特卫普和列日银行有着密切的业务往来，所以，可以轻易地获取大量资金，竞争力明显加强。凭借资金和技术优势，比利时企业在俄国城市运输领域的作用十分显著。

二、比利时资本的社会经济影响

与其他国家的外资相比,比利时资本对俄国经济发展的影响稍显逊色,但仍推动了俄国社会经济发展,尤其在大工业和城市运输领域发挥重要作用。

首先,推动了俄国大工业发展。

因比利时资本主要关注俄国煤炭、冶金、机器制造等工业部门,下文以此为例简要分析。

就俄国采矿工业而言,比利时资本主要关注的对象是南俄采煤和冶金工业。比利时企业主很少创办独资企业,多为法比合资或俄比合资企业。南俄采矿工业中只有3家企业完全由比利时人建立,即马里乌波尔的俄罗斯彼洛维达尼斯集团、康斯坦丁的比利时铁轧件股份公司、奥里哈夫的高炉及工厂集团。1898年、1899年和1900年外资投入最多的工业部门为冶金、石油和采煤工业,其中以比利时资本所占比例最高,随后是英国、法国和德国资本。1901年,俄国煤炭企业中纯比利时企业的数量为10家,总投资为2625万卢布,当年投入俄国煤炭工业中的外资中,比利时资本的数额最多,此年度法国和英国资本的投入量分别为1571万和338万卢布。[①] 1901—1909年,流入俄国冶金和石煤工业中外资数额分别为5090万和4400万卢布,其比例分别为25.5%和22.8%。[②] 俄国石

① Бовыкин В. И. *Формирование финансового капитала в России: конец XIX в. – 1908 г.* М., Наука, 1984. С. 172.

② Оль П. В. *Иностранные капиталы в народном хозяйстве Довоенной России.* Л., Изд-во академии СССР, 1925. С. 31.

煤工业中的外资数额，比利时资本仅次于法国，位居第二位。上文已提及 19 世纪末 20 世纪初俄国煤炭工业发展规模，此处不再多说。

在外国资本推动下，南俄冶金工业迅速崛起。因上文已提及，此处仅对 1860—1913 年俄国冶金工业生产规模简要分析，具体规模详见表 5-14①。

表 5-14　1860—1913 年俄国冶金工业生产规模　（单位：百万普特）

年份	铸铁产量					轧件				
	俄国总计	各地产量		占比（%）		俄国总计	各地产量		占比（%）	
		南俄	乌拉尔	南俄	乌拉尔		南俄	乌拉尔	南俄	乌拉尔
1860	19.6	—	14.5	—	74.0	12.4	—	10.1	—	81.5
1861	18.9	—	14.2	—	75.1	11.4	—	9.0	—	78.9
1862	14.5	—	10.5	—	72.4	10.1	—	7.9	—	78.2
1863	16.2	0.08	11.9	0.5	73.4	11.5	0.14	9.3	1.1	80.9
1864	17.4	0.19	12.5	1.1	71.8	10.6	0.08	7.1	0.8	67.0
1865	17.4	0.17	12.3	1.0	70.7	10.2	0.08	8.0	0.8	78.4
1869	19.2	0.3	13.4	1.5	69.8	14.2	0.17	8.8	1.2	62.0
1870	20.8	0.32	14.8	1.5	71.2	14.9	0.22	9.3	1.5	62.4
1875	24.9	0.94	17.7	3.8	71.1	18.4	1.2	11.5	6.5	62.5
1880	26.1	1.3	18.4	4.9	70.5	35.6	1.7	13.3	4.8	37.5
1885	30.8	2.2	21.6	7.1	70.1	32.5	2.7	14.3	8.3	44

① Бакулев Г. Д. *Черная металлургия Юга России*. М., Изд-во Гос. техники, 1953. С. 100.

续表

年份	铸铁产量					轧件				
	俄国总计	各地产量		占比(%)		俄国总计	各地产量		占比(%)	
		南俄	乌拉尔	南俄	乌拉尔		南俄	乌拉尔	南俄	乌拉尔
1889	44.4	8.5	25.1	19.2	56.5	41.4	5.2	17.6	12.6	42.6
1890	55.2	13.4	28.2	24.3	51.1	48.7	8.6	17.6	17.8	36.0
1895	87.3	34.0	33.6	39.0	38.5	79.8	22.8	23.9	28.6	29.9
1899	163.8	82.7	45.5	50.5	27.8	145.7	60.9	32.3	41.8	22.2
1900	177.2	91.9	50.5	52.0	28.5	163.8	73.8	36.8	45.0	22.4
1905	165.5	103.2	40.8	62.4	24.6	143.8	68.3	32.7	47.4	22.7
1909	176.3	122.9	34.9	69.7	19.8	162.9	89.0	33.6	54.6	20.6
1910	185.6	126.4	39.1	68.1	21.1	184.2	98.9	37.0	53.7	20.1
1911	219.4	147.7	44.9	67.3	20.4	202.7	112.7	37.2	55.6	18.4
1912	256.3	173.4	50.6	67.7	19.8	227.7	128.3	39.4	56.3	17.3
1913	283.0	189.7	55.8	67.0	19.7	246.6	141.0	40.8	57.2	16.5

南俄冶金工厂主要集中在顿巴斯、第聂伯河沿岸和亚速海沿岸地区,其中以顿巴斯地区金属产量最高。以铸铁产量为例,“一战”前夕,顿巴斯地区铸铁产量为 1.1 亿普特,约占南俄地区金属产量的 58%,而第聂伯沿岸和亚速海沿岸地区的铸铁产量分别为 5050 万和 2400 万普特,其比例分别为 26.7%和 12.6%。① 随着南俄冶金工业发展,19 世纪下半期起金属产量就已超过乌拉尔地区,1895 年开始,南俄铸铁产量、钢产量、轧件产量都已超过乌拉尔地

① Бакулев Г. Д. *Черная металлургия Юга России*. М., Изд-во Гос. техники, 1953. С. 92.

区。“一战”前夕,南俄地区铸铁、钢和轧件产量分别是乌拉尔地区的2.5倍、2倍和2.5倍。①

比利时资本直接推动了俄国焦炭工业的发展。1900年,南俄地区大型焦炭企业新罗西斯克公司、南俄石煤工业公司、叶卡捷林诺斯拉夫采矿工业公司、俄罗斯—比利时冶金公司、阿列克谢耶夫采矿公司、雷克夫石煤公司、乌斯别尼石煤公司和鲁特切尼克夫公司焦炭产量分别为1560万、1110万、1000万、970万、910万、660万、630万和610万普特。一些大型冶金集团也自行生产焦炭冶铁和炼钢,以新罗西斯克工厂集团为例,1900年公司石煤开采量为4860万普特,部分煤炭用于生产焦炭,共生产焦炭1560万普特,此年度该工厂共需1400万普特石煤和1800万普特焦炭。② 南俄和中部工业区冶金业的发展促进了顿巴斯焦炭产量的增加,1913年该地区的焦炭产值已达5150万卢布,1914年,该地区焦炭总产量增至2.7亿普特。③ 虽然1913年南俄炼焦炉数量达5545个,但仍

---

① Бакулев Г. Д. *Черная металлургия Юга России.* М., Изд-во Гос. техники, 1953. С. 99.

② Тихонов Б. В. *Каменноугольная промышленность и черная металлургия России во второй половине XIX в. (Историко-Географические Очерки).* М., Наука, 1988. С. 156, 188.

③ Кафенгауз Л. Б. *Эволюция прошмышленного производства России(последняя треть XIX в. – 30-е годы XX в.).* М., Эпифания, 1994. С. 177; Тарновский К. Н., *Формирование государственно-монополистического капитализма в России в годы первой мировой войны.* М., Изд-во МГУ, 1958. С. 33; Россия 1913 год. *Статистико-документальный справочник.* СПб., Блиц, 1995. С. 38.

远逊色于西欧国家,俄国长期进口国外焦炭。① 在俄国焦炭工业中,比利时资本的作用颇为显著,上文已做简要分析,此处不再赘述。

其次,比利时资本推动了俄国城市化进程。因前文已提及俄国城市交通运输的规模,比利时资本在俄国城市交通运输中具体投入缺乏数据,此处不再赘述。

再次,比利时资本也推动了大工业的生产集中化进程。

比利时资本在南俄冶金工业中的作用十分显著,在其带动下,煤炭销售辛迪加应运而生。辛迪加的众多成员中,既有比利时人创办的独资公司,也有众多比利时资本参与的合资公司。1906 年煤炭销售辛迪加正式开展业务,该集团由 13 家采矿企业联合而成,掌控顿涅茨克 45%的采煤量和 41%的煤炭销售量。1909—1910 年辛迪加成员增加到 24 家,掌控顿涅茨克 67%的采煤量和 60%的煤炭销售量。② 南俄煤炭销售辛迪加是俄国著名大型垄断集团之一,其占南俄冶金企业煤炭需求量的一半以上,同时为南俄铁路煤炭总供应量的 39%—42%。③ 1910 年,辛迪加成员的煤炭开采量为 6.1 亿普特,占顿巴斯采煤量的 66.8%,煤炭外运数量为 4.1

① Россия 1913 год. *Статистико- документальный справочник.* СПб., Блиц, 1995. С. 38; Бакулев Г. Д. *Черная металлургия Юга России.* М., Изд-во Гос. техники, 1953. С. 118; Кафенгауз Л. Б. *Эволюция прошмышленного производства России(последняя треть XIX в.－30-е годы XX в.)*. М., Эпифания, 1994. С. 127.

② Кушнирук С. В. *Монополия и конкуренция в угольной промышленности юга России в начале XX века.* М., УНИКУМ-ЦЕНТР, 1997. С. 35.

③ Кушнирук С. В. *Монополия и конкуренция в угольной промышленности юга России в начале XX века.* М., УНИКУМ-ЦЕНТР, 1997. С. 117.

亿普特,占顿巴斯煤炭外运总量的60.13%。[①] 该辛迪加成立之时,俄比冶金公司掌控420股,比利时资本的影响不言而喻。[②]

值得一提的是,俄国很多证券均在布鲁塞尔交易所上销售,“一战”前这些证券的销售规模详见表5-15[③]。

表5-15 “一战”前俄国有价证券在布鲁塞尔交易所的销售规模

有价证券	债券数量	金额(百万卢布)
国家债券	11	4 301 940
国有铁路证券	16	913 950
城市债券	7	67 130
私人铁路债券	4	73 750
比利时公司债券	29	54 490

最后,比利时资本推动了俄国煤炭和冶金生产技术的提升。

凭借资金优势,比利时等外国资本也推动了煤炭和冶金工业的技术革新。19世纪上半叶,俄国已开始井下采煤,矿井深度仅为

① Кушнирук С. В. *Монополия и конкуренция в угольной промышленности юга России в начале XX века.* М., УНИКУМ-ЦЕНТР, 1997. С. 16; Бовыкин В. И. *Формирование финансового капитала в России: конец XIX в.- 1908 г.* М., Наука, 1984. С. 203.

② Кушнирук С. В. *Монополия и конкуренция в угольной промышленности юга России в начале XX века.* М., УНИКУМ-ЦЕНТР, 1997. С. 13; Шполянский Д. И. *Монополии угольно-металлургической промышленности юга России в начале XX века.* М., Изд-во академии наук СССР, 1953. С. 86.

③ Ионичев Н. П. *Иностранный капитал в зкономике России (XVIII – начало XX в.).* М., МГУП, 2002. С. 145.

17—35 俄丈。[①] 当时矿井多为单独井筒,煤炭先放入吊桶或箱子中,然后使用手动绞盘拉出。采煤工具也十分简陋,主要为丁字镐、大锤、十字镐和锛子等。19 世纪下半叶,俄国煤炭工业技术革新成就不容忽视,主要表现如下。一是蒸汽机开始用于采煤业,1885—1990 年顿巴斯采煤工人的人均蒸汽动力功率增长了 1.4 倍;[②]二是煤炭开采深度不断提升,19 世纪末,大部分煤炭钻井的深度都超过 50 俄丈;三是炸药开始用于采煤,主要在爆破业务中使用,甘油炸药使用范围更广;四是煤炭开采方式不断更新,从国外引进相关技术和设备。

在工业革命和外资的带动下,冶金业技术革新也十分显著,主要表现如下:一是蒸汽机数量大增,1890—1900 年,俄国冶金工业蒸汽机的功率增长 4.9 倍,人均蒸汽动力功率增长 2.6 倍;二是燃料结构变化显著,矿物燃料逐步取代木制燃料,焦炭大范围普及,冶金业的燃料结构向矿物燃料方向调整最终完成;三是炼钢技术大幅提升,热吹工艺广泛用于炼钢,高炉生产功率提高四分之一至三分之一;四是马丁炉广泛使用,1885—1900 年,马丁炉的数量由 70 座增加至 215 座,1900 年钢产量已达 9300 万普特。随着生产技术的不断更新,俄国金属产量大幅提升,1890—1900 年,生铁产量由 5600 万普特增至 1.8 亿普特,钢产量由 2600 万普特增加至 1.35

---

① Братченко Б. Ф. *История угледобычи в России.* М., ФГУП «Производственно-издательский комбинат ВИНИТИ», 2003. С.106; *Очерк месторождения полезных ископаемых в Евройской России и на Урале.* СПб., Типография В. О. Демакова, 1881. С. 111.

② Соловьева А. М. *Промышленная революция в России в XIX в.* М, Наука, 1991. С. 230.

亿普特。[①] 除以上所述的工业部门外,其他工业部门技术革新成就也十分显著,因资料有限,此处不再赘述。

燃料结构矿物化亦是技术革命的组成部分,其主要表现为传统的木制燃料逐步被矿物燃料代替。1900 年,俄国燃料结构中煤炭、石油、木柴、焦炭、木炭和泥炭占比分别占 35%、23.2%、21%、10.5%、6.3%和 4%。[②] 石油产品和煤炭逐步取代木柴成为工业和运输业的主要燃料。就石油产品而言,19 世纪末,重油已成为蒸汽船只最主要的燃料,亦是工业和铁路的重要燃料。以河运领域为例,19 世纪末,石油燃料需求量由 1887 年的 1769 万普特增至 1900 年的 3.3 亿普特,燃料结构中石油产品的占比由 3%增至 24%。[③] 诺贝尔喷油嘴发明后重油的使用范围迅速扩大,重油发动机发明和推广后,重油的需求量更大。19 世纪八九十年代,伏尔加河流域大部分蒸汽机船都用重油充当燃料。1890—1895 年,仅伏尔加河船队的年均重油需求量就达 1000 万普特;[④]1900 年,伏尔加河流域 92%的轮船都使用重油作为燃料。20 世纪初,俄国仍有

---

① Соловьева А. М. *Промышленная революция в России в XIX в*. М, Наука, 1991. С. 223, 224, 226-227.

② Дьяконова И. А. *Нефть и Уголь в знергетике царской России в международных сопоставлениях*. М., РОССПЭН, 1999. С. 97.

③ Кафенгауз Л. Б. *Эволюция промышленного производства России. (Последняя Треть XIX в.-30-е годы XX в.)*. Эпифания, 1994. С. 31.

④ Ахундов В. Ю. *Монополистический капитал в дореволюционной бакинской нефтяной промышленности*. М., Изд-во социально-экономической литературы, 1959. С. 9;张广翔:《19 世纪至 20 世纪初俄国的交通运输与经济发展》,《社会科学战线》2014 年第 12 期,第 238 页。

70.7%的内河轮船用重油充当燃料。①

综上所述,比利时企业主主要投资领域和规模如下。就石煤工业而言,比利时人在本国该工业部门中共成立 6 家石煤公司,资本投入量不超过 1000 万卢布;此外,比利时还入股了 4 家俄国股份制公司,投资金额约 900 万卢布,在石煤工业领域总投资额约 1900 万卢布。就黑色冶金业而言,比利时投资人在比利时创建了 5 家冶金公司,投资金额约 2050 万卢布;在俄国还有 6 家黑色冶金企业,价值 3500 万卢布;此外,比利时资本还参股法国公司创建的俄国采矿和冶金集团,价值 300 万卢布,因此,比利时人投资该工业部门的总资金为 5850 万卢布。就金属加工和机器制造工业而言,比利时投资人在比利时创建了 15 家此类公司,总投资额约 1900 万卢布,比利时资本还投资了 6 家俄国人创建的企业,投资额 1500 万卢布,总金额为 3400 万卢布。就建材工业而言,比利时资本参与了 8 家比利时公司创建的建材股份公司和 3 家俄国人创建的建材股份制公司,其投资金额分别为 1000 万卢布和 200 万卢布,总金额为 1200 万卢布。就市政部门而言,比利时资本投资 22 家比利时人创建的股份公司,约 4100 万卢布,还参与了 3 家俄国企业的创建,投资金额超 1500 万卢布,总投资额约 5600 万卢布。②

---

① Лозгачев П. М. *Развитие отечественной техники перегонки нефти и мазута.* М., Гостоптехиздат, 1957. С. 19.

② *Иностранное предпринимательство и заграничные инвестиции в России.* Очерки. М., РОССПЭН, 1997. С. 234.

第三节　瑞典诺贝尔家族与俄国石油工业

19 世纪,瑞典的国际地位大幅下滑,很多瑞典人迫于生计到国外谋生,部分瑞典人去了美洲,也有一部分人去了莫斯科。很多年轻的手工业者、机械师和企业主乘船横跨波罗的海到了圣彼得堡,他们在此处开始了自己的谋生之路。1837 年瑞典的第一批移民就包括伊马尼尔·诺贝尔,他开启了诺贝尔家族在俄国的创业之路,也是诺贝尔家族帝国的创立者。诺贝尔家族在俄国社会经济发展中的作用显著,一方面直接推动了俄国大工业的发展,在石油工业中发挥举足轻重的作用,另一方面凭借先进的技术和管理经验,在交通运输和技术革新等领域有着引领作用。

一、俄国石油工业中的诺贝尔家族

伊马尼尔·诺贝尔是斯德哥尔摩知名的机械师、发明家和建筑师,他到俄国的主要目的是寻求新的财富密码,他一生倾心于化学研究,尤其喜欢研究炸药。伊马尼尔·诺贝尔举家迁至圣彼得堡,在圣彼得堡建立军工厂,为俄国军队生产水雷等武器。1853—1856 年,克里米亚战争期间该军工厂为俄国军队生产了众多武器。诺贝尔的儿子们阿尔弗雷德·诺贝尔和路德维希·诺贝尔均受过良好的家庭教育,父母对他们的要求也十分严格,并且要求他们参与工厂业务。20 岁后他们回到了斯德哥尔摩,很快就成家并开始了独立的生活,也逐渐成为工业领域的知名活动家。

阿尔弗雷德·诺贝尔,1833年10月21日出生于瑞典的斯德哥尔摩。受喜欢研究炸药父亲的影响,他经常和父亲一起去试验炸药。1859年,他的哥哥路德维希·诺贝尔接管了父亲的产业,阿尔弗雷德投身于研究炸药制造。1863年10月14日,在瑞典获得硝化甘油引爆物的专利后,阿尔弗雷德想立即建厂投产。由于市政当局的禁令,他在市区任何地方都找不到厂址,只好到国外建厂。1865年,阿尔弗雷德在德国汉堡开设了诺贝尔公司,1873—1891年迁居法国期间又开设了法国诺贝尔公司该公司下属的工厂增加到7家;此外,还创办了英国诺贝尔公司,其下属的工厂曾发展到8家;到70年代,诺贝尔已成工业巨富,他委托大哥在芬兰和俄国开办了化工厂,还投资诺贝尔兄弟石油集团,该公司曾是诺贝尔巨额资产的重要来源之一。在俄国进行投资业务的是阿尔弗雷德·诺贝尔的哥哥路德维希·诺贝尔。

诺贝尔家族在俄国因军事工业获取了高额利润。克里米亚战争期间,诺贝尔公司的主要贡献是他们生产的炸药有效地防止了英国军队进入涅瓦河流域,该公司也因此与俄国政府上层建立了稳定的业务联系。诺贝尔公司曾获得国家订单——专门建造发动机,因与俄国陆军部关系密切,还开始生产武器。19世纪七八十年代诺贝尔工厂迅速发展成俄国军工性质的大型民用企业之一。1877—1878年俄土战争期间,诺贝尔公司专门为俄国军队提供各种武器装备,包括枪支和弹药等军事物资。

(一)诺贝尔家族投资石油工业的开端

诺贝尔家族与俄国政府官员关系密切,因此获得大量订单。

1854 年,在圣彼得堡建立机械制造厂就是得到政府官员 Э. И. 托特列别尼力荐,托特列别尼也因此获得高额回报。П. А. 贝里杰吉格将军曾为诺贝尔工厂提供军事订单,退役后成为诺贝尔公司的董事会成员,与诺贝尔公司一起租赁伊热夫斯克军工厂,租期为 8 年,共生产步枪 45.3 万支。此后,利用将军的私人关系,诺贝尔公司的军事订单不断增加。1877—1878 年俄土战争期间,诺贝尔公司为军队生产子弹和其他军事物资,仅子弹数量就达 92 万枚。① 正因如此,诺贝尔公司和俄国政府上层官员建立了牢固的业务往来。

诺贝尔家族利用与政府高层关系入驻俄国石油工业。诺贝尔兄弟石油集团建立之初,除自有资金外,还有其他俄国商人,包括政府官员参股。集团建立之初,阿尔弗雷德·诺贝尔就鼓励俄国人参股,他认为俄国人参股会让公司经营更加便捷。集团建立时 П. А. 贝里杰吉格入股,资金为 93 万卢布,拥有该集团约四分之一的股票。② 因该集团与俄国政府高层关系密切,得以免除 10 年消费税。诺贝尔兄弟集团利用股东的影响力拉近与高加索地区政府官员的关系。在工人运动持续高涨时,诺贝尔兄弟集团为政府提供相应的资金支持,以此保障公司财产。1905 年俄国革命期间,诺贝尔兄弟集团为当地警察局提供补助金,金额甚至高于其他公司为工人提高的工资数额。此外,诺贝尔兄弟集团还利用与政府高

① Дьяконова И. А. *Исторические очерки. За кулисами нобелевской монополии*// Вопросы истории. 1975, №9. С. 129.

② 25-*летие Т-ва нефтяного производства бр.* Нобель. СПБ., Т-во Р. Голике и А. Вильборг, 1904. С. 49.

层的关系获得巴库的廉价土地,19 世纪 70 年代,该公司就曾以十几卢布的价格获得数百俄亩土地, 20 世纪初,某些地块价格增长至数千卢布,几乎增长 100 倍。①

巴库地区第一位外国企业主为路德维希 · 诺贝尔,他的弟弟阿尔弗雷德 · 诺贝尔看中俄国石油工业的潜力之后,就让他关注俄国石油工业。1837 年,路德维希 · 诺贝尔曾到过高加索地区,但当时并未关注俄国石油工业,而是购买制造枪支所需的桦木。19 世纪 70 年代,俄国政府废除巴库包税制度,加上取消石油产品的短期消费税,路德维希 · 诺贝尔开始投资俄国石油工业。1875 年,路德维希 · 诺贝尔用 8000 卢布购买了一家小型炼油厂,即梯弗里斯公司,开始从事石油开采和钻探业务,短期内就获得了高额利润。②

1879 年,路德维希 · 诺贝尔与其弟弟阿尔弗雷德 · 诺贝尔以及部分好友创建了股份制公司——诺贝尔兄弟集团,集团注册资金为 300 万卢布。③ 因资金雄厚,加上技术较为先进,集团很快就获取了高额利润。19 世纪 70 年代末,诺贝尔兄弟集团投入石油工业的资金占当时俄国石油工业资金总投入量的三分之二。据统计,1879—1883 年,诺贝尔兄弟集团的利润增长 16 倍,股票在国内

---

① Дьяконова И. А. *Исторические очерки. За кулисами нобелевской монополи.*// Вопросы истории. 1975, № 9. С. 130, 131.

② Эвентов Л. *Иностранный капитал в нефтяной промышленности России в 1874–1917 гг.* М-Л., Плановое хозяйство, 1925. С. 16.

③ Матвейчук А. А, Фукс И. Г. *Истоки российской нефти.* Исторические очерки. М., Древлехранилище, 2008. С. 208; Наниташвили Н. Л. *Экспансия иностранного капитала в закавказье(конец XIX – начло XX вв.)*. Тбилисск., Издательство Тбилисского университета, 1988. С. 257–258.

外金融市场上十分畅销，集团规模也因此扩大了3倍。①

19世纪80年代，诺贝尔兄弟集团已是阿塞拜疆石油工业中的龙头。И. 施泰因曼在评价19世纪七八十年代高加索石油工业时写道："诺贝尔兄弟集团因资金雄厚，公司石油开采量大增，其所产的煤油不但在国内市场销售，还大量出口至国际市场。"②

诺贝尔兄弟集团在与其他公司的竞争中获得了较大成功。1873年当路德维希·诺贝尔到达巴库地区时，当地有数百家小型石油公司，约有400口石油油井和2口钻井。虽然这些石油企业都从事石油开采业务，但是资金不足，所以采油量停滞不前。

诺贝尔兄弟集团购买了大量土地，除从事石油开采业务外，还涉足石油加工和运输业务。诺贝尔兄弟集团从建立之日起，就和其他企业签署相关合同，凭借着自己宽广的人脉和资金优势，一方面为军队供货，一方面购买了大量的土地，兼并了很多小公司。除此之外，诺贝尔兄弟集团还注重改善石油钻探技术，1880年，诺贝尔兄弟集团已拥有12口石油钻井；1890年，集团下属钻井数量达76口；1900年和1909年钻井数量分别为180口和276口。③

部分学者认为，诺贝尔兄弟集团是俄国垄断集团建立的开端，该公司凭借雄厚的资金，引进国内外先进技术，所以迅速成长为俄国石油工业的巨头之一。1884年，诺贝尔兄弟集团的股份资本已

---

① Дьяконова Н. А. *Нобельская корпорация в России.* М., Мысль, 1980. С. 65.

② Наниташвили Н. Л. *Экспансия иностранного капитала в закавказье(конец XIX–начло XX вв.)*. Тбилисск., Издательство Тбилисского университета, 1988. С. 258.

③ 30 *лет деятельности Товарищества нефтяного производства "Бр. Нобель", 1879–1909.* СПб., 1914. С. 65–70.

达1500万卢布,1886年达2000万卢布——已占当时俄国石油工业总资本的40%。①

诺贝尔兄弟集团建立之初就取得了很大成功。1879—1883年,诺贝尔兄弟集团的采油量增长了约4.8倍,而当时俄国其他石油公司采油量的增速却从4.2倍降至2.5倍。② 随着采油量的逐步增加,全俄采油份额中诺贝尔兄弟集团的比重逐年增加,向国内外市场上供应的采油量逐年增多。全俄采油量中,1879—1883年,该集团的占比由4.5%增加至49.1%,该公司的利润从18.3万卢布增至308.8万卢布。1885年和1900年,该集团的煤油产量分别为1068万普特和2153万普特,同期重油产量分别为2557万普特和5207万普特。③ 随着集团石油加工业务的迅速展开,1879—1883年,其煤油量占俄国煤油市场的份额由2.3%增加至46%;1889年和1905年其占比分别为50.1%和69.7%。因业务量逐年增加,诺贝尔兄弟集团的资产越聚越多,资产价值也从1879年的300万卢布增加至1916年的4500万卢布。④

19世纪末,诺贝尔兄弟集团除关注石油开采业务外,还关注石油运输和存储业务。据统计,该集团业务中石油开采和加工业务的占比仅为四分之一,其余四分之三业务为石油运输、存储和贸易

---

① Наниташвили Н. Л. *Экспансия иностранного капитала в закавказье(конец XIX-начло XX вв.)*. Тбилисск., Издательство Тбилисского университета, 1988. С. 259.

② Дьяконова Н. А. *Нобельская корпорация в России*. М., Мысль, 1980. С. 62.

③ 邓沛勇:《俄国能源工业研究(1861—1917)》,科学出版社2019年版,第141页。

④ Дьяконова Н. А. *Нобельская корпорация в России*. М., Мысль, 1980. С. 70.

业务。该集团资产规模具体数据详见表 5-16①。

表 5-16　19 世纪末诺贝尔兄弟集团的资产规模

诺贝尔兄弟集团的资产种类	价值(千卢布)	占总资产的比例(%)
土地	124	1.0
油矿	203	1.6
工厂	2884	22.9
仓库及其设备	1474	11.7
轮船和驳船	4400	34.9
油罐车厢	2643	20.9
管道	880	7.0
总计	12 608	100

(二) 诺贝尔兄弟集团掌控了俄国石油运输业务

十月革命前俄国石油产品的运输模式有三种:一是水路运输,二是铁路运输,三是管道运输。三种运输方式中水路运输的占比最大,运量也最大;铁路运输虽然蓬勃发展,但其运量占比不大;管道运输是新型的输油方式,其运量占比不足 10%。在三种运输方式中,诺贝尔兄弟集团掌控了俄国石油产品的水路运输渠道,在管道和铁路运输中,该集团的业务也不容小觑。

巴库地区石油运输工业发展很大程度依靠水运,最初用石油

① Бовыкин В. И. *Зарождение финансов капитала в России.* М., Изд-во Моск. ун-та, 1967. С. 153.

帆船运输石油,随后使用蒸汽轮船运输石油。

伏尔加河流域的石油产品,除少量运至下游港口,大部分运至上游地区,以下诺夫哥罗德和雷宾斯克码头的数量最多。伏尔加河流域石油货物的主要目的地是阿斯特拉罕、察里津、萨拉托夫、萨马拉、喀山、下诺夫哥罗德、雅罗斯拉夫和雷宾斯克。阿斯特拉罕是转运点,里海诸港口的石油产品经此处的油轮驶入伏尔加河上游,察里津是石油产品的第一个分配码头,该码头和铁路线路对接。察里津石油产品主要发往莫斯科、圣彼得堡、布拉茨克、格里亚济、沃罗涅日和顿巴斯等地。萨拉托夫只向附近地区运送石油产品,1893 年成为俄国煤油供应点之一,主要向唐波夫、奔萨、梁赞、沃罗涅日、莫斯科和图拉省供应石油产品。1903 年仅萨拉托夫石油产品运送量超过 3600 万普特,运至萨马拉、喀山、雅罗斯拉夫、雷宾斯克和下诺夫哥罗德码头的石油产量分别为 1350 万、1000 万、3500 万、2700 万和 4400 万普特。①

雷宾斯克的石油产品运输方向有三:一是沿马林斯基水路运至圣彼得堡、别洛泽尔斯克、沃兹涅谢尼耶、切列波韦茨等地;二是沿伏尔加河向上运至莫洛加、卡利亚津、乌格利奇、特维尔等地;三是沃洛格达、大乌斯秋格等地,以及北德维纳河码头和阿尔汉格陵斯克等地。石油产品从雷宾斯克至圣彼得堡所需的时间超过 2 个月,即便如此,这一路线上运输石油产品的数量仍逐年增加。

诺夫哥罗德石油产品运输方向有三:一是向东运至乌拉尔和

① Лисичкин С. М. *Очерки по истории развития отечественной нефтяной промышленности (дореволюционный период)*. М., Государственное научно-техническое издательство, 1954. С. 350.

远东地区;二是向西经奥卡河经莫斯科河或下诺夫哥罗德—莫斯科铁路运至莫斯科和中部工业区;三是运至伏尔加河上游诸港口。

随着石油运输业务的发展,诺贝尔兄弟集团控制了里海石油运输业务。1877 年,里海上的第一艘油罐船就属该集团所有。1878 年,诺贝尔兄弟集团在伏尔加河流域拥有 10 艘载重量为 4 万—6 万普特的木制驳船和 2 艘蒸汽轮船。[①] 1880 年,诺贝尔兄弟集团船队的船只数量增长至 69 艘,包括 12 艘大型海洋油轮、10 艘小油轮,还有数十艘铁制平底船和木制驳船。[②] 同年,里海的中大型油罐船“佐洛阿斯特号”“诺尔杰西里德号”等均属诺贝尔兄弟集团所有。1884 年,该公司已拥有 69 艘油罐船。[③] 1908 年,伏尔加河上共有 117 艘铁制平底船。[④] 这些船只大部分都属于诺贝尔兄弟集团。据统计,1910 年诺贝尔兄弟集团共有 238 艘船只,其中 185 艘非蒸汽油罐船、53 艘蒸汽油罐船。其石油产品运输量也逐年增加,从 1874 年的 1000 万普特增至 1904 年 3.2 亿普特。[⑤] 几乎

① Фукс И. Г., Мавейчук А. А. *Иллюстрированные очерки по истории российского нефтегазового дела*. Часть 2. М., Газоил пресс, 2002. С. 20.

② Наниташвили Н. Л. *Экспансия иностранного капитала в закавказье(конец XIX–начло XX вв.)*. Тбилисск., Издательство Тбилисского университета, 1988. С. 83.

③ Ахундов Б. Ю. *Монополистический капитал в дореволюционной бакинской нефтяной промышленности*. М., Изд-во социально-экономической литературы, 1959. С. 21.

④ Лисичкин С. М. *Очерки по истории развития отечественной нефтяной промышленности (дореволюционный период)*. М., Государственное научно-техническое издательство, 1954. С. 316.

⑤ МавейчукА. А., Фукс И. Г. *Иллюстрированные очерки по истории российского нефтегазового дела*. Часть 2. М., Газоил пресс, 2002. С. 21.

所有大城市中都有诺贝尔兄弟集团的煤油仓库。[①] 该集团长期垄断俄国石油运输业务。

诺贝尔兄弟集团在投资巴库石油工业初期就关注高加索地区铁路建设事宜。因俄国政府一直干预高加索地区铁路建设,1878年才开始修建巴库—巴拉哈尼铁路。该铁路1879年通行,这是第一条连接巴库和各油田的铁路。俄国最主要的石油产区——巴库和格罗兹尼长时间并未通铁路,1875年才修建罗斯托夫—顿河—弗拉季高加索铁路。1883年高加索铁路竣工,该铁路连接巴库和巴统区域,是巴库地区石油运往黑海的主要线路。1884年察里津—格利亚济铁路竣工,1887年又修建季霍列茨克—克拉斯诺达尔铁路。1888年,别斯兰—彼得罗夫斯克—米尼沃达铁路竣工。1897年,斯塔夫罗波尔铁路支线通行。1889年,罗斯托夫铁路与察里津铁路汇合。1900年,彼得罗夫斯克铁路和杰尔宾特汇合。1901年,修建连接高加索和克拉斯诺达尔的铁路支线。至此,巴库地区铁路轮廓基本形成。因高加索铁路大多归属于私人铁路公司,虽然铁路的石油运输量也不容小觑,但铁路运送石油产品的比例只为20%。[②] 加上油罐车厢长期供应不足,诺贝尔兄弟集团的石油产品运输业务以水路运输为主,但其产品从采油厂和加工厂运至各码头都是靠铁路运输。因材料有限,很难衡量该集团矿区的

---

① Наниташвили Н. Л. *Экспансия иностранного капитала в закавказье(конец XIX–начло XX вв.)*. Тбилисск., Издательство Тбилисского университета, 1988. С. 83.

② Лисичкин С. М. *Очерки по истории развития отечественной нефтяной промышленности (дореволюционный период)*. М., Государственное научно-техническое издательство, 1954. С. 325.

石油支线及铁路运输的石油产品的具体数量。

随着该集团采油量逐年增加，完善石油运输方式以增加石油产品外运量显得尤为紧迫。1886 年为例，巴库油田的采油量约为 2 亿普特，本地工厂的石油加工量只有 1 亿普特。[①] 因此必须完善运输方式，而此时石油管道开始进入该集团管理者的视野。1878 年，巴库第一条石油管道正式使用，管道的所有者为诺贝尔兄弟集团，该管道长 9 千米，直径为 3 英寸，日运输石油量达数万普特。该石油管道不但运输诺贝尔兄弟集团的石油，而且还运输其他公司的石油产品，根据运输距离计费。因此，在诺贝尔兄弟集团的领导之下，巴库石油管道建设风生水起。即便如此，十月革命前俄国只有两条大型输油管道，即巴库—巴统和格罗兹尼—彼得罗夫斯克管道。虽然这两条线路较长，但在石油运输领域并未具有决定性作用，1911—1913 年间这两条线路的运输量只为石油产品运输总量的 6%。[②] 诺贝尔兄弟集团最初只限于垄断运输领域，随后扩展至石油贸易领域。随着运输设施不断完善，诺贝尔兄弟集团快速降低煤油价格，借此在国际市场上排挤美国煤油，在俄国国内市场则排挤中小企业主。

① Лисичкин С. М. *Очерки по истории развития отечественной нефтяной промышленности (дореволюционный период)*. М., Государственное научно-техническое издательство, 1954. С. 330.

② Лисичкин С. М. *Очерки по истории развития отечественной нефтяной промышленности (дореволюционный период)*. М., Государственное научно-техническое издательство, 1954. С. 342.

(三) 诺贝尔兄弟集团垄断国内外石油产品贸易

19 世纪 80 年代,俄国河运和海运商船队大规模使用石油燃料后,军舰也开始尝试使用石油燃料。19 世纪 70 年代初,俄国海军初次尝试将重油作为里海军舰燃料。"奇里加号""比夏里号"和"康斯坦丁号"军舰成功安装煤油发动机后,舰队燃料成本大幅度降低。1885—1888 年,波罗的海军舰开始使用巴库产的润滑油。1898—1900 年,仅诺贝尔兄弟集团就向俄国海军部提供了 140 万普特重油,货物价值 49 万卢布。随着石油加工业和机器制造业发展,部分军舰开始安装汽油发动机,军队的汽油需求量开始增加。1905 年汽油需求量为 2.5 万普特,主要由诺贝尔兄弟集团提供。[①] 1908 年,俄国军舰尝试使用柴油发动机,柴油需求量也有所增加。1914 年、1915 年俄国军队石油燃料需求量分别为 600 万和 1400 万普特,此后年均需求量为 800 万普特。[②] 巴库石油业主持续向军队提供石油燃料,其中诺贝尔兄弟集团的供货量最高。1914 年,俄国军队所需的汽油、煤油、润滑油和制动油,几乎都由诺贝尔兄弟集团提供。除为军队供应石油产品,俄国石油市场上石油产品中诺贝尔兄弟集团的占比最高。对此上文已简要提及,此处不再多说。20 世纪初,为应对经济危机和占领更大的石油市场份额,诺贝尔兄弟集团开始与其他大型石油公司开展合作。

---

① Мовсумзаде Э., Самедов В. *Бакинская нефть как топливо для российского военного флата*// Черное золото Азербайджана. 2014. № 5. С. 15.

② Гертер М. Я. *Топливно-нефтяной голод в России и экономическая политика третьеиюньской монархии*// Исторические записки. Т. 83. С. 76-122.

1907 年,诺贝尔兄弟集团和马祖特公司垄断伏尔加河沿岸各港口石油产品交易,其中分别垄断该流域最大港口阿斯特拉罕和下诺夫哥罗德港口石油交易量的 75%和 85.4%。“一战”前夕,他们垄断了俄国 77%的石油销售业务。①

就国际石油市场而言,德国市场上俄国石油进出口业务由诺贝尔兄弟集团掌控,该集团向德国输出石油产品的线路有二:第一条线路是沿里海和伏尔加河,将产品运至圣彼得堡和利巴瓦,然后转运至德国什切青、吕贝克和不来梅等港口。同时也从陆路运往德国,主要经华沙运往韦尔日比、索斯诺威茨和西里西亚。第二条线路是先运往新罗西斯克或巴统,然后经黑海运往不来梅和汉堡。即便如此,诺贝尔兄弟集团做出了诸多努力,但政治和经济原因导致德国石油市场上俄国煤油进口量远低于美国。

在欧洲市场上,俄国石油产品一直垄断部分国家石油进口业务,如 1895 年奥地利市场上俄国煤油的市场份额为 100%,因诺贝尔兄弟集团垄断该国石油业务,美国石油无法入驻该国市场。1889 年、1890 年和 1891 年奥地利进口俄国煤油数量分别为 564 万、648 万和 651 万普特,虽然此后俄国煤油进口量逐渐降低,但诺贝尔兄弟集团仍垄断该国市场。②

---

① Лившин Я. И. *Монополии в экономике России*. М., Изд-во Социально-экономической литературы, 1961. С. 27; Лисичкин С. М. *Очерки по истории развития отечественной нефтяной промышленности (дореволюционный период)*. М., Государственное научно-техническое издательство, 1954. С. 360, 369.

② Наниташвили Н. Л. *Экспансия иностранного капитала в закавказье(конец XIX–начло XX вв.)*. Тбилисск., Издательство Тбилисского университета, 1988. С.195, 199.

20 世纪初,经济危机对诺贝尔兄弟集团影响较小。1879—1917 年,诺贝尔兄弟集团在俄国煤油销售市场的份额基本上都超过 50%,个别年份达到 89.3%。[①] 煤油出口业务虽然没有成为诺贝尔兄弟集团的主导业务,但出口至国外市场上的俄国石油产品中该集团产品的占比一直超过三分之一。1913 年,该集团的石油开采量达 6580 万普特,钻井数量为 479 口,还有 11 台蒸汽发动机和 131 台电动机,工厂工人总数为 2541 人,还有 43 艘河运船只、14 艘纵帆船、209 艘驳船和 1400 节油罐车厢。[②] 诺贝尔兄弟集团的石油开采业务一直持续至 1917 年间,同年苏联军队占领巴库地区,实施巴库油田国有化政策,诺贝尔兄弟集团被苏维埃政权收归国有。

二、诺贝尔家族的社会经济影响

诺贝尔家族在俄国社会经济发展中的作用十分突出,主要表现为如下几个方面。首先,就其经济影响而言,一是推动俄国大工业尤其是石油工业的发展,诺贝尔家族的影响巨大,除石油开采领域外,俄国石油加工、运输、销售和出口业务中均留下该家族的身影;二是诺贝尔兄弟集团专注石油运输,曾一度垄断里海和伏尔加河流域的石油运输业务,还在巴库建立了石油管道,推动了俄国交通运输业的发展。其次,诺贝尔兄弟集团的社会影响不容忽视,除自身是大型垄断组织之外,该集团管理者还亲力亲为改善工厂工

---

① Дьяконова И. А. *Исторические очерки. За кулисами нобелевской монополии.*// Вопросы истории. 1975, № 9. С. 134.

② Матвейчук А. А, Фукс И. Г. *Истоки российской нефти.* Исторические очерки. М., Древлехранилище, 2008. С. 2014.

人的社会福利,其工厂成为一道当时居民生活的靓丽风景线。

(一) 促进俄国石油垄断集团的形成

在俄国政府政策支持和高额利润驱使下,大量外国资本涌入俄国,对俄国工业发展影响重大,最终导致俄国经济对外资依赖度提高,其中以石油工业最具代表性。因股份制公司的建立与推广,外国资本参与俄国石油工业,企业主间的竞争加剧,导致俄国石油行业垄断水平不断提高,至19世纪末20世纪初俄国石油工业垄断水平接近较高值。

随着俄国石油工业发展,石油工业垄断趋势日增,1883年巴库地区只有一家石油公司的采油量超过1000万普特,而到了1893年已有12家公司,1901年年均采油量超1000万普特的石油公司占比达67%。"一战"前夕,俄国石油工业中形成诺贝尔兄弟集团、英荷壳牌石油公司和俄国石油总公司三足鼎立的局面,这三家公司控制俄国石油工业资本、开采量、加工和销售业务占俄国石油市场的比例分别为70%、60.7%、66%和90%。① 俄国石油工业发展与外资关系密切,外资的流入导致石油工业的股份资本从1910年的1.8

① Волобуев. П. В. *Из истории монополизации нефтяной дореволюционной промышленности России. 1903–1914//* Исторические записки. Т. 52. М., Наука, 1955. С. 98, 102. *Монополистический капитал в нефтяной промышленности России 1883–1914*. Докуенты и материалы. М., Издательство академии науки СССР. 1961. С. 10, 13; Карпов В. П., Гаврилова Н. Ю. *Курс истории отечественной нефтяной и газовой промышленности. Тюмень.*, Тюм ГНГУ, 2011. С. 66; Гиндин И. Ф. *Банки и экономичеерская политика в России(XIX–начло XX вв.). Очерки истории и типологии русских банков*. М., Наука, 1997. С. 177.

亿卢布增至1913年的3.3亿卢布。①

大公司凭借资金和技术优势逐步垄断俄国国内外石油市场,除兼并中小企业,还通过控制石油运输和仓储设施等手段打击小企业。因遭受大企业打击,中小业主降低石油价格,但因资金不足,开采、钻探和加工技术落后而先后纷纷倒闭。1885—1900年间,巴库地区石油加工厂的数量从120家降至93家,1900年6家大企业掌控当地63%的石油加工业务,1910年5家大型企业掌控56%的石油加工业务,小工厂加工量的比例仅为1.5%。② 石油开采行业也是如此,1908年高加索地区的采油公司数量为149家,其中10家公司的采油量占到当地总采油量的70%。③ 因此,十月革命前俄国的石油开采和加工业务被大公司垄断。

为巩固俄国煤油的国际地位、增加俄国煤油出口量和促进巴库石油工业发展,罗斯柴尔德家族和巴库地区众多中小企业形成"里海—黑海集团",同时诺贝尔兄弟集团也和诸多小型石油公司形成联盟,以应对复杂市场状况。最终巴库地区石油工业形成诺贝尔兄弟集团、罗斯柴尔德家族的"里海—黑海集团"和马塔舍夫

---

① Наниташвили Н. Л. *Экспансия иностранного капитала в закавказье(конец XIX–начло XX вв.)*. Тбилисск., Издательство Тбилисского университета, 1988. С. 306.

② Самедов В. А. *Нефть и экономика России 80–90-е годы XIX века*. Баку., Элм, 1988. С. 21; Лисичкин С. М. *Очерки по истории развития отечественной нефтяной промышленности (дореволюционный период)*. М., Государственное научно-техническое издательство, 1954. С. 360.

③ Ахундов Б. Ю. *Монополистический капитал в дореволюционной бакинской нефтяной промышленности*. М., Изд-во социально-экономической литературы, 1959. С. 81.

的巴库标准公司三足鼎立的局面。1893 年这三家公司煤油出口份额分别为 25.5%、35.7%和 12.9%,其他中小公司所占的比例总和为 25.9%;1896 年,上述三家公司所占份额分别为 30.3%、32.4%和 9.5%。① 在这三家公司中,诺贝尔兄弟集团所占的比例最高,接近 40%,其余 22 家中小公司所占的比例只有 16.10%;1906 年、1907 年、1908 年、1909 年和 1910 年该集团出口煤油数量逐年递增,分别为 316.5 万、459.7 万、678.3 万、887.7 万和 985.7 万普特,其中 1910 年俄国出口至国外的煤油中,该集团占比为 31.4%。② "一战"前夕,罗斯柴尔德家族退出俄国石油工业,巴库石油工业中诺贝尔兄弟集团、英荷壳牌石油公司和奥伊里公司垄断俄国石油市场,它们拥有 86%的俄国石油资本、控制 60%的石油开采量,石油出口业务

① Фурсенко А. А. *Первый нефтяной экспертный синдикат в России(1893–1897)//* Монополии и иностранный капитал в России.// Монополии и иностранный капитал в России. М–Л., Изд-во Академии наук СССР, 1962. С. 6, 57; Бовыкин В. И. *Зарождение финансового капитала в России.* М., РОССПЭН, 1997. С. 173, 179; Дьяконова И. А. *Нефть и уголь в знергетике царской России в международных сопоставлениях.* М., РОССПЭН, 1999. С. 172; *Предпринимательство и предприниматель России. От истоков до начала XX века.* М., РОССПЭН. 1997. С. 73.

② Дьяконова И. А. *Исторические очерки. За кулисами нобелевской монополии.//* Вопросы истории. 1975, № 9. С. 137; Наниташвили Н. Л. *Экспансия иностранного капитала в закавказье(конец XIX – начло XX вв.).* Тбилисск., Издательство Тбилисского университета, 1988. С. 191–192.

也由上述三家公司掌控。[①]

俄国石油在国内外市场站稳脚跟后,大公司为攫取高额利润而抬高石油价格。为抬高石油产品价格,企业主常以各种借口提高石油产品价格,如 1913 年石油业主提出石油及其产品的生产成本由原来(1905 年)的 9.5 戈比/普特增至 22 戈比/普特,因此石油产品价格应从 16.6 戈比/普特抬高至 47.1 戈比/普特。[②] 这一举措造成诸多恶劣影响,因石油产品价格由 1903 年的 15 戈比/普特抬高至 1913 年的 56 戈比/普特,萨马拉市诸多企业主不得已减产或停产,伏尔加河流域诸多运输业务濒临瘫痪,居民更是无力购买煤油照明。[③] 通过抬高石油价格,大公司攫取了高额利润,如 1901—1907 年,石油公司企业主利润率增长近 2.4 倍,而此时采油量却下

① *Монополистический капитал в нефтяной промышленности России 1883 – 1914. Докуенты и материалы.* М., Изд-во Академии наук СССР, 1961. С. 13; Карпов В. П., Гаврилова Н. Ю. *Курс истории отечественной нефтяно и газовой промышленности.* Тюмень., Тюм ГНГУ, 2011. С. 66; Гиндин И. Ф. *Банки и экономичеескaя политика в России (XIX – начло XX вв.). Очерки истории и типологии русских банков.* М., Наука, 1997. С.1 77.

② *Монополистический капитал в нефтяной промышленности России 1883 – 1914.* Докуенты и материалы. М., Изд-во Академии наук СССР, 1961. С. 754.

③ Ахундов Б. Ю. *Монополистический капитал в дореволюционной бакинской нефтяной промышленности.* М., Изд-во социально-экономической литературы, 1959. С. 144; *Монополистический капитал в нефтяной промышленности России 1883 – 1914. Докуенты и материалы.* М., Изд-во Академии наук СССР, 1961. С. 590; Лаверычев В. Я. *Военный государственно-монополистический капитализм в России.* М., Наука, 1988. С. 82.

跌 290 万普特。① 诺贝尔兄弟集团常以价格战打击对手，为抬高石油产品价格先从小生产厂家处低价购买煤油，然后囤积，伺机销售。1908 年、1909 年、1910 年和 1911 年该公司以 20 多戈比/普特价格分别买下 4659 万、5152 万、5504 万和 4474 万普特煤油，然后以 32—55 戈比的价格销售，从中获取了巨额利润。② 20 世纪初俄国大型石油公司的规模详见表 5-17③。

① Лисичкин С. М. *Очерки по истории развития отечественной нефтяной промышленности (дореволюционный период)*. М., Государственное научно-техническое издательство, 1954. С. 362-363.

② Дьяконова И. А. *Исторические очерки. За кулисами нобелевской монополии.*// Вопросы истории. 1975, №9. С. 134.

③ Ахундов Б. Ю. *Монополистический капитал в дореволюционной бакинской нефтяной промышленности.* М., Изд-во социально-экономической литературы, 1959. С. 146-147.

表 5-17　20 世纪初俄国大型石油公司的规模

	1901 年	1902 年	1903 年	1904 年	1905 年	1906 年	1907 年	1908 年	1909 年	1910 年
诺贝尔兄弟集团										
注册资本(千卢布)	15 000	15 000	15 000	15 000	15 000	15 000	15 000	15 000	15 000	15 000
纯利润(卢布)	2 370 180	1 541 748	1 845 492	1 558 343	1 893 959	2 903 406	3 108 473	2 296 553	1 800 520	2 036 562
利润率(%)	15.8	10.27	12.3	10.4	12.6	19.3	20.7	15.3	12.0	13.7
米尔佐耶夫兄弟石油工商业集团										
注册资本(千卢布)	3210	3210	3210	3210	3210	3210	3210	3210	3210	3210
纯利润(卢布)	269 374	172 825	389 098	486 443	—	642 000	799 582	349 956	652 091	353 100
利润率(%)	8.4	5.4	12.1	15.2	—	20.0	24.9	10.9	20.3	11.0
巴库石油集团										
注册资本(千卢布)	2300	2300	2300	2300	2685	4039	4039	5654.6	5654.6	5654.6
纯利润(卢布)	62 9939	462 700	460 763	460 284	923 089	1 410 354	1 615 737	814 444	1 131 000	424 149
利润率(%)	27.4	20.0	20.0	20.0	34.4	34.9	40.0	14.4	20.0	7.5

续表

	1901年	1902年	1903年	1904年	1905年	1906年	1907年	1908年	1909年	1910年
	里海—黑海石油工商业集团									
注册资本(千卢布)	2000.0	2000.0	2500.0	2500.0	2500.0	2500.0	2500.0	2500.0	2500.0	7500.0
纯利润(卢布)	800 000	300 000	550 000	750 000	375 000	625 000	375 000	750 000	750 000	600 000
利润率(%)	40.0	15.0	22.0	30.0	15.0	25.0	15.0	30.0	30.0	8.0
	俄国石油开采、运输、存储和贸易集团									
注册资本(千卢布)	2000.0	2000.0	2000.0	3500.0	3500.0	3500.0	3500.0	3500.0	3500.0	3500.0
纯利润(卢布)	164 512	190 440	201 257	383 840	292 944	386 246	620 334	627 556	424 724	423 042
利润率(%)	8.2	9.5	10.1	11.0	8.4	11.0	17.7	17.9	12.1	12.1

(二) 推动了俄国技术革新进程

技术革新的范围甚广,前文已对相关内容进行了分析,此处仅以石油工业技术革新为例,探究俄国技术革命的成就与不足。"一战"前夕,俄国石油工业的技术革新历经三个阶段。第一阶段为18世纪至19世纪70年代初,此时期为俄国石油工业起步阶段,这一阶段采油量低、开采方式落后。第二阶段为19世纪70年代至1900年,这一阶段高加索地区石油工业迅速崛起,石油不但可以自给,还大量出口国外。此阶段俄国采油量一度超过美国,甚至主导世界石油市场;而且石油工业技术革新成就显著,钻井数量大增,蒸汽机车数量也日渐增加。[①] 第三阶段为1901年至十月革命期间,这一阶段俄国国内政治经济形势复杂,历经世界经济危机、日俄战争、1905年革命、第一次世界大战、二月革命和十月革命,石油工业很难恢复至之前的水平,但石油工业技术革新进程仍向前

① Ахундов В. Ю. *Монополистический капитал в дореволюционной бакинской нефтяной промышленности.* М., Изд-во социально-экономической литературы, 1959. С. 23; *Монополистический капитал в нефтяной промышленности России 1883–1914.* М., Изд-во Академии наук СССР, 1961. С. 19; Маевский И. В. *Экономика русской промышленности в условиях первой мировой войны.* М., Изд-во Дело, 2003. С. 8; Натиг А. *Нефть и нефтяной фактор в экономике Азербайджана в XXI веке.* Баку., Leterpress, 2010. С. 111; Матвейчук А. А, Фукс И. Г. *Истоки российской нефти. Исторические очерки.* М., Древлехранилище, 2008. С. 39, 40; Менделеев Д. И. *Проблемы экономического развития России.* М., Изд-во социально-экономической литературы. 1960. С. 444; Ковнир В. Н. *История Эконоики России: Учеб. пособие.* М., Логос, 2005. С. 87; Хромов П. А. Экономика России периода промышленного капитализма. М., Изд-во ВПШ и АОН при ЦК КПСС, 1963. С. 137; Лившин Я. И. *Монополии в экономике России.* М., Изд-во Социально-экономической литературы, 1961. С. 323, 328.

发展。

19 世纪 70 年代之前,俄国石油开采技术十分落后,主要使用原始的皮囊捞油法。外国资本涌入高加索石油工业之后,大公司不断引进先进的石油开采和加工技术,俄国石油钻探和开采技术迅速提高。以诺贝尔兄弟集团为例,该集团率先使用钻子钻探方式采油。20 世纪初,这一方法已在俄国众油田中普及,采油量迅速增加。此外,该集团还率先将蒸汽机用于石油开采和加工业务中,也将连续式蒸馏釜用于石油加工业务之中,使俄国石油蒸馏技术达到世界先进水平。虽然垄断集团对俄国石油工业发展意义重大,但它们主要关注自身利益,虽然使用了当时的先进技术,但很少关心石油开采和加工技术的进一步革新,最终造成俄国石油开采和加工技术长期停滞不前。

在诺贝尔兄弟集团等公司的推动下,俄国石油钻探技术快速发展。巴库油田原是波斯的领土,19 世纪初纳入俄国版图。波斯人采油的历史悠久,最初的采油方法十分落后,以手工捞油法为主,采油量很低,工作效率也十分低下。随着石油需求量的增加,当地的手工工场主改进生产技术,其主要表现如下:一是使用坑井法采油,采油井的深度明显增加;二是用羊皮皮囊取代木桶,捞油装置更加轻便,容器的容量也明显扩大;三是为节省人力,在拉皮囊的井架上安装滑轮;四是用铁片加固羊皮边缘,两侧使用铁轭加固,有效地防止了原油外泄。

19 世纪上半叶,坑井采油法较为普遍,但因各地自然条件各异,坑井的分布具有不均衡性。坑井采油法于阿普歇伦半岛最为普及。据统计,1872 年,巴库地区 415 口坑井的采油总量为 13.6 万普特。① 除阿普歇伦半岛外,坑井采油法在捷列克、达吉斯坦、刻赤和乌拉尔—伏尔加河流域也较为普及。捷列克省卡阿拉布拉克镇附近的坑井采油量最高,但因资料有限,不能核算其具体产油量。格罗兹尼油田的数据较为完整,坑井的深度为 28—45 米,1876 年、1881 年和 1885 年格罗兹尼油田坑井的数量分别为 106 个、454 个和 221 个。②

早期的石油仓储设施也较为落后,一般使用土油坑存油,坑口为圆形或四角形的石板。油坑外壁一般由石头或砖块砌成。土油坑的深度为 4—5 米,侧壁厚度一般为 0.7 米。值得一提的是,19 世纪上半叶,俄国的坑井采油法较为先进,超过同期美国的采油量,位居全球首位。

19 世纪 70 年代,坑井采油法所产的石油已不能满足市场的需求,石油企业主开始尝试推广钻井采油法。钻井采油逐渐取代坑井采油是采油技术革命的标志。钻井采油先是利用钻探和破岩设备将岩层敲碎,然后进行固井,将套管连续装入井内,在管道周边注入泥浆,使之固定,避免坍塌。1864 年,俄国工程师初次使用金属钻管采油。

1866 年,俄国第一口石油钻井钻探成功,该钻井连续出油近 2

---

① Ахундов В. Ю. *Монополистический капитал в дореволюционной бакинской нефтяной промышленности.* М., Изд-во социально-экономической литературы, 1959. С. 27.

② Ахундов В. Ю. *Монополистический капитал в дореволюционной бакинской нефтяной промышленности.* М., Изд-во социально-экономической литературы, 1959. С. 28.

个月,钻井深度达37.6米,出油量达10万普特。[①] 此时打钻井已使用钢制钻头,可击碎更坚硬的岩石。钻头钻破岩石后,需清洗钻井,清洗后用竹桶将水提出,清除废水后再继续向下钻探,固井后就可投入使用。19世纪60年代,高加索商业公司最先尝试钻井采油。1869年,米尔佐耶夫公司开始打钻井,部分钻井的深度已达64米。1871年,米尔佐耶夫公司钻井的平均深度为45米,最初的采油量为700普特/天,后期增加至2000普特/天。1872年,该公司打了第三口钻井,钻井的深度和采油量都有所增加。钻井数量增加后,巴库油田采油量大增,石油价格也开始降低,同年巴库煤油的价格就由45戈比/普特降至2戈比/普特。

钻探技术提升后,钻井数量不断增加,1873年、1875年、1876年和1878年巴库油田的钻井数量分别为9口、55口、62口和301口。钻井数量增加后,坑井的数量开始降低,1873年和1876年巴库油田的坑井数量分别为158口和62口。[②] 1901年、1908和1913年俄国钻井数量分别为1301口、2456口和3450口,每口钻井的年

① 张广翔:《19世纪60—90年代俄国石油工业发展及其影响》,《吉林大学社会科学学报》2012年第6期,第120页。

② Ахундов В. Ю. *Монополистический капитал в дореволюционной бакинской нефтяной промышленности.* М., Изд-во социально-экономической литературы, 1959. С. 58.

均采油量分别为34万、18万和11万普特。① 随着钻探技术的不断提升,钻井深度也不断增加,1873年、1883年和1893年巴库油田钻井的平均深度分别为22米、59米和113.8米,1900年钻井深度已达300米。

蒸汽机广泛使用也是石油工业技术革新的表现,1873年,巴库油田出现了2台蒸汽机,此后蒸汽机逐渐在油田内推广。因钻井钻探时需使用锅驼机,锅驼机运行时需要蒸汽驱动,所以蒸汽机的数量逐年增加,1871年、1878年和1882年巴库油田中蒸汽机数量分别为7台、40台和78台。19世纪80年代后,蒸汽机数量进一步增加,1883年、1893年和1907年分别为141台、605台和2769台。② 蒸汽机使用初期,功率较低,为10—12马力,后期逐渐提升,

---

① Дьяконова И. А. *Нефть и Уголь в энергетике царской России в международных сопоставлениях.* М., РОССПЭН, 1999. С. 73, 74, 75, 7 6; Наниташвили Н. Л. *Экспансия иностранного капитала в закавказье (конец XIX – начало XX вв.)*. Тбилисск., Издательство Тбилисского университета, 1988. С. 46; Матвейчук А. А, Фукс И. Г. *Истоки российской нефти.* Исторические очерки. М., Древлехранилище, 2008. С. 40; Ахундов Б. Ю. *Монополистический капитал в дореволюционной бакинской нефтяной промышленности.* М., Изд-во социально-экономической литературы, 1959. С. 199.

② Мавейчук А. А. *Некоторые особенности промышленного переворота в нефтяной промышленности России во второй половине XIX в.* Предвестие эры нефти. Проблемы истории нефтяной промышленности России и США во второй половине *XIX* – начале *XX* вв. Древлехранилище, 2003. С. 67; Ахундов В. Ю. *Монополистический капитал в дореволюционной бакинской нефтяной промышленности.* М., Изд-во социально-экономической литературы, 1959. С. 11; Хромов П. А. *Экономика России периода промышленного капитализма.* Изд-во ВПШ и АОН при ЦК КПСС, 1963. С. 136; Соловьева А. М. *Промышленная революция в России в XIX в*. М., Наука, 1991. С. 232–233.

高达50马力。值得一提的是,俄国各油田的蒸汽机主要集中于巴库油田,1910年,巴库油田的蒸汽机数量占比为77%。1909年,巴库油田使用蒸汽机、石油发动机、天然气发动机和电力发动机的采油量占比分别为74.3%、3.5%、2.5%和19.7%。①

1901年,巴库油田出现了第一台电动机,也建成了巴库地区第一家发电站。20世纪初,电力已广泛应用于石油工业。1906年、1910年和1911年巴库油田的电力消耗量分别为2038万、3746万和1.4亿千瓦时,1911年电力发动机的采油量占比已达26%,蒸汽发动机的采油量占比为58.2%,电力工业对石油工业的影响可见一斑。② 20世纪初,巴库油田的发电量大增,除一部分用于企业和居民的日常照明外,大部分电力都用于石油开采、钻探和加工业务。1903年,格罗兹尼油田的阿赫维尔多夫工厂开始使用发电机采油,同年该地区建立希比斯发电站,在其带动下格罗兹尼油田的发电量大幅度提升。随着生产工艺的革新和蒸汽机的大范围使用,1878—1900年石油工业中蒸汽机数量增长了26倍,人均动力功率增长了9.5倍。③ 诺贝尔兄弟集团除推动俄国石油工业快速发展之外,还促进了俄国生产力水平的进一步提高,在俄国大工业和交通运输业发展过程中可谓发挥着举足轻重的作用。除此之外,该

① Ахундов В. Ю. *Монополистический капитал в дореволюционной бакинской нефтяной промышленности.* М., Изд-во социально-экономической литературы, 1959. С. 151.

② Лисичкин С. М. *Очерки по истории развития отечественной нефтяной промышленности.* М., Государственное научно-техническое издательство, 1954. С. 151, 156.

③ Соловьева А. М. *Промышленная революция в России в XIX в.* М., Наука, 1991. С. 232.

集团承担了商人特有的社会责任,其很多做法在当时很前卫。

(三) 诺贝尔兄弟集团勇于承担社会责任

历史文献中对商人社会责任的理解为慈善事业、保护团体、对社会团体或个人提供赞助、参与环境保护等等。① 笼统而言,商人(或企业主)的社会责任即商人对社会的影响,也可以理解为他们所参与的活动或决议所产生的直接及间接的影响。为了达到社会和谐,提高劳动者的劳动积极性,政府或社会团体必须对企业家活动进行某种限制。广义上,商人的社会责任不只是关心本企业员工,而且涉及对国家及地区层面做出相关贡献,并产生深刻影响。

1.商人(企业主)社会责任概述

商人的社会责任概念兴起于20世纪60年代末70年代初的美国、日本及某些西欧国家。通俗的理解就是商人不但应该关心利润及纳税,而且应该与社会共同承担消除社会不公正性、经济失衡及生态问题的责任,还要在经济转型过程中保护弱势群体及环境。②

对于19世纪末20世纪初的俄国而言,这方面才刚刚起步。俄

① Борисова А., Колчин И. *Социальная ответственность бизнеса (на примере нефтегазохимической отрасли)* / rudocs. exdat. com / docs / index-405644. html; Щиголева Т. А. Социальная ответственность современных предпринимательских структур // Вопросы новой экономики, № 2(22), 2012. С. 126-130.

② Веревкин Л. П. *Социальная ответственность бизнеса / Мониторинг общественного мнения: экономические и социальные перемены.* 2010, №1 (95). / www.rfcor.ru|news_rfc_22.htm.

国企业一方面开始着手制定具体的有助提高国际贸易的透明度，保障生态安全、劳动关系的制度；另一方面也迫不得已在俄国遭遇社会危机时制定出相关的对策，以便摆脱危机。关于企业的社会责任，当时不同学者有不同的看法。某些学者把商人的社会责任划分为三个层次，：对员工的责任、对周围环境的责任和对社会的责任。

笔者认为，商人的社会责任应该划分为如下几个层面：第一层面为基本责任，即劳动条款透明、及时支付税款、按时支付员工工资、创造更多的工作岗位等。第二层面的责任包含保障工人的工作、生活条件，如提高工人的职业能力，为他们提供医疗保险和建筑住宅，等等。这一层面的社会责任可以被称为“集团责任”。第三层面的社会责任为积极参与慈善活动。

在俄国经济发展的不同时期，商人（企业主）社会责任的水平也不尽相同。俄罗斯商人经常参与慈善活动，但是其重心均放在教会慈善事业之上，此活动在19世纪上半叶前一直占优势。俄国教会史学家、莫斯科教会研究院教授E. E. 卡鲁彼尼斯克在20世纪初就指出：“商人阶层是我们社会最虔诚的阶层，也可以说是对我们信仰最支持的阶层。在某种程度上讲，此评价较为客观……主要表现为热心教会建筑及装饰工作、关心教会祈祷、严格遵守教义，从这种程度上讲商人为最虔诚的阶层。”

俄国政府政策，特别是维特担任财政大臣时期大量引进外资等，促进外资积极参与本国经济发展，渗透各个工业部门。因此，俄国市场上西方公司将继承自本国的特有经济文化的传统及标准，以制度及规章的形式在俄国推广。19世纪末20世纪初，担当俄国商人社会责任的典型范例是诺贝尔兄弟集团。该集团的企业分布在阿普歇伦半岛至圣彼得堡的广袤区域,分公司遍及俄国数十个省份。1913 年,该集团资产达 1.9 亿卢布,其红利的比例为 26%,年生产总额达至 9300 万卢布,工人数量为 1.3 万人。1917 年初公司股份资本达 3000 万卢布,10 年间其资本增长了 9 倍。① 其巨大的发展规模也在一定程度上影响着其社会责任的履行。

2.诺贝尔兄弟集团社会责任的实现

第一,诺贝尔兄弟集团的社会责任首先体现在企业家及工人之间透明的劳动关系上。

以雅罗斯拉夫省的工作手册《诺贝尔兄弟集团》为例,在该工作手册中,明确规定了雷宾斯克市境内企业的内部工作条例。规章包括 41 项条款,其中涵盖工人雇佣流程、申诉申请流程、每月工资的支付、职工住宅及浴室的使用流程、工人的义务、企业的医疗服务及工人的辞退流程等等。

例如,在工人雇佣流程部分的第三条款中指出:“工人被雇佣后就应承担相应的工作责任,工作必须勤劳及谨慎,全力捍卫公司利益,不能破坏相应的工作程序及造成损失。”可以说,诺贝尔兄弟集团致力于培养员工对企业的责任感。工作手册中还涉及罚款及罚金标准,罚金的数额为 10 戈比至 3 卢布不等,在车间内工作的工人必须遵守劳动纪律。工人工作纪律相当严格,但其工资明显高于当时社会平均水平。20 世纪初,俄国国内其他工业部门工人的

① Барышников М. Н. *Деловой мир дореволюционной России: индивиды, организации, институты.* СПб., ООО «Книжный Дом», 2006. С. 262.

月平均工资为 24 卢布,但诺贝尔兄弟集团工人月平均工资却达为 65 卢布。①

诺贝尔兄弟集团会对违反工作纪律的行为进行严格惩罚,但对员工的状况也较为关注。每年年末,诺贝尔兄弟集团内会张贴榜单,注明下一年度每月发放报酬的具体日期,具体劳动报酬取决于企业的业绩。一般而言,集团年利润的 8%支付给股票持有人,40%用于支付员工工资,剩余的部分用于股东间的利润分配,这在集团规章内已经明确规定。② 此外,该集团在自己的工厂及油田内率先施行 10 小时工作制(当时很多工厂日工时达 14 小时),这也是变相提高工人福利的方式。

第二,诺贝尔兄弟集团的相关活动已有明显第二层面社会责任的特征。

一般而言,在诺贝尔兄弟集团所在城市工业设施附近,都有工人住宅区,这些区域被称为“诺贝尔小镇”,伏尔加流域城市内这些小镇的数量最多,因为诺贝尔兄弟集团从事石油产品加工和运输业务的主阵地在伏尔加流域。

在巴库、阿斯特拉罕、萨拉托夫、萨马尔、察里津、乌法、彼尔姆、雷宾斯克和圣彼得堡都有此类小镇分布。诺贝尔兄弟集团想把这些小镇建成新型的社会居民点。这些小镇的综合功能十分显著,集劳动、日常生活及休闲功能为一体。

---

① Пядышев Д. *Цены и жалования в России в начале XX века* / www. talers. ru/ index.php? option = com content&view = article&id = 81&Itemid = 108&showall = 1

② Осбринк Б. *Империя Нобелей: история о знаменитых шведах, бакинской нефти и революции в России.* //пер. с швед. Т. Доброницкой. М., Текст, 2003. С. 58-59.

1880年初,在巴库附近建立了诺贝尔兄弟集团的第一个小镇,即维拉·彼特洛列镇,最初该镇内仅有10栋居民楼。这些房子可供100名工作人员(瑞典人和俄罗斯人数量最多)居住和生活。在居民楼附近50平方公里的范围内修建了剧院、俱乐部、球馆等设施。

瑞典记者比里特·奥斯彼里尼克在分析诺贝尔家族回忆录及日记的基础上指出,诺贝尔小镇犹如"沙漠中的绿洲"。小镇内使用脱盐剂提高饮用水水质,以此保证镇内居民供水,每年春末还从海洋中运来800吨冰块,足以保证整个夏季的供水。为了方便居民生活和供暖,居民楼供应天然气,工厂及小镇内不但安装了电力照明设备,还铺设了电话线,19世纪80年代部分房间内甚至安装了空调,即便在炎热夏天也可以保持15—20摄氏度的舒适温度。①

当1898年住宅供应不足时,诺贝尔兄弟集团租赁5.5公顷的土地建设新的小镇,同时铺设街道及配备电力照明设备。20世纪初新建的两个小镇中已有4000名公司员工及其家属在此居住。此外,该集团还建立专业化的工人食堂供应午餐,集团承担部分餐食费用。②

据统计,巴库境内诺贝尔兄弟集团90%以上的工人都有私人住宅或居住在工人小镇内。巴库区域设置工人小镇后,阿斯特拉罕也开始修建诺贝尔小镇。1880年诺贝尔兄弟集团成立之后,就

---

① Осбринк Б. *Империя Нобелей: история о знаменитых шведах, бакинской нефти и революции в России.* //пер. с швед. Т. *Доброницкой.* М., Текст, 2003. С. 85-87, 100.

② Осбринк Б. *Империя Нобелей: история о знаменитых шведах, бакинской нефти и революции в России.* //пер. с швед. Т. *Доброницкой.* М., Текст, 2003. С. 229.

签署了租赁伏尔加河右岸 1 万平方俄丈(约 21 平方千米)土地的合同(租期为 25 年),合同签订后就开始修建诺贝尔小镇,1889 年租赁面积增至 42 000 平方俄丈(约 90 平方千米)。

19 世纪 80 年代,诺贝尔兄弟集团在租赁的地块上,修建多功能的多层木制建筑,此时诺贝尔码头犹如小村镇,村镇内有办公楼、工厂和修理间。主办公楼的右侧修建有高层工作人员住宅,这些高层工作人员包含工程师、机械师、出纳员和监督员等。在诺贝尔码头的西部及两个主要建筑的后方,修建有两层的工人住宅楼,均有厨房和餐厅,并且配备相应的设施。19 世纪末,楼房内所有的燃气都由集团的巴库分公司供应。1917 年以前,由于工人数量不断增加,诺贝尔小镇不断修建新型建筑设施,包括花园,有些地方甚至建有温室,所有居住点周围都栽种柳树,还有专门负责维护的园丁,“沙漠之洲”的说法毋庸置疑。

1884 年,诺贝尔小镇内已安装了电话,1889 年还为职工子女开设了学校。为此还专门修建教师住宅。20 世纪初,还修建了会议室和娱乐场所。工厂均有专门的食堂,每天在食堂进餐的员工达数百人。此外,还设有专业的医疗点、药店及配备固定的医疗人员。1889 年,诺贝尔小镇内固定和临时工人的数量有数千人。①

对于工人而言,如新型社会一般的诺贝尔小镇已经成为现实,其城镇化可分为三个层次,在察里津表现得尤为明显。在察里津境内设立了机械制桶厂,工厂内工人数量超过 300 人,该地还有炼油厂和容量为 160 万吨的石油仓库。此外,70%的巴库石油经过察

① Львов С., Марков А. *Нобелевский городок.* // газета «Волга», № 36. 17 марта 2006 г.

里津发往存储仓库及石油产品分配基地。国内石油市场上察里津供应产品的数量超过 8000 万普特,年流动资金为 1300 万—1500 万卢布。基于此,该地诺贝尔小镇的规模很大。察里津城市可分为三部分,南部区域为伏尔加河流域的码头,此码头也连接仓库和铁路支线,通过铁路线将煤油车厢运到戈良兹—察里津火车站。中部区域主要为两层的石屋,此处是诺贝尔兄弟集团的监督机构,这些房屋内居住着高级管理人员等。北部区域是工人及普通管理人员住宅,周围都有绿化,数千株树苗。住宅内有 4 个房间,周围栽种苹果树和樱桃树,还配有药店、接待室、托儿所、小学、食堂和浴室等。所有的诺贝尔小镇都使用电力照明,这在当时非常少见。19 世纪 90 年代,察里津的所有城市街道中共有 220 盏煤油灯,而且不是全部点燃,1908 年,当地街道照明设备已全部改用电灯。①

雷宾斯克也成立了诺贝尔小镇,此城市在十月革命前曾被选为邮票背景。诺贝尔兄弟集团为当地工人及管理人员修建了集体宿舍、医院,还向政府转呈工人们送子女去科尔帕舍沃读书的请愿书。按照 B. 良波伊的意见,诺贝尔小镇已经很接近当时的新型的社会模式。②

诺贝尔兄弟集团在圣彼得堡俄国柴油厂附近修建设施齐全的小区。小区的建筑风格类似于西欧城市曼彻斯特的城市风格,小区内的建筑有诺贝尔·埃玛努伊公馆(森林街 21 号)、出租公寓

---

① Водолагин М. А. *Очерки истории Волгограда 1589 – 1967*. М., Наука, 1968. С. 114.

② Рябой В. Антиутопия «Нобелевский городок» .// газета «Рыбинская правда», № 37 (112), 21 сентября 2010 г.

（森林街 20 号）、廉价的工人住宅（森林街 20 号）、锻造车间（佛克尼大街 4 号）、工厂（萨姆彼索尼耶夫斯基大街 27 号）等。这些建筑都是建筑师费多尔·利得瓦里于 1910—1913 年间修建的。

综上所述，诺贝尔小镇建设时就已配备了公共设施来改善居住和生活环境。诺贝尔小镇风格各异，但主要建筑风格为欧式风格。

第三，诺贝尔兄弟集团积极参与慈善活动。

诺贝尔家族下属公司积极参与各类慈善活动，如改善工人的居住环境、资助科学家、设立奖助学金等等。诺贝尔兄弟集团曾资助俄国科学院院士 И. 巴甫洛夫 40 万金卢布用于科学研究，支持年轻俄国科学家 B. 舒霍夫，赞助德国发明家 P. 基杰里在俄国生产柴油机。

1889 年，诺贝尔兄弟集团在俄国设立奖励石油和冶金工业有突出贡献者的诺贝尔基金，资助俄国技术协会。集团管理机构专门从利润中划拨一部分资金，每三年为作出重大贡献者颁发一次奖金和金质奖章。诺贝尔家族还为圣彼得堡工艺研究院大学学生设立数项奖学金，路德维格·诺贝尔的女儿奥列伊尼科娃出资在圣彼得堡医学院内建立眼科医院，“一战”期间还开设专门医院治疗伤者、修建孤儿院等。

1901 年，诺贝尔兄弟集团出资在圣彼得堡修建了第一所民众活动中心，典礼大厅可容纳 600 人，还设有图书馆及餐厅。该机构为工人订购科学和流行读物，举办音乐会，著名教育家及文学家在此处成立文学小组，还有专门教授外语及自然科学知识的夜校。

诺贝尔兄弟集团在圣彼得堡创立可容纳 200 名学生的工人子

女学校,为保证员工子女接受教育还设立专项奖助学金。20 世纪初,诺贝尔兄弟集团有 159 所自有房产及 14 所租赁房屋,包括集体宿舍、医院、药店、食堂、图书馆和学校。①

私人和股份制公司为工人及职工修建"生活小镇"的实践在欧洲已经广泛实行,基于此,诺贝尔兄弟集团并不是开创者,但它却是把欧洲经验带到俄国的"第一人"。此外诺贝尔兄弟集团的主要成就还包括解决了教育等一些社会问题。

其他外国大资本家及俄国大商人也采取了类似的措施,英国企业家约翰·尤兹也试图解决工人的社会问题,上文已提及,他是新罗西斯克石煤、钢铁及轨道生产集团的创始人、19 世纪七八十年代乌克兰草原上首家工厂的创建者及管理人。

诺贝尔家族对俄国社会经济发展的影响不容小觑,就经济影响而言,诺贝尔兄弟集团是俄国石油工业的龙头,集石油开采、加工、运输和销售为一体,是俄国大型的托拉斯集团,在交通运输等领域有显著影响;就社会影响而言,除推动了大型垄断组织出现之外,在技术革新、改善社会福利等方面发挥重要作用。

综上所述,比利时资本关注俄国煤炭、冶金和城市公共运输等工业部门,美国资本关注俄国机器制造业和石油等工业部门,瑞典包括诺贝尔家族在内的资本关注石油和军工等部门,这些外资的作用虽逊色于其他欧洲大国,但仍不容忽视,其主要作用有四:一是直接推动了俄国大工业发展,促使南俄冶金、煤炭和机器制造等工业部纷纷崛起;二是大公司凭借先进技术和管理经验,推动了俄

① Барышников М. Н. *Деловой мир дореволюционной России: индивиды, организации, институты.* СПб., ООО «Книжный Дом», 2006. С. 263.

国技术革命的进程;三是促进俄国大工业的生产集中化进程加快,大型垄断组织纷纷涌现;四是推动俄国城市轨道运输业发展,使得俄国城市化进程不断深入 。

参考文献

一、中文文献

(一)专著

1.孙成木、刘祖熙、李建:《俄国通史简编》,人民出版社 1986 年版。

2.刘祖熙:《改革和革命——俄国现代化研究(1861—1917)》,北京大学出版社 2001 年版。

3.刘祖熙:《波兰通史简编》,人民出版社 1988 年版。

4.姚海、刘长江:《当代俄国——强者的自我否定与超越》,贵州人民出版社 2001 年版。

5.张建华:《俄国史》,人民出版社 2004 年版。

6.张建华:《激荡百年的俄罗斯——20 世纪俄国史读本》,人民出版社 2010 年版。

7.白建才:《俄罗斯帝国》,三秦出版社 2000 年版。

8.陶惠芬:《俄国近代改革史》,中国社会科学出版社 2007 年版。

9.李迈先:《俄国史》,正中书局 1969 年版。

10.曹维安:《俄国史新论》,中国社会科学出版社 2002 年版。

11.贺允宜:《俄国史》,三民书局 2004 年版。

12.何汉文:《俄国史》,东方出版社 2013 年版。

13.赵士国、杨可:《俄国沙皇传略》,湖南师范大学出版社 2001 年版。

14.张广翔:《18—19 世纪俄国城市化研究》,吉林人民出版社 2006 年版。

15.王晓菊:《俄国东部移民开发问题研究》,中国社会科学出版社 2003 年版。

16.曹维安、郭响宏:《俄国史新论》,科学出版社 2016 年版。

17.赵振英:《俄国政治制度史》,辽宁师范大学出版社 2000 年版。

18.邓沛勇:《俄国能源工业研究(1861—1917)》,科学出版社 2019 年版。

19.徐向梅:《俄罗斯银行制度转轨研究》,中国金融出版社 2005 年版。

20.黄定天:《中俄关系通史》,黑龙江人民出版社 2007 年版。

21.邓沛勇:《俄国经济史(1700—1917)》,社会科学文献出版社 2020 年版。

22.邓沛勇:《俄国交通运输史(1700—1917)》,社会科学文献出版社 2022 年版。

23.邓沛勇:《俄国工业化研究(1861—1917)》,社会科学文献出版社 2020 年版。

24.邓沛勇、刘向阳:《俄国工业史(1700—1917)》,社会科学文献出版社 2021 年版。

(二)译著

1. [苏]B. T. 琼图洛夫:《苏联经济史》,郑彪等译,吉林大学出版社1988年版。

2.《苏联社会主义经济史》(第一卷),复旦大学经济系和外文系俄语教研组部分教员译,生活·读书·新知三联书店1979年版。

3.[苏]波克罗夫斯基:《俄国历史概要》,贝璋衡、叶林、葆煦译,生活·读书·新知三联书店1978年版。

4.[苏]潘克拉托娃:《苏联通史》,山东大学翻译组译,生活·读书·新知三联书店1980年版。

5.[苏]诺索夫:《苏联简史》(第一卷),武汉大学外文系译,生活·读书·新知三联书店1977年版。

6.[美] 尼古拉·梁赞诺夫斯基、马克·斯坦伯格:《俄罗斯史》,杨烨、卿文辉等译,上海人民出版社2007年版。

7.[美] 沃尔特·G. 莫斯:《俄国史(1855—1996)》,张冰译,海南出版社2008年版。

8.[苏]B. B. 马夫罗金:《俄罗斯统一国家的形成》,余大钧译,商务印书馆1991年版。

9.[苏]И. И. 斯米尔诺夫:《十七至十八世纪俄国农民战争》,张书生等译,人民出版社1983年版。

10.[俄]米罗诺夫:《俄国社会史》,张广翔等译,山东大学出版社2006年版。

11.[俄]米格拉尼扬:《俄罗斯现代化与公民社会》,徐葵等译,新华出版社2002年版。

12.[俄]巴甫洛夫-西利万斯基:《俄国封建主义》,吕和声等译,商务印书馆 1998 年版。

13.[俄]普列汉诺夫:《俄国社会思想史》,孙静工译,商务印书馆 1990 年版。

14.[苏]波克罗夫斯基:《俄国历史概要》,贝璋衡等译,生活・读书・新知三联出版社 1978 年版。

15.[俄]Б. Н. 米罗诺夫:《帝俄时代生活史:历史人类学研究(1700—1917)》,张广翔等译,商务印书馆 2013 年版。

16.[俄]A. 恰亚诺夫:《农民经济组织》,萧正洪译,中央编译出版社 1996 年版。

17.[苏]П. И. 梁士琴科:《苏联国民经济史》,中国人民大学编译室译,人民出版社 1959 年版。

18.[苏]尤・瓦尔加主编:《世界经济危机:1848—1935》,戴有振等译,世界知识出版社 1958 年版。

19.[美]杰拉尔德・冈德森:《美国经济史新编》,杨宇光等译,商务印书馆 1994 年版。

20.[美]H. N. 沙伊贝、H. G. 瓦特、H. U. 福克纳:《近百年美国经济史》,彭松建等译,中国社会科学出版社 1983 年版。

21.[苏]列・阿・门德尔逊:《经济危机和周期的理论与历史》(第二卷),吴纪先等译,生活・读书・新知三联书店 1976 年版。

22.刘淑兰主编:《主要资本主义国家近现代经济史》,中国人民大学出版社 1987 年版。

23.中国科学院经济研究所世界经济研究室编:《主要资本主义国家经济统计集(1848—1960)》,世界知识出版社 1962 年版。

24.[比]让・东特:《比利时史》,南京大学外文西法文翻译组译,江苏人民出版社 1973 年版。

(三)论文

1.张广翔、王子晖:《俄中两国早期工业化比较:先决条件与启动模式》,《吉林大学社会科学学报》2011 年第 6 期。

2.尼·米·阿尔辛季耶夫、季·弗·多连克:《关于俄罗斯现代化的若干问题》,张广翔译,《吉林大学社会科学学报》2008 年第 6 期。

3.张广翔:《伏尔加河大宗商品运输与近代俄国经济发展(1850—1913)》,《历史研究》2017 年第 3 期。

4.张广翔:《亚历山大二世改革与俄国现代化》,《吉林大学社会科学学报》2000 年第 1 期。

5.张广翔:《19 世纪俄国工业革命的特点——俄国工业化道路研究之三》,《吉林大学社会科学学报》1996 年第 2 期。

6.张广翔:《19 世纪俄国工业革命的发端——俄国工业化道路研究之二》,《吉林大学社会科学学报》1995 年第 2 期。

7.张广翔:《19 世纪俄国工业革命的前提——俄国工业化道路研究之一》,《吉林大学社会科学学报》1994 年第 2 期。

8.张广翔:《19 世纪俄国工业革命的影响》,《吉林大学社会科学学报》1993 年第 2 期。

9.张广翔:《论 19 世纪俄国工业蒸汽动力发展历程及其工业革命特点》,《求是学刊》1990 年第 4 期。

10.杨翠红:《俄国早期工业化进程解析》,《贵州社会科学》2013 年第 9 期。

11.赵士国、刘自强:《中俄两国早期工业化道路比较》,《史学月刊》2005 年第 8 期。

12.万长松:《论彼得一世改革与俄国工业化的肇始》,《自然辩证法研究》2013 年第 9 期。

13.邓沛勇:《19 世纪下半叶至 20 世纪俄国工业发展特征》,《俄罗斯研究》2017 年第 6 期。

14.张建华:《俄国近代石油工业的发展及其特点》,《齐齐哈尔师范学院学报》1994 年第 6 期。

15.张广翔:《19 世纪 60—90 年代俄国石油工业发展及其影响》,《吉林大学社会科学学报》2012 年第 6 期。

16.张丁育:《19 世纪 90 年代至 20 世纪初俄国与欧洲的石油贸易》,《西伯利亚研究》2009 年第 1 期。

17.王然:《阿塞拜疆石油工业史述略》,《西安石油大学学报》2013 年第 6 期。

18.邓沛勇:《俄国能源工业的影响因素》,《西伯利亚研究》,2017 年第 1 期。

19.邓沛勇:《1917 年前俄国石油工业中外资垄断集团及其影响》,《俄罗斯研究》2017 年第 3 期。

20.张广翔、邓沛勇:《论 19 世纪末 20 世纪初俄国石油市场》,《河南师范大学学报(哲学社会科学版)》2016 年第 3 期。

21.王绍章:《俄国石油业的发展与外国资本》,《东北亚论坛》2007 年第 6 期。

22.张广翔、白胜洁:《论 19 世纪末 20 世纪初俄国的石油工业垄断》,《求是学刊》2014 年第 3 期。

23.张广翔:《19 世纪末至 20 世纪初欧洲煤炭市场整合与俄国煤炭进口》,《北方论丛》2004 年第 1 期。

24.张广翔、邓沛勇:《19 世纪下半期至 20 世纪初俄国煤炭工业的发展》,《史学月刊》2016 年第 3 期。

25.张广翔、回云崎:《18至19世纪俄国乌拉尔黑色冶金业的技术变革》,《社会科学战线》2017年第3期。

26.董小川:《俄国的外国资本问题》,《东北师范大学学报》1989年第3期。

27.张广翔:《外国资本与俄国工业化》,《历史研究》1995年第6期。

28.刘爽:《19世纪末俄国的工业高涨与外国资本》,《社会科学战线》1996年第4期。

29.刘爽:《19世纪俄国西伯利亚采金业与外国资本》,《学习与探索》1999年第2期。

30.张广翔、范璐祎:《19世纪上半期欧俄河运、商品流通和经济发展》,《俄罗斯中亚东欧研究》2012年第2期。

31.张广翔:《19世纪至20世纪初俄国的交通运输与经济发展》,《社会科学战线》2014年第12期。

32.张广翔、范璐祎:《18世纪下半期至19世纪初欧俄水运与经济发展——以伏尔加河—卡马河水路为个案》,《贵州社会科学》2012年第4期。

33.张广翔、逯红梅:《论19世纪俄国两次铁路修建热潮及其对经济发展的影响》,《江汉论坛》2016年第6期。

34.张广翔、逯红梅:《19世纪下半期俄国私有铁路建设及政府的相关政策》,《贵州社会科学》2016年第6期。

35.李宝仁:《从近代俄国铁路史看铁路建设在国家工业化进程中的地位和作用》,《铁道经济研究》2008年第2期。

36.白述礼:《试论近代俄国铁路网的发展》,《世界历史》1993年第1期。

37.陈秋杰:《西伯利亚大铁路对俄国东部地区开发的意义》,《西伯利亚研究》2011 年第 2 期。

38.陈秋杰:《西伯利亚大铁路修建中的外国因素》,《西伯利亚研究》2011 年第 6 期。

39.陈秋杰:《西伯利亚大铁路建设中机车供应状况述评》,《西伯利亚研究》2013 年第 5 期。

40.罗爱林:《维特货币改革评述》,《西伯利亚研究》1999 年第 5 期。

41.张广翔:《19 世纪俄国政府工商业政策基本趋势》,《西伯利亚研究》2000 年第 8 期。

42.张广翔、齐山德:《革命前俄国商业银行运行的若干问题》,《世界历史》2006 年第 1 期。

43.钟建平:《俄国农民土地银行的运作模式》,《西伯利亚研究》2008 年第 8 期。

44.钟建平:《俄国贵族土地银行运行机制初探》,《黑龙江教育学院学报》2007 年第 6 期。

45.张广翔、刘玮:《1864—1917 年俄国股份商业银行研究》,《西伯利亚研究》2011 年第 2 期。

46.张广翔、李旭:《19 世纪末至 20 世纪初俄国的证券市场》,《世界历史》2012 年第 4 期。

47.张广翔、李旭:《十月革命前俄国的银行业与经济发展》,《俄罗斯东欧中亚研究》2013 年第 2 期。

48.刘玮:《试论 19 世纪俄国币制改革》,《西伯利亚研究》2011 年第 1 期。

49.詹方瑶:《试论俄国产业革命的道路》,《郑州大学学报(哲学社会科学版)》1984 年第 1 期。

50.陶惠芬:《俄国工业革命中的对外经济关系》,《世界历史》1994

年第3期。

51.张恩博:《俄国工业革命刍议》,《沈阳师院学报》1984年第2期。

52.叶同丰:《试论彼得一世改革的性质》,《福建师范大学学报(哲学社会科学版)》1987年第3期。

53.李显荣:《试论彼得一世改革及其评价》,《史学月刊》1985年第1期。

54.赵士国:《近代俄国资本主义的困窘》,《史学月刊》1991年第6期。

55.贾文华:《彼得一世改革与俄国近代化》,《商丘师专学报》1984年第4期。

56.孙成木:《试探19世纪中叶后俄国资本主义迅速发展的原因》,《世界历史》1987年第1期。

57.宋华:《十九世纪九十年代俄国发展工业措施评述》,《河南大学学报》1985年第1期。

58.张建华:《亚历山大二世和农奴制改革》,《俄罗斯文艺》2001年第3期。

59.赵士国、杨兰英:《亚历山大二世与林肯之比较》,《湖南师范大学社会科学学报》2004年第2期。

60.邓沛勇:《19世纪下半期至20世纪初俄国能源工业研究——以石油和煤炭工业为例》,吉林大学2016年博士学位论文。

61.刘琼:《19世纪末20世纪初外国资本对俄国石油工业的影响》,辽宁大学2012年硕士学位论文。

62.白胜洁:《19世纪末20世纪初俄国的工业垄断研究——以石油、冶金和纺织工业部门为例》,吉林大学2015年博士学位论文。

63.李非:《19世纪末—20世纪初俄国石油工业中的垄断资本》,吉林大学2008年硕士学位论文，。

64.范璐祎：《18世纪下半期—19世纪上半期的俄国水路运输》，吉林大学2014年博士学位论文。

65.陈秋杰：《西伯利亚大铁路修建及其影响研究（1917年前）》，东北师范大学2011年博士学位论文。

66.李青：《论1865—1913年俄国地方自治机构的民生活动》，吉林大学2012年博士学位论文。

67.刘玮：《1860—1917年的俄国金融业与国家经济发展》，吉林大学2011年博士学位论文。

68.李旭：《1861—1914年俄国证券市场》，吉林大学2016年博士学位论文。

69.逯红梅：《1836—1917年俄国铁路修建及其影响》，吉林大学2017年博士学位论文。

二、俄文文献

（1）专著

1. Алексеев В. В., Гаврилов Д. В. *Металлургия урала с древнейших времен до наших дней* . М., Наука, 2008.

2. Ананьич Б. В., Беляев С. Г., Лебедев С. К. *Кредит и банки в России до начала XX в.* СПб., Изд-во Спетербурсгого университета, 2005.

3. Ананьич Б. В. *Российское самодержавие и вывоз капитала. 1895-1914 гг.* (По материалам Учетно - ссудного банка Персии). Л., Наука, 1975.

4. Ахундов Б. Ю. *Монополистический капитал в дореволюционной*

бакинской нефтяной промышленности. М., Изд - во социально - экономической литературы, 1959.

5. Баканов С. А. *Угольная промышленность Урала: жизненный цикл отрасли от зарождения до упадка*. Челябинск., Издательство ООО «Энциклопедия», 2012.

6. Бакулев Г. Д. *Черная металлургия юга России*. М., Изд - во Гос. техники, 1953.

7. Беляев С. Г. П. Л. *Барк и финансовая политика России. 1914-1917 гг.* СПб., Изд-во СПбГУ, 2002.

8. Берзин Р. И. *Мировая борьба за нефть*. М., Типография Профгортоп, 1922.

9. Блиох И. С. *Влияние железных дорог на экономическое состояние России*, СПб., Типография М. С. Вольфа, 1878.

10. Бовыкин В. И. *Иностранное предпринимательство и заграничные инвестиции в России*. М., РОССПЭН, 1997.

11. Бовыкин В. И. *Формирование финансового капитала в России конец XIXв. - 1908 г.* М., Наука, 1984.

12. Бовыкин В. И. *Предпринимательство и предприниматели России от истоков до начала XX века*. М., РОССПЭН, 1997.

13. Бовыкин В. И. *Иностранное предпринимательство в России // История предпринимательства в России*. М., РОССПЭН, 2002.

14. Бовыкин В. И. *Финансовый капитал в России накануне первой мировой войны*. М., РОССПЭН, 2001.

15. Бовыкин В. И. *Зарождение финансового капитала в России*. М.,

Изд–во МГУ, 1967.

16. Бовыкин В. И. *Французкие банки в России: конец XIX–начало XX в.* М., РОССПЭН, 1999.

17. Бовыкин В. И., Петров Ю. А. *Коммерческие банки Российской империи.* М., Перспектива, 1994.

18. Борковский И. *Торговое движение по Волжско – маринскому водной пути.* СПб., Типография Бр. Пантелевых, 1874.

19. Бородкин Л. И., Коновалова А. В. *Российский фондовый рынок в начале XX века.* СПб., Алетейя, 2010.

20. Братченко Б. Ф. *История угледобычи в России.* М., ФГУП «Производственно– издательский комбинат ВИНИТИ», 2003.

21. Бубликов А. А. *Современное положение России и железнодорожный вопрос.* СПб., Тип. М–ва пут. Сообщ, 1906.

22. *Виды внутреннего судоходства в России в 1837 году.* СПб., Печатано в типография 9 дуарда Праца и Ко, 1838.

23. Виргинский В. С. *История техники железнодорожного транспорта.* М., Трансжелдориздa, 1938.

24. Виргинский В. С. *Возникновение железных дорог в России до начала 40 – х годов XIX века.* М., Государственное транспортное железнодорожное изд–во, 1949.

25. Витте С. Ю. *Принципы железнодорожных тарифов по перевозке грузов*, СПб., Типография Акц. Общ. Брокгауз–Ефрон, 1910.

26. Витте С. Ю. *Собрание сочинений и документальных материалов.* Т. 3. М., Наука, 2006.

27. Верховский В. М. *Исторический очерк развития железных дорог России с их начала по 1897 г.* СПБ., Типография Министерства путей сообщения, 1897- 1899. Вып. 1-2.

28. Вяткин М. П. *Горнозаводский Урал в 1900-1917 гг.* М-Л., Наука, 1965.

29. Гаврилов Д. В. *Горнозаводский Урал XVII-XX вв.* Екатеринбург. УрО РАН, 2005.

30. Гагозин Е. И. *Железо и уголь на юге России.* СПб., Типография Исидора Гольдберга, 1895.

31. Георгиевский П. *Финансовые отношения государства и частных железнодорожных обществ в России и западноевропейских государствах.* СПб., Тип. М-ва пут. Сообщ, 1887.

32. Гиндин И. Ф. *Банки и экономическая политика в России XIX-начало XX в.* М., Наука, 1997.

33. Горбунов А. А. *Политика развития железнодорожного транспорта в XIX-начале XX вв: компартивно-ретроспективный анализ отечественного опыта.* М., МИИТ. 2012.

34. Грегори П. *Экономический рост Российской империи (конец XIX-начало XX в.).* М., РОССПЭН, 2003.

35. Гронский П. Е. *Единственный выгодный способ развития сети русских железных дорог.* М., Типо-лит. Н. И. Куманина, 1889.

36. Гусейнов Р. *История экономики России.* М., Изд-во ЮКЭА, 1999.

37. Гудкова О. В. *Строительство северной железной дороги и ее*

роль в развитии северного региона (1858–1917). Вологда., Древности Севера, 2002.

38. Давыдов М. А. *Всероссийский рынок в конце XIX–начале XX вв. и железнодорожная статистика*. СПб., Алетейя, 2010.

39. Доннгаров А. Г. *Иностранный капитал в России и СССР*. М., Международные отношения, 1990.

40. Дьяконова И. А. *Нефть и уголь в энергетике царской России в международных сопоставлениях*. М., РОССПЭН, 1999.

41. Дьяконова И. А. *Нобелевская корпорация в России*. М., Мысль, 1980.

42. Дякин В. С. *Германские капиталы в России.электроиндустрия и электрический транспорт*. Л., Наука, 1971.

43. Иголкин А., Горжалцан Ю. *Русская нефть о которой мы так мало занаем*. М., Нефтяная компания Юкос // Изд – во Олимп – Бизнес, 2003.

44. Ионичев Н. П. *Иностранный капитал в экономике России (XVIII–начало XX в.)*. М., МГУП, 2002.

45. *История Железнодорожного транспорта России. 1836 – 1917*. СПб., Изд–во Иван Федоров, 1994.

46. *История Урала с древешейщих времен до 1861 г.* М., Наука, 1989.

47. Истомина. Э. Г. *Водные пути России во второй половине XVIII–начале XIX века*. М., Наука, 1982 .

48. Истомина. Э. Г. *Водный транспорт России в дореформенный*

период. М., Наука, 1991.

49. Кабузан В. М. *Изменения в размещении насления России в XVIII –первой половине XIX в*. М., Наука, 1971.

50. Карнаухава Е. С. *Размещение сельского хозяйства России в период капитализма (1860–1914)*. М., Изд–во Акад. наук СССР, 1951.

51. Карпов В. П., Гаврилова Н. Ю. *Курс истории отечественной нефтяной и газовой промышленности*. Тюмень., Тюм. ГНГУ, 2011.

52. Кафенгауз Б. Б. *Очерки внутреннего рынка России первой половины XVIII века*. М., Изд–во Академии наук СССР, 1958.

53. Кафенгауз Л. Б. *Эволюция прошмышленного производства России (последняя треть XIX в.–30–е годы XX в.)*. М., Эпифания, 1994.

54. Кафенгауз Б. Б. *История хозяйства Демидовых в XVIII–XIX вв*. М. Л., АН СССР, 1949.

55. Китанина Т. М. *Хлебная торговля России в конце XIX–начале XX века*. СПб., Дмитрий Буланин, 2011.

56. Ковальченкои. Д. *Аграрный сторой России второй половины XIX–начала XX в*. М., РОССПЭН, 2004.

57. Ковнир В. Н. *История экономики России: Учеб.* пособие. М., Логос, 2005.

58. Кондратьев Н. Д. *Рынок хлебов и его регулирование во время войны и революции*. М., Наука, 1991.

59. Кондратьев Н. Д. *Мирное хозяйство и его конъюнктуры во время и после войны*. Вологда., Обл. отделение Гос. издательства, 1922.

60. Конотопов М. В., Сметанин М. В. *История экономики*

России. М., Логос. 2004.

61. Корсак А. Ф. *Историческо – статистическое обозрение торговых сношений России с Китаем.* Казань., Издание книготорговца Ивана Дубровина, 1857.

62. Кульжинский С. Н. *О развитии русской железнодорожнй сети.* СПб., Невская Лито–Типография, 1910.

63. Кушнирук С. В. *Монополия и конкуренция в угольной промышленности юга России в начале XX века.* М., УНИКУМ – ЦЕНТР, 1997.

64. Лаверычев В. Я. *Военный государственно – монополистический капитализм в России.* М., Наука, 1988.

65. Лившин Я. И. *Монополии в экономике России.* М., Изд – во Социально– экономической литературы. 1961.

66. Лившиц Р. С. *Размещение промышленности в дореволюционной России*. М., Из–во АН СССР, 1955.

67. Лизунов П. В. *Биржи в России и экономическая политика правительства(XVIII – XX в.)*. Архангельск., Поморский государственный университет, 2002.

68. Лисичкин С. М. *Очерки по истории развития отечественной нефтяной промышленности (дореволюционный период)*. М., Государственное научно–техническое издательство, 1954.

69. Лукьянов П. М. *История химической промыслов и химической промышленности России до конца XIX в.* Т. 5. М – Л., Из – во АН СССР, 1955.

70. Матвейчук А. А, Фукс И. Г. *Истоки российской нефти.* Исторические очерки. М., Древлехранилище, 2008.

71. Мавейчук А. А., Фукс И. Г. *Иллюстрированные очерки по истории российского нефтегазового дела.* Часть 2. М., Газоил пресс, 2002.

72. Маевский И. В. *Экономика русской промышленности в условиях первой мировой войны.* М., Изд-во Дело, 2003.

73. Марухин. В. Ф. *История речного судоходства в России.* М., Орехово- Зуевский педагогический институт, 1996.

74. Менделеев Д. И. *Проблемы экономического развития России.* М., Изд-во социально-эконоической литературы. 1960.

75. Межлаука В. И. *Транспорт и топливо.* М., Транспечать, 1925.

76. Милов Л. В. *Великорусский пахарь и особенности российского исторического процесса.* М., РОССПЭН, 2006.

77. Мильман Э. М. *История первой железнодорожной магистрали Урала (70 - 90 - е годы XIX в.)*. Пермь., Пермское книжное издательство, 1975.

78. Мизис Ю. А. *Формирование рынка Центрального Черноземья во второй половине XVII - первой половине XVIII вв.* Тамбов., ООО «Издательство Юлис», 2006.

79. Мир - Бабаев М. Ф. *Краткая история Азербайджанской нефти.* Баку., Азернешр, 2009.

80. Миронов Б. Н. *Внутренний рынок России во второй половине XVIII-XIX в.* СПб., Наука, 1981.

81. Миронов Б. Н. *Хлебные цены в России за два столетия, XVIII–XIX в.* СПб., Наука, 1985.

82. *Монополистический капитал в нефтяной промышленности России 1883 – 1914.* Документы и материалы. М., Изд – во Академии наук СССР, 1961.

83. *Монополистический капитал в нефтяной промышленности России 1914–1917.* Документы и материалы. Л., Наука, 1973.

84. Ниниташвили Н. Л. *Экспансия иностранного капитала в Закавказье (конец XIX – начало XX вв.).* Тбилисск., Издательство Тбилисского университета, 1988.

85. Нардова В. А. *Монополистические тенденция в нефтяной промышленности и 80 – х годах XIX в.* и проблема транспортировки нефтяных грузов // Монополии и иностранный капитал в России. М.–Л., Изд–во Академии наук СССР, 1962.

86. Нардова В. А. *Начало монополизации бакинской нефтяной промышленности // Очерки по истории экономики и классовых отношений в России конца XIX– начала XX в.* М.–Л., Наука, 1964.

87. Нифонтов А. С. *Зерновное производство России во второй половине* 19 *века.* М., Наука, 1974.

88. Обухов Н. П. *Внешнеторговая, таможенно – тарифная и промышленно– финансовая политика России в XIX–первой половине XX вв.(1800–1945)* . М., Бухгалтерский учет, 2007.

89. Оль П. В. *Иностранные капиталы в народном хозяйстве Довоенной России.* Л., Изд–во академии СССР, 1925.

90. Осбрник Б. *Империя Нобелей. История о знаменитых шведах, бакинской нефти и революции в России.* М., Алгоритм, 2014.

91. *Очерк месторождения полезных ископаемых в Евройской России и на Урале.* СПб., Типография В. О. Деаков, 1881.

92. Пайпс. Р. *Россия при старом режиме.* М., Независимая Газета, 1993.

93. Пажитнов К. А. *Очерки истории текстильной промышленности дореволюционной Россиии.* М., Изд-во академии наук СССР, 1958.

94. Першке С. Л. *Руссская нефтяная промышленность, ее развитие и современное положение в статистических данных.* Тифлис., Тип. К. П. Козловского, 1913.

95. Погребинский А. П. *Государственно - монополистический капитализм в России.* М., Изд - во социально - экономической литературы, 1959.

96. Потолов С. И. *Начало моноплизации грозненской нефтяной проышленности (1893-1903) //* Монополии и иностранный капитал в России. М-Л., Изд-во Академии наук СССР, 1962.

97. Погребинский А. П. *Строительство железных дорог в пореформенной России и финансовая политика царизма(60-90-е годы XIX в.) //* Исторические записки. Т. 47. М., Изд-во. АН СССР, 1954.

98. Проскурякова Н. А. *Земельные банки Российской империи.* М., РОССПЭН, 2012.

99. Пушин В. М. *Главные мастерские железных дорог.* М - Л., Государственное изд-во, 1927.

100. Рагозин Е. И. *Железо и уголь в Урале.* СПб., Типография Исидора Гольдберга, 1902.

101. Рашин А. Г. *Население России за 100 лет(1813 - 1913 гг).* Статистические очерки. М., Государственное статистическое издательство, 1956.

102. Рихтер И. *Личный состав руссих железных дорог.* СПб., Типография Штаба Отдельного Корпуса Жандармов, 1900.

103. Родригес А. М. *История стран Азии и Африки в Новейшее время: учебник.* М., Проспект, 2010.

104. Рожкова М. К. *Экономическая политика царского правительства на среднем Востоке во второй четверти XIX века и русская буржуазия.* М-Л., Изд-ва Акад. Наук СССР , 1949.

105. Рындзюнский П. Г. *Крестьянская промышленность пореформенной России.* М., Наука, 1966.

106. Рязанов В. Т. *Экономическое развитие России. Реформы и российское хозяйство в XIX-XX вв.* СПб., Наука, 1999.

107. Саломатина С. А. *Коммерческие банки в России: динамика и структура операций, 1864-1917 гг.* М., РОССПЭН, 2004.

108. Салов В. В. *Некоторые данные к вопросу о финансовых результатах эксплуатации железных дорог в России.* СПб., Тип. М-ва пут. сообщ., 1908.

109. Самедов В. А. *Нефть и экономика России (80-90-е годы XIX века) Баку.*, Элм, 1988.

110. Сеидов В. Н. *Архивы бакинских нефтяных фирм (XIX-начало*

XX века). М., Модест колеров, 2009.

111. Силин Е. П. *Кяхта в XVIII в. Иркутск.*, Иркутское областное издательство, 1947.

112. Сигов С. П. *Очерки по истории горнозаводской промышленности Урала*. Свердловск., Свердлгиз, 1936.

113. Соловьева А. М. *Железнодорожный транспорт России вовторой половине XIX в.* М., Наука, 1975.

114. Соловьева А. М. *Промышленная революция в России в XIX в.* М., Наука, 1991.

115. Соболев А. Н. *Железные дороги в России и участие земств в их постройке.* СПб., Тип. Л. Н. Соболев, 1868.

116. Степанов В. Л. *Контрольно – финансовые мероприятия на частных железных дорогах России (конец XIX – начало XX в.) //* Экономическая история. Ежегодник 2004. М., РОССПЭП, 2004.

117. Струмилин С. Г. *История черной металлургии в СССР. Феодальный период (1500–1860 гг.)*. М–Л., Изд–во АН СССР, 1954.

118. Струмилин С. Г. *Черная металлургия в России и в СССР.* М. Л., Изд–во Академии наук СССР. 1935.

119. Сучков Н. Н. *Внутрение пути сообщения России // Федоров В. П. Россия в ее прошлом и настоящем (1613–1913)* . М., Типография В. М. Саблина, 1914.

120. Тарновский К. Н. *Формирование государственно – монополистического капитализма в России в годы первой мировой войны.* М., Изд–во МГУ, 1958.

121. Таранков В. И. *Ценные бумаги государства российского.* М., Автовазбанк, 1992.

122. Тихонов Б. В. *Каменноугольная промышленность и черная металлургия России во второй половине XIX в. (историко – географические очерки)*. М., Наука, 1988.

123. *Тридцать лет деятельности товарищества нефтяного производства Бр. Нобеля 1879 – 1909.* СПб., Типография И. Н. Скороходова, 1910.

124. Туган – Барановский М. И. *Русская фабрика в прошлом и настоящем: Историко– экономическое исследование.* Т. 1. Историческое развитие русской фабрики в XIX веке. М., Кооперативное издательство «Московский рабочий», 1922.

125. *Упорядочение железных тарифов по перевозке хлебных грузов.* М., Тип. Министерства внутренних дел, 1890.

126. Федоров В. А. *История России 1861 – 1917.* М., Высшая школа, 1998.

127. Фомин П. И. *Горная и горнозаводская промышленность Юга России.* Том I. Харьков., Типография Б. Сумская, 1915.

128. Фомин П. И. *Горная и горнозаводская промышленность Юга России.* Том II. Харьков., Хозяйство Донбасса, 1924.

129. Фурсенко А. А. *Династия Рокфеллеров. Нефтяные войны (конец XIX–начало XX века)*. М., Издательский дом Дело, 2015.

130. Фурсенко А. А. *Первый нефтяной экспертный синдикат в России (1893–1897)* // Монополии и иностранный капитал в России. М–

Л., Изд–во Академии наук СССР, 1962.

131. Халин А. А. *Система путей сообщения нижегородского поволжья и ее роль в социально–экономическом развитим региона(30–90 гг. XIX в.)*. Нижний Новгород., Изд – во Волго – вятской академии государственной службы, 2011.

132. Хейфец Б. А. *Кредитная история России.* Характеристика суверного заемщика. М., Экономика, 2003.

133. Хромов П. А. *Экономическое развитие России. Очерки экономики России с древнейших времен до Великой Октябрьской революции.* М., Наука, 1976.

134. Хромов П. А. *Экономика России периода промышленного капитализма.* М., Изд–во ВПШ и АОН при ЦК КПСС, 1963.

135. Хромов П. А. *Экономическая история СССР.* М., Высшая школа, 1982.

136. Цветков М. А. *Изменение лесистости Европейской России с конца XVII столетия по 1914 год.* М., Из–во АН СССР, 1957.

137. Чунтулов В. Т., Кривцова Н. С., Чунтулов А. В., Тюшев В. А. *Экономическая история СССР.* М., Высшая школа, 1987.

138. Шадур Л. А. *Развитие отечественного вагонного парка.* М., Транспорт, 1988.

139. Шполянский Д. И. *Монополии угольно – металлургической промышленности юга России в начале XX века.* М., Изд – во академии наук СССР, 1953.

140. Шухтан Л. Ф. *Наша железнодорожная политика.* СПб.,

Тип. Н.Я. Стойков, 1914.

141. Эдмон Т. *Экономическое преобразование России.* М., РОССПЭП, 2008.

（二）论文

1. Абрамова Н. Г. *Из истории иностранных акционерных обществ в России (1905 – 1914 гг.) //* Вестник Московского университета. История. 1982, № 2.

2. Алияров С. С. *Истории государственно – монополистического капитализма в России.* Особое совещание по топливу и нефтяные монополии // История СССР. 1977, № 6.

3. Бовыкин В. И., Бабушкина Т. А., Крючкова С. А., Погребинская В. А. *Иностранные общества в России в начале XX в //* Вестник Московского университета. История. 1968, № 2.

4. Бовыкин В. И. *Банки и военная промышленность России накануне первой мировой войны //* История СССР. 1959, № 64.

5. Бовыкин В. И. *Монополистические соглашения в русской военной промышленности //* История СССР. 1958, № 1.

6. Волобуев П. В. *Из истории монополизации нефтяной дореволюционной промышленности России. 1903–1914 //* Исторические записки. Т. 52. М., Изд–во АН СССР, 1955.

7. Гертер М. Я. *Топливно–нефтяной голод в России и экономическая политика третьеиюньской монархии //* Исторические записки. Т. 83. М., Изд–во АН СССР, 1969.

8. Грегори П. *Экономическая история России, что мы о ней знаем и чего не знаем.* Оценка экономиста // Экономическая история.

Ежегодник. М., РОССПЭН, 2001.

9. Дякин В. С. *Из истории экономической политики царизма в 1907- 1914гг* // Исторические записки. Т. 109. М., Изд - во АН СССР, 1983.

10. Дьяконова И. А. Исторические очерки.*За кулисами нобелевской монополии* // *Вопросы истории.* 1975, № 9.

11. Косторничеко В. Н. *Иностранный капитал в нефтяной промышленности дореволюционной России: к разработке периодизации процесса* // Экономическая история: обозрение. Вып. 10. М., Изд - во МГУ, 2005.

12. Кондратьев Н. Д. *Спорные вопросы мирного хозяйства и кризиса* // Социалистическое хозяйство. 1923, № 4-5.

13. Корелин А. П. *Аграрный сектор в народнохозяйственной системе пореформенной России (1861 - 1914)* // Российская история. 2001, № 1.

14. Лаверычев В. Я. *Некоторые особенности развитии монополии в России (1900-1914)* // История СССР. 1960, № 3.

15. Мовсумзаде Э., Самедов В. *Бакинская нефть как топливо для российского военного флата* // Черное золото Азербайджана. 2014, № 5.

16. Потолов С. И. *Начало моноплизации грозненской нефтяной промышленности (1893-1903)* // Монополии и иностранный капитал в России. М-Л., Изд-во Академии наук СССР, 1962.

17. Сидоров А. Л. *Значение Великой Октябрьской социалистической революции в экономических судьбах нашей родины* // Исторические записки. Т. 25. М., Изд-во АН СССР, 1947.

18. Фурсенко А. А. *Первый нефтяной экспертный синдикат в России (1893 – 1897)* // Монополии и иностранный капитал в России. М–Л., Изд–во Академии наук СССР, 1962.

19. Фурсенко А. А. *Парижские Ротшильды и русская нефть* // Вопросы истории. 1962, № 8.

20. Чшиева М. Ч. *Кавказская нефть и Нобелевская премия* // Человек, Цивилизация, Культура. 2005, № 1.

21. Яго К. *Русско–Китайский банк в 1896–1910 гг.* Международный финансовый посредник в России и Азии // Экономическая история. Ежегодник. М., РОССПЭН, 2012.

后记

本书是国家社会科学基金后期资助项目“俄国现代化研究（1861—1917）”的阶段性成果。在俄国现代化进程中，外资的作用十分显著，它直接推动了俄国工业化的发展，俄国诸多工业部门，尤其是重工业中，外资的作用可谓举足轻重。投入俄国的外国资本中，英国、法国、德国、美国、瑞典和比利时资本的作用最为显著，本书对此着重分析，其他国家的资本也不容小觑，只是囿于材料和篇幅限制，不能逐一分析，笔者将在以后的书籍和文章中继续进行深入研究。

国内英美历史研究成果较为丰富，俄国史研究略显欠缺，笔者撰写本书也是一次尝试，试图填补国内俄国史研究的一些不足。在撰写本书的过程中，受客观因素的制约，仍有诸多档案文献和著作未被挖掘，因此对某些问题的研究还有待深入。此外，受语种限制，无法大量利用其他国家的外文文献，更是一大憾事。

本书的顺利出版得到贵州师范大学历史与政治学院各位领导

和同仁的大力支持，在此一一谢忱。

本书的主要分工如下：第二章第一节中英国资本进入俄国的历程、第三章第一节中法国资本进入俄国的历程、第四章第一节中德国资本进入俄国的历程、第五章第一节中美国企业主在俄国的活动历程，由张恩祥撰写；其余均由邓沛勇撰写。

最后对本书编辑黎永娥老师的辛勤工作和认真负责的态度表示衷心感谢！

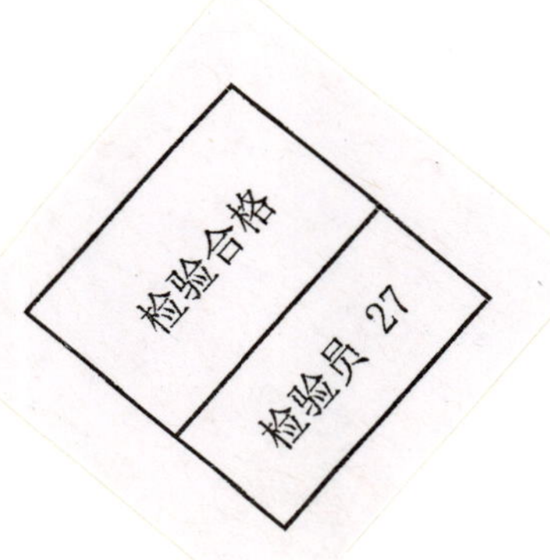
检验合格
检验员 27